Ulrich Kienzle
Tödlich Naher Osten
Eine Orientierung für das arabische Chaos

Mit Fotos von Stefan Nimmesgern

sagas.edition

Erstauflage 2017
© 2017 sagas.edition, Stuttgart
Redaktion: Vera Löffler, Remzi Rejeb
Lektorat: Martin Mühleis
Korrektorat: Silvia Bartholl
Gestaltung & Satz: b3K-design Max Bartholl, Andrea Schneider
Alle Fotos © Stefan Nimmesgern
Druck und Bindung: CPI - Clausen & Bosse, Leck
ISBN: 978-3-944660-12-7

Inhalt

1. Ägypten
Die Revolution, die keine war — 7

2. Irak
Das Tor zur Hölle — 31

3. Syrien
Ein Staat begeht Selbstmord — 57

4. Der Islamische Staat
Die Killer des Kalifats — 85

5. Saudi-Arabien
Exportschlager Wahhabismus — 109

6. Katar
Gernegroß am Golf — 137

7. Türkei
Sultan Tayyip der Schreckliche — 157

8. Die Kurden
Ziemlich beste Feinde — 183

9. Libyen
Das Loch nach Europa — 207

10. Tunesien
Demokratie kann man nicht essen — 229

11. Marokko
King Cool — 253

12.
Die Selbstzerstörung der arabischen Welt — 273

1. Ägypten
Die Revolution, die keine war

Auf Mohammed ist Verlass. Jeden Morgen um sieben sitzt er auf seinem Stuhl vor dem winzigen Wachhäuschen und kontrolliert einen Parkplatz, auf dem es längst keine Autos mehr gibt. Autos nämlich sind auf diesem Parkplatz verboten – aus Angst vor Autobomben. Ab und zu telefoniert er. Meist aber hockt er regungslos da und schlägt die Zeit tot. Auf dem Parkplatz, der an das Hotel Nile-Kempinski grenzt, wächst struppiges Gras und Unkraut. Eine absurde Situation.

Von meinem Zimmer aus kann ich Mohammed beobachten und jeden Morgen auch die Wachablösung der Polizisten vor dem Hotel. Die Nobelherberge in Kairos Garden City erinnert an einen Hochsicherheitstrakt. Vor dem Eingang Polizisten mit Spürhunden, jedes ankommende Auto wird auf Sprengstoff untersucht. Ins Nile-Kempinski kommt man nur durch eine Sicherheitsschleuse.

Militär mit Gewehren im Anschlag auch nebenan: Die Britische Botschaft gleicht einer Festung. Hohe Betonquader schützen die Diplomaten vor Autobomben. Kairo im Belagerungszustand. Polizisten überall, auch auf dem berühmt gewordenen Tahrir-Platz. Nichts erinnert hier mehr an die Revolte vom Januar 2011, an die prügelnden Kamelreiter, Mubaraks letztes Aufgebot. Nichts an die Steine schleudernden Jungrevoluzzer und die vielen Hundert Toten, die sie hier Märtyrer nennen. Der Platz gehört wieder den Autofahrern. Demonstrationen sind strengstens verboten – wie zu Mubaraks Zeiten. Nur ein unscheinbares Schild, ein vergessenes Relikt der Aufständler – das ist alles, was an die »Tage des Zorns« erinnert.

Ägypten ist, für jeden sichtbar, ein brutaler Polizeistaat. Das allerdings war nie anders. Spätestens seit dem Putsch von 1952, als nationalistische Offiziere um Gamal Abd el Nasser die Macht übernommen hatten. Das wird gelegentlich übersehen, wenn über ägyptische Politik geschrieben wird. Die Militärs ziehen regelmäßig ihre Uniformen aus und treten ihre Ämter in Zivil an – das macht ihre Politik noch nicht demokratisch.

Der revolutionäre Aufbruch des »Arabischen Frühlings«, das wird im Nachhinein immer deutlicher, war vor allem auf den Tahrir-Platz beschränkt. Viele westliche Korrespondenten jubelten damals, als stünde die Demokratisierung der ganzen arabischen Welt bevor. Ein verhängnisvoller Fehler. Der Begriff »Arabischer Frühling« verdeckte den Blick auf das, was wirklich geschah: ein Aufstand, dessen dramatische Bilder die Medien beherrschte und verwirrte. Im ägyptischen »Frühling« im Januar 2011 war keine der tragenden Säulen der Republik ernsthaft in Gefahr. Die Polizei nicht, die Justiz nicht – und erst recht nicht das Militär. Das sicherte im Hintergrund seine Macht und ließ die Rebellen Demokratie spielen. Und auch von denen wollte nur eine Minderheit wirklich Demokratie, wie zum Beispiel Wael Ghonim, ein Google-Manager. 400.000 Follower hatte er damals auf Facebook, was westliche Beobachter dazu verführte, von der ersten »Internet-Revolution« zu fantasieren. Aber der Aufstand auf dem Tahrir hatte kein Konzept und keine Führer. Ghonim kam aus dem World Wide Net – und er verschwand bald wieder darin.

Es kam alles ganz anders.

Die schlauen ägyptischen Militärs durchschauten die wirre Lage und hielten im Hintergrund eiskalt die Fäden in den Händen. Sie kennen ihre Ägypter – schließlich sind sie seit mehr als 60 Jahren an der Macht. Auch ein Großteil der Wirtschaft wird von ihnen beherrscht. Generäle im Ruhestand bauen Touristenzentren, sie backen Brötchen und sie stellen in Lizenz den Jeep Cherokee her. Ohne das Militär läuft in Ägypten nichts. Und so hatte der greise Generalfeldmarschall Tantawi, während des Aufstands Vorsitzender des Obersten Militärrats, sich zu Beginn des Aufstands in die Höhle des Löwen getraut, um die Macht des Militärs zu sichern, und den überraschten Revoluzzern auf dem Tahrir-Platz verkündet: »Volk und Armee sind eins! «

Ein geschickter Schachzug. Und eine glatte Lüge. Dann folgte eine Intrige feinster orientalischer Art. Die Militärs nutzten die Gunst der Stunde und zwangen Präsident Mubarak zum Rücktritt. So benutzten sie die illusionären Tahrir-Revoluzzer geschickt, um ganz nebenbei das verhasste Mubarak-Regime zu entsorgen. Kaum war der Präsident zurückgetreten, glaubten die Rebellen auf dem Tahrir endgültig an eine gelungene Revolution. Ein tragischer Irrtum. Mubaraks erzwungener Rücktritt hatte den regierenden Militärs nur eine schwierige Entscheidung abgenommen, denn der Langzeitherrscher war längst zum Problem für sie geworden. Mit einem Monatsgehalt von ganzen 4.000 Dollar hatte er es auf wundersame Weise zum Milliardär gebracht – eine peinliche Belastung für den Obersten Militärrat. Überdies wollte er seinen Sohn Gamal zum Nachfolger machen. Ein Albtraum für die Militärs. Gamal war nicht nur wegen seiner – selbst für ägyptische Verhältnisse – maßlosen Neigung zur Korruption bei der Bevölkerung verhasst. Er war nicht nur Zivilist – er war auch noch korrupt.

Mittlerweile kamen auch die Muslimbrüder ins Spiel. Die hätten die Revolte fast verschlafen. Sie hijackten den führungslosen Aufstand, beeindruckten mit Massenaufmärschen die Medien und gewannen die ersten freien Wahlen. Sie wussten, dass die Mehrheit der Ägypter von anderem träumte als von Demokratie. Mit mehr Brot und weniger Polizeiterror wären die meisten schon zufrieden gewesen.

Der demokratisch gewählte Präsident Mursi, ein Muslimbruder, hatte mit seiner Wahl jedoch nur einen kleinen Zipfel der Macht erobert. Er war ein Präsident ohne Land. Der Oberste Militärrat hatte in all den Wirren die Macht nie aus den Händen gegeben. Auch Polizei und Justiz waren während der Revolte auf dem Tahrir zwar verunsichert auf Tauchstation gegangen. Aber sie waren nicht bereit, ihre Macht abzugeben.

Mursis hilflose Berater machten dann auch noch alle nur erdenklichen Fehler. Schließlich hatten sie Jahrzehnte im Untergrund gelebt und reagierten auf die neue Situation wie Amateure. Die im Regierungsgeschäft unerfahrenen Muslimbrüder regierten wie im Rausch und versuchten in wenigen Monaten ihre Vorstellung von einem islamischen Staat in die Wirklichkeit umzusetzen. Per Dekret. Das Parlament war durch das Verfassungsgericht aufgelöst worden. Das Chaos, das sie anrichteten, erschreckte und verunsicherte die Ägypter, und als die dilettierenden Politanfänger auch noch drohten, die Scharia einzuführen, beendeten die Militärs den »demokratischen« Spuk. Am 3. Juli 2013 setzten sie Mursi ab. Hunderttausende jubelten damals auf den Kairoer Straßen. Und als Mursis Anhänger Widerstand leisteten, folgte am 14. August 2013 ein beispielloses Massaker. Das Militär schaute nicht länger zu, wie auf dem Tahrir Demokratie gespielt wurde, jetzt zeigte es sein wahres Gesicht. Auf brutale Weise sorgte es für klare Verhältnisse. Armee und Polizei rückten im Morgengrauen auf die beiden Protestlager der Mursi-Anhänger vor und richteten ein fürchterliches Blutbad an, mit Hunderten Toten – die genaue Zahl wird man nie erfahren. Dieser Augusttag 2013 war der blutigste in der jüngeren Geschichte Ägyptens. Seither herrscht Krieg zwischen den politischen Lagern, und der Traum von einem gemäßigten Islam, der sich an demokratische Spielregeln hält, war fürs Erste ausgeträumt. Es wäre aber falsch, von einem Militärputsch zu reden. Die Macht hatten die Militärs schließlich nie wirklich abgegeben.

Seither lebt Ägypten im Belagerungszustand. Morde und Entführungen gehören inzwischen zum Alltag. Ein kroatischer Ingenieur wurde im August 2015 in einem Vorort von Kairo von einem Taxifahrer entführt, an den IS verkauft und geköpft. Der ägyptische Generalstaatsanwalt starb durch eine Autobombe, der Innenminister überlebte nur knapp einen Bombenanschlag. Auf der anderen Seite wurden Tausende Muslimbrüder zum Tode verurteilt. Rechtsstaat auf Ägyptisch.

Wie angespannt die Lage ist, zeigt ein Vorfall vom September 2015. Bei einer Antiterrorübung in der westlichen Wüste Ägyptens erschossen übernervöse Antiterrorkämpfer zwölf mexikanische Touristen. Aus Versehen. Die Hintergründe werden wohl nie geklärt. Präsident Abdel Fatah al Sisi hat nämlich per Dekret verfügt, dass Journalisten nicht eigenmächtig über Terroranschläge berichten dürfen. Sie müssen sich an die offiziellen Verlautbarungen der Regierung halten. Zuwiderhandlungen werden mit Gefängnis bestraft.

Ich fahre nach Memphis, vor gut 5.000 Jahren die erste Hauptstadt des vereinigten Ober- und Unterägypten. Der Weg in die Vergangenheit führt an Tausenden leerstehenden Häusern vorbei und zeigt die jämmerliche Gegenwart Ägyptens. Die alte Straße zu den Pyramiden, die ich noch von meiner Korrespondentenzeit kannte, ist heute einer dreispurigen Autobahn gewichen. Am Straßenrand ein trostloser Anblick: graue Betonskelette, die mit roten Backsteinen ausgefüllt sind – die Baumeister vor 5.000 Jahren hatten mehr Stilgefühl als ihre fantasielosen Nachfahren. Immer wieder halb fertige Wohnwaben. Manche stehen ganz leer, in anderen ist nur eine Wohnung belegt. Den Baufirmen ist das Geld ausgegangen, der Durchschnittsägypter kann sich die astronomischen Mieten nicht leisten. Neugebaute Häuser, die wie »einstürzende Altbauten« aussehen.

Noch deprimierender ist der Anblick des Kanals, der das Nilwasser zu den fruchtbaren Böden um Memphis bringt. Eine riesige Müllkloake – Bauschutt und Hausmüll, Einkaufstüten und Exkremente, auch mal ein totes Pferd, auf mehr als 25 Kilometern Länge. Links und rechts des Kanals wechseln sich Prunkvillen mit verdreckten und heruntergekommenen Dörfern ab, dazwischen üppige Kohlfelder. Diese bizarren Gegensätze zeigen aufs Anschaulichste die Spaltung der ägyptischen Gesellschaft.

Dann plötzlich ein Menschenauflauf. Auf einer Brücke über dem Kanal stehen Krankenwagen. Eine verängstigte Menge ist zusammengelaufen. Wie sich herausstellt, hatten Terroristen auf einem Motorrad einen Kontrollpunkt der Polizei angegriffen und zwei Polizisten mit Salven aus einer Maschinenpistole regelrecht niedergemäht. Trauriger Alltag in Ägypten. Ein Ereignis übrigens, das die Kairoer Medien in den Tagen danach nicht einmal erwähnenswert finden.

In Memphis wird dann schlagartig das ägyptische Tourismusdrama sichtbar. Außer mir sind an diesem Morgen gerade einmal drei Touristen angereist, um die Riesenstatue von Ramses II. zu bestaunen – der angeblich schönste aller Pharaonen, wie die Reiseführer schreiben. Dieser Ramses ist eine monströse Figur aus Muschelkalk. Ein Erdbeben hatte den weltbekannten Pharao von den Beinen geholt. Da liegt er nun – 13,5 Meter lang, nicht hoch. 66 Jahre hatte er Ägypten regiert. Keiner vor und keiner nach ihm hat in 5.000 Jahren eine ähnlich lange Regierungszeit durchgehalten. An zweiter Stelle folgt schon Hosni Mubarak. Mit 30 Jahren.

Ramses II. gilt heute als eine der überragenden Gestalten der ägyptischen Geschichte – und das, obwohl er im Jahr 1274 v. Chr. die entscheidende Schlacht gegen die Hetiter bei der syrischen Stadt Kadesch am Orontes verloren hatte. Seine geschickten Imageberater hatten die Niederlage als Sieg verkauft – raffinierte Öffentlichkeitsarbeit in der Hieroglyphenzeit. Ramses II. hatte mit seinen Gegnern nämlich einen bemerkenswerten Friedensvertrag geschlossen, den ersten schriftlich überlieferten der Menschheitsgeschichte. Und so genießt der Pharao noch heute Respekt: Als seine Mumie am 26. September 1976 zu wissenschaftlichen Zwecken nach Paris geschickt wurde, empfing die französische Regierung den mumifizierten Ramses wie ein Staatsoberhaupt – mit rotem Teppich und Salutschüssen.

Der neue »Pharao« wird in Europa nicht so freundlich empfangen. Kairo hat seine Vormachtstellung verloren, Ägypten ist schon lange nicht mehr Zentrum und Führungsmacht der arabischen Welt. Damit hat Arabien kein politisches Zentrum mehr. Dennoch gilt Abdel Fatah al Sisi als Garant der Stabilität im chaotischen Orient.

Sisi baut zwar keine Pyramiden, aber er versucht, mit zeitge-
mäßeren Großprojekten die Ägypter über ihre triste Gegenwart
hinwegzutrösten. In nicht einmal einem Jahr hat er dem Suez-
kanal eine zweite Fahrrinne verschafft: 115 der 193 Kilometer
langen Wasserstraße sind jetzt in beiden Richtungen befahrbar.
Ein vorzeigbarer Erfolg.

Ein weiteres Großprojekt ist in der Mache: der Bau einer
neuen Hauptstadt in der ägyptischen Wüste, östlich von Kairo.
Jahrzehntelang wurde davon fantasiert – Sisi scheint es ernst zu
meinen. Während die Muslimbrüder vom Gottesstaat träumen,
versucht er, durch Mammutprojekte von der trostlosen Gegenwart der meisten Ägypter abzulenken. Ob die Flucht aus Kairo
tatsächlich gelingt, ist aber fraglich: Die neue Hauptstadt mit
Parks und Grünflächen soll mehr als 45 Milliarden Dollar verschlingen. Die hat der Präsident aber nicht. Deshalb ist es eher
wahrscheinlich, dass auch Sisi nur Luftschlösser baut. »Cairo
Capital« heißt das neue Projekt in feinstem Englisch, allgemein
nur »CC« genannt. Und sinnigerweise »Sisi« gesprochen.

Das alte Kairo ist längst eine Monsterstadt geworden. Staubig,
lärmend, unregierbar. Wie viele Einwohner die Nilmetropole tatsächlich hat, weiß heute niemand so genau. Achtzehn, neunzehn
oder gar 20 Millionen? Schwierig zu sagen, denn es gibt keine
Meldepflicht. Chaos und Krawall – das ist der Normalzustand.
Zwei Millionen Autos machen das Leben unsicher. Fußgänger-
ampeln sind weitgehend unbekannt, weshalb Straßenüberque-
rungen zum gefährlichen Abenteuer werden. Lange hatte ich
geglaubt, Libanesen seien die schlimmsten Autofahrer – für sie
war Autofahren die Fortsetzung des Bürgerkriegs mit anderen
Mitteln. Ich musste mich aber korrigieren: Die Ägypter über-
trumpfen alles. Auf Kairos Straßen herrscht totale Anarchie.
Niemand hält sich an Verkehrsregeln. Wer zuletzt bremst, hat
gewonnen. Fast jeder dritte Kairoer Autofahrer stürzt sich ohne
Führerschein ins Verkehrsgetümmel. Er lernt sofort: Nur der
Schnellere, der Rücksichtslosere, der Gerissenste setzt sich durch.
Links und rechts überholen ist ganz normal. Nirgendwo wird

deshalb so mit Inbrunst gehupt wie in Kairo. Ein Höllenlärm. Zu den Gebetszeiten wird er noch durch mehr als 1.000 Minarette gesteigert, alle mit Lautsprechern versehen, um Allah in diesem Hexenkessel Gehör zu verschaffen. Wenn die elektronisch verstärkte Gebetslitanei sich mit dem Lärm der Motoren mischt, dann entsteht eine Phonkulisse, die Kairo zur lautesten Stadt der Welt macht. Hupen – das bedeutet vor allem Selbstbehauptung. Auf Bremsen, Stoßdämpfer und Beleuchtung kann der Kairoer notfalls verzichten, auf die Hupe nicht. Sie funktioniert meist makellos, die wichtigste Waffe im Überlebenskampf.

Kairo, dieses Städtemonstrum, ist längst jeder menschlichen Kontrolle entglitten. Es wuchert wie ein Krebsgeschwür, und selbst seine Metastasen produzieren attraktiven Verfall, orientalische Touristenromantik. Nichts funktioniert richtig, aber alles läuft irgendwie. Die Stadt ist kaputt und doch unverwüstlich, die hässlichste Stadt, die ich kenne, aber auch die faszinierendste.

Der Tahrir-Platz, im Jahr 2011 eine No-Go-Zone für die Sicherheitskräfte, ist heute fest in der Hand der Polizei. Demonstranten haben hier keine Chance. Und dennoch bleibt er ein Symbol der nationalen Geschichte. Hier hatte Staatspräsident Gamal Abd el Nasser am 26. Juli 1956 unter dem Beifall der Massen die Verstaatlichung des Suezkanals verkündet. Nationalismus und Sozialismus schienen damals Hoffnung auf eine neue Zukunft zu sein. Hier musste der charismatische Präsident im Juni 1967 aber auch die Katastrophe der Niederlage im »Sechstagekrieg« eingestehen: Das kleine Israel hatte der arabischen Welt eine demütigende Niederlage beigebracht – mit historischen Folgen. Die Araber hatten mit westlichen Ideen versucht, wieder alte Größe zu erlangen – Liberalismus, Nationalismus, Sozialismus. Alles probierten sie aus. Aber die westlichen Ideen zündeten nicht. Mit der katastrophalen Niederlage 1967 war der arabische Nationalismus am Ende.

Zum ersten Mal tauchten damals die Islamisten auf und verkündeten: »Der Islam ist die Lösung!« Einer von ihnen war Sayyid Qutb. Eine irritierende Gestalt. Erfolgreicher Poet. Liberal.

Beamter im Erziehungsministerium. Ein Aufenthalt in den USA brachte die Wende in seinem Leben, einen radikalen Sinneswandel. Entsetzt über die moralische Dekadenz und den Mangel an menschlicher Würde im Westen, schloss er sich nach seiner Rückkehr nach Ägypten den Muslimbrüdern an. Verfolgung und Gefängnis waren die Folge. Im Kairoer Knast entsteht sein Buch, das zur Bibel der Dschihadisten wird: *Wegzeichen*. »Kapitalismus und Kommunismus«, so schreibt er, bedeuten »Herrschaft über den Menschen«. Wirkliche Freiheit bringe nur der Islam – die Unterwerfung unter die Herrschaft Gottes. Indem er sich Gott unterwirft, wird der Mensch die Ketten seiner Knechtschaft los. »Es gibt keinen Gott, außer Gott. Und Mohammed ist sein Prophet!«

Die Welt muss vom Unglauben befreit werden. Notfalls auch mit Gewalt. Der Islam verspricht die einzig zivilisierte Gesellschaft. Die Muslime hätten deshalb einen Dschihad zu führen – wie der Koran es befiehlt. Einen heiligen Krieg. »Kämpft gegen die Freunde Satans!« Der Islam als universelle Freiheitserklärung!

Die Verwirklichung dieser »Freiheit«, so Sayyid Qutb, ist nur über eine verschworene Gemeinschaft zu erlangen, die sich an Mohammed und seiner koranischen Gesellschaft orientiert. Zurück zu alter Größe! So wie einst die kommunistische Partei die Avantgarde des Proletariats war, sind die Dschihadisten für ihn die Avantgarde des Islam – nicht die frömmlerischen Scheichs der altehrwürdigen Kairoer al Ahzar, der großen Universität, die mit ihren Fatwas jahrhundertelang die Stimme des sunnitischen Islam waren. Man merkt, dass Qutb seinen Lenin gelesen hatte.

Seine aggressive Religiosität kommt an. Und sie lässt die allseits anerkannten Autoritäten erodieren. Der Kampf der Dschihadisten ist ein Kampf um die Deutungshoheit im sunnitischen Islam. Die ruhige Eindringlichkeit seines Textes fasziniert radikale junge Leute. Qutb verspricht ihnen ein echtes Leben, ganz anders als das falsche, materialistische im Westen. Dem Nasser-Regime wird Sayyid Qutb gefährlich. Unter dubiosen Umständen wird er zum Tode verurteilt. Am 29. August 1966 wird er gehängt. Danach aber beginnt sich seine Wirkung erst recht zu entfalten. Sayyid Qutb, der »Lenin« des Dschihadismus. Seine Texte wirken wie Drogen auf junge Leute: »Eine neue Weltordnung ist für die Menschheit zwingend notwendig! Die westliche Führung der Menschheit schreitet ihrem Ende entgegen, nicht weil die westliche Kultur materiell verarmt ist oder weil ihre wirtschaftliche und militärische Stärke schwach geworden ist, sondern deshalb, weil der Westen über kein Wertesystem verfügt, das ihm die Fähigkeit verleiht, die Menschheit anzuführen.«

Durch Mursis stümperhaftes Regieren haben die Muslimbrüder viel von ihrer Attraktivität eingebüßt. Sie sind jetzt entweder auf der Flucht, im Gefängnis – oder tot. Ausgerechnet der Mann, den Mursi zu seinem Verteidigungsminister gemacht hatte, verfolgt sie jetzt mit gnadenloser Härte: der heutige Präsident, Abdel Fatah al Sisi. Zur Parlamentswahl im Spätherbst 2015 waren die Muslimbrüder erst gar nicht zugelassen. Sisi weiß: Sie sind die einzige politische Kraft, die sein Regime gefährden kann. Die Wahl war denn auch eine Farce. In Kairo merkte man nicht viel davon. Ein paar Spruchbänder waren über die Straßen gespannt, ziemlich verloren hingen sie in der Gegend herum. Mickrige 28% der Wahlberechtigten machten von ihrem Stimmrecht Gebrauch.

Das ägyptische Volk repräsentieren die neuen Abgeordneten ganz bestimmt nicht. Das Wahlrecht wurde so zurechtgeschustert, dass fast 75% der Abgeordneten Unabhängige sind. Eine parlamentarisch garnierte Militärdiktatur.

Die Hoffnung, dass sich durch Wahlen etwas ändern werde, ist sowieso längst verflogen. Acht Mal haben die Ägypter in den letzten Jahren gewählt. Vergeblich. Ägypten ist ein verwirrtes Land – auf der Suche nach der eigenen Identität. Der Gottesstaat, den die Muslimbrüder im Kopf hatten, war letztlich nicht das, was die meisten Ägypter wollten. Millionen unterstützen deshalb die neue, alte Diktatur der Militärs. Sie wollen einfach nur Ruhe.

Die Muslimbrüder sind wieder im Untergrund gelandet. 84 Jahre nach ihrer Gründung hatten sie ein Jahr lang Ägypten regiert, ziemlich erfolglos. Statt sich mit den dringenden Problemen der Bevölkerung zu beschäftigen, wollten sie möglichst schnell ihre religiösen Ziele verwirklichen. Das Ergebnis war ein riesiges Chaos. Damit haben sie ihre Wähler verprellt.

Die Muslimbruderschaft, die *ichwan al muslimun*, wurde 1928 gegründet. Eine sehr eigenwillige Organisation – geheim, gut organisiert, undurchsichtig. Die schlagkräftigste Organisation nach der Armee. Ein Staat im Staat. Eine Hilfsorganisation, aber auch eine geschlossene politische Bewegung. Ihre karitativen Einrichtungen helfen den Ärmsten, mit Krankenhäusern, Schulen und Suppenküchen. Wie viele Mitglieder die Bruderschaft hat, ist schwer zu ermitteln und bleibt ein Geheimnis. Mehr als eine Million werden es allemal sein.

»Bruder« kann man nicht einfach so werden wie Mitglied einer Partei. Es ist eine Ehre, angesprochen zu werden. Die Rekrutierung kann dann ein Jahr lang dauern. Der Kandidat wird in dieser Probezeit auf Herz und Nieren geprüft. Er muss glaubensstark sein und ideologisch sattelfest. Ein halbes Jahr lang bleibt er *muhib* (Jünger). Er wird Mitglied einer lokalen Gruppe, der *usra* (Familie) – die niedrigste, aber wichtigste Einheit in der Hierarchie der Muslimbruderschaft. Mindestens ein Mal wöchentlich trifft man sich und bespricht den Alltag der Brüder. Das schafft ein starkes Gefühl der Gruppenzugehörigkeit. Wenn der *nakib* (Leiter) durch eigene Beobachtung oder schriftliche Tests feststellt, dass der *muhib* regelmäßig betet und ein Grundverständnis der wichtigsten islamischen Texte hat, wird er zu einem *mujadad* – aber noch immer kein stimmberechtigtes Mitglied. Erst nach einem weiteren Jahr wird er *muntasib* (Angehöriger). Dann spendet er 5 bis 8% seines Einkommens der Bruderschaft. Erfüllt er die Forderungen seiner Vorgesetzten, steigt er auf zum *muntasim* (Organisator). Jetzt darf er niedrige Führungsrollen übernehmen. Das letzte Ziel bleibt es aber, ein *ach amal* (aktiver Bruder) zu werden. Nur wer sich voll zur Sache bekennt, kann nach fünf Jahren Prüfungszeit Vollmitglied werden. Eine lange und gründliche Prozedur.

Nicht gerade eine Vorbereitung für eine demokratische Praxis. Das erklärte Ziel ist denn auch nicht die Demokratie, sondern ein gottgefälliger Staat, in dem die Scharia das Leben bestimmt. Obwohl die *ichwan al muslimun* in den 70er-Jahren offiziell auf Gewalt verzichteten, verloren sie dieses Ziel nie aus den Augen. Sie lebten weiter in ihrer Schattenwelt. Viele westliche Beobachter missverstanden das als eine Hinwendung zur Demokratie, ein bekannter deutscher Nahostexperte ging sogar so weit, die Muslimbrüder als eine Art »ägyptische CDU« zu verharmlosen – nur ein weiterer Beleg dafür, dass das simple Übertragen westlicher Vorstellungen auf arabische Politik Unsinn ist und in die Irre führt. Es gibt kein arabisches Land, in dem der Kompromiss und der Ausgleich von Interessen das Ziel der Politiker ist – Tunesien vielleicht ausgenommen.

Besonders für die zehn bis zwölf Millionen Kopten war das Mursi-Jahr eine Horrorzeit. Schon in der Endphase der Mubarak-Herrschaft hatte es immer wieder Bombenanschläge auf Kirchen gegeben und pogromähnliche Übergriffe. Die Lage wurde immer brenzliger. Die Kopten hatten Angst vor der Zukunft.

Als einziger Passagier fahre ich in einem Touristen-Minibus ins Koptenviertel Quadima, ein weiter Weg von der Nil-Corniche ins Zentrum des alten Kairo. Vorbei an vergammelten Wohnblocks, schmuddeligen Autowerkstätten und Läden, die Seitenstraßen voll Abfall. Ab und zu ein modernes Bankgebäude mit herausgeputzter Fassade, irgendwie fremd in dieser Umgebung. Als ich ankomme, plötzlich eine Überraschung: Die Zufahrtsstraße zur koptischen Kirche al Mallaqua ist mit einem riesigen Eisentor abgeriegelt. Bewaffnete Polizisten bewachen diesen Eingang zum Koptenviertel. Hier sind die Straßen überraschend sauber, keine Abfälle liegen herum – eine andere Welt. Die Mallaqua, die »hängende Kirche«, ist auf einem Portal der alten römischen Festung Babylon gebaut, daher der seltsame Name. Sie ist eine der ältesten Kirchen der Stadt, der Jungfrau Maria geweiht. Circa 10 bis 15% der Ägypter sind Kopten. Die koptische Kirche ist eine der ältesten christlichen Kirchen überhaupt – mit eigenem Papst, eigenem Kalender und einem erstaunlichen Überlebenswillen.

Vom Evangelisten Markus sind die Ägypter vor 2.000 Jahren missioniert worden. Der Glaube der Kopten hat etwas von dieser urchristlichen Frömmigkeit bewahrt. Sie glauben noch an »Wunder«. Immer mal wieder erscheint die Jungfrau Maria auf einer Kirchturmspitze – und fromme Muslime bestätigen dann sogar das Mirakel. So auch geschehen in Zeitoun am 24. Paremhat im Jahr 1684 der Ära der Märtyrer – der 2. April 1968 unserer Zeitrechnung. Eine Marienerscheinung, fotografiert von einem unverdächtigen Muslim. Vielleicht erleichtert dieser Wunderglaube das Überleben in einer feindlichen Umgebung. Koptische Kirchen werden häufig Ziel des Islamischen Staates.

Für das Überleben ist aber auch das clevere Taktieren in der aktuellen Politik von Bedeutung. Koptenpapst Tawadros II. hatte sich nach Mursis Entmachtung sofort auf die Seite des Militärs gestellt. Sisi zeigte sich dafür erkenntlich: Als erster Präsident Ägyptens besuchte er die koptische Weihnachtsfeier in der Sankt Markus-Kirche von Kairo.

Eine Koptenminderheit aber hält dieses Verhalten ihres Papstes für Verrat – und fordert schon lange die Teilung Ägyptens und einen eigenen Staat. Eine sehr kleine, radikale Minderheit.

Einen eigenen Koptenstaat wird es nicht geben. Ägypten ist nicht so atomisiert in religiöse und ethnische Minderheiten wie etwa der Irak, Syrien oder der Libanon. Trotzdem ist das Misstrauen zwischen Muslimen und Christen auch hier groß. Bestes Beispiel: die Massenschlachtung von 300.000 Schweinen. Als 2009 weltweit die Schweinegrippe grassierte, brach in Kairo Hysterie aus. Die Muslimbrüder nutzten die Angst zu politischen Zwecken: Sie forderten die Regierung Mubarak auf, alle Schweine zu töten. Im Islam gelten Schweine als unrein, und das Essen von Schweinefleisch ist eine Sünde. Sämtliche Schweine wurden gnadenlos geschlachtet – eine Maßnahme, die vor allem die Kairoer Müllmänner traf. Viele Familien verloren über Nacht ihre Lebensgrundlage. Diese *sabbbalin*, die Müllmänner von Kairo, sind in der Regel koptische Christen. Sie leben am Rand von Kairo und sammeln die organischen Abfälle als Schweinefutter. Eigentlich vernünftig. Denn die Megacity Kairo hat keine städtische Müllabfuhr. Rund 9.000 Tonnen Abfall entsorgen die *sabbalin* täglich (der Rest bleibt liegen). Der Müll ist ihre Lebensgrundlage. Ganze Familien sammeln Müll, andere reinigen ihn, bevor sie ihn an Recyclingfirmen weiterverkaufen. Ein ungewöhnliches, privatwirtschaftliches Abfallentsorgungskonzept. Sehr ägyptisch.

Ägyptisch ist auch die Dauerwirtschaftskrise. Hauptursache für den 2011er-Aufstand auf dem Tahrir-Platz. Sie hat sich in den letzten Jahren noch verschärft. Die Jugendarbeitslosigkeit lag zuletzt bei angeblich 28,3%. Doch auf solche Zahlen ist wenig Verlass, wissen die Behörden doch nicht einmal, wie viele Einwohner Ägypten hat.

Das Leben für die einfachen Leute ist härter geworden, ein täglicher Kampf ums Überleben. Eine durchschnittliche Familie gibt 40% ihres Einkommens allein für Lebensmittel aus – und die Preise steigen unerbittlich weiter. Die Inflationsrate schwankt um die 10%. Geld für Sozialprogramme ist nicht vorhanden, der Tourismus ist um katastrophale 60% eingebrochen.

Das ist besonders im Ägyptischen Museum zu beobachten, dem Juwel unter den ägyptischen Sehenswürdigkeiten. 10.000 bis 15.000 Besucher strömten früher täglich in das Museum. An diesem Morgen ist es nur ein Bruchteil. Ein paar japanische und südamerikanische Reisegruppen. Sicherheit wird auch hier groß geschrieben. Die Touristenbusse dürfen nur in weitem Abstand zum Museum parken. Die Besucher müssen durch drei Röntgenschleusen, dann erst dürfen sie das Museum betreten.

Seit einigen Tagen ist auch wieder die Hauptattraktion des Museums zu sehen – die Goldmaske des Tutanchamun, Star unter den Pharaonen, mittlerweile 3.300 Jahre alt. Ein schusseliger Angestellter des Museums hatte den Bart des Pharao abgebrochen und hastig mit Sekundenkleber wieder angeklebt. Ein deutscher

Spezialist hat den Pfusch sachgemäß mit Bienenhonig repariert. Jetzt strahlt Tutanchamun wieder in altem Glanz. Allerdings in einer Vitrine, die eigentlich selbst ins Museum gehört.

Tutanchamun hatte als Herrscher ein Land im Chaos übernommen. Sein Vater Echnaton hatte ihm ein Volk in Aufruhr hinterlassen. Dessen Versuch, die Ägypter auf einen neuen Sonnenkult, den »Aton-Kult«, einzuschwören, der alle anderen Götter überflüssig machen sollte, hatte nur Unruhen und Chaos gebracht. Die Ägypter wollten partout nicht von ihren alten Göttern lassen.

Auch der heutige »Pharao« hat ein Land im Chaos übernommen. Vorläufig konnte er einen Gottesstaat verhindern. Aber Abdel Fatah al Sisi hat wenig Spielraum. Etwas Luft verschaffen ihm die Milliarden aus den Golfstaaten und Saudi-Arabien. Ohne sie wäre Ägypten längst pleite. Es ist eine brüchige Allianz, die sein Regime stützt: Ägyptens Militär, die Wirtschaftselite des Landes und die Golfstaaten. Die aber haben jetzt selbst Geldprobleme, weil der Ölpreis dramatisch eingebrochen ist.

Sisis Kritiker sagen: Der Präsident macht Politik für fünfzehn Millionen Ägypter, aber es gibt 90 Millionen. Wie lange er den Rest mit subventionierten Lebensmitteln bei der Stange halten kann, ist fraglich. An den prekären Lebensverhältnissen der meisten Ägypter ändern die »Visionen« Sisis jedenfalls nichts.

Die Hoffnung der Revoluzzer auf ein neues Ägypten war vergeblich. Revolutionsromantik. Sechs Jahre nach der Revolte auf dem Tahrir-Platz ist nicht mehr viel vom sogenannten »Arabischen Frühling« übrig geblieben. Es herrscht Ernüchterung. Die Gefängnisse sind voll. Beobachter sprechen von 60.000 politischen Gefangenen. Und es gibt nicht einmal im Ansatz eine Idee für einen politischen Dialog mit den Islamisten. Stattdessen kursieren die üblichen Verschwörungstheorien, die vom eigenen Versagen ablenken sollen. Hartnäckig weigern sich die ägyptischen Behörden, Fakten anzuerkennen. Beispiele zuhauf: Die Bombe, die am 31. Oktober 2015 in einem russischen Verkehrsflugzeug über dem Sinai explodierte und 224 Menschen das

Leben kostete, stamme vom amerikanischen oder vom britischen Geheimdienst. Die wollten al Sisis zaghafte Annäherung an Russland torpedieren, heißt es trotzig, 9/11 – eine jüdisch-amerikanische Verschwörung (obwohl der Anführer ein Ägypter war). Auch der sogenannte »Islamische Staat«: eine jüdisch-amerikanische Verschwörung.

Verschwörungstheorien verhindern eine kritische Auseinandersetzung mit der Wirklichkeit. Es ist leichter, Oppositionelle wegzusperren, als Probleme zu lösen. Der ägyptische Außenminister poltert gegen die Kritiker: »Ich verwehre mich dagegen, dass der Westen uns sagen will, was wir unter Menschenrechten, Demokratie und Fortschritt zu verstehen haben.« Die ägyptische Führung lebt in einer sehr eigenen Welt. Sie fühlt sich im Recht – denn wer die Macht hat, hat recht. Wie man am Fall des Langzeitdiktators Mubarak sehen kann: Im Frühjahr 2017 wurde er nach sechs Jahren Haft vom Vorwurf einer Mitschuld am Tod Hunderter Demonstranten freigesprochen. Eine sehr ägyptische Lösung. Die Militärs dürften den Richtern bei der Rechtsfindung ein wenig nachgeholfen haben. Schließlich war der Angeklagte einer der Ihren. Einer der wenigen »Helden« des Oktoberkriegs von 1973. Seine Freilassung – ein letzter Hohn für die Rebellen von 2011.

Wie gesagt: Es war nur eine verschwindende Minderheit, die im Januar 2011 auf dem Tahrir-Platz wirklich für Demokratie kämpfte. »Wenn ich heute an die Tage im Januar zurückdenke, dann kommen mir die Tränen. Ich träumte davon, das System zu verändern. Ich wollte Freiheit in allem, ich wollte sagen und denken dürfen, was ich will. Aber vielleicht war das einfach ein zu großer Traum.« Eine Stimme von vielen.

Sie waren halt nur eine Minderheit, die Demokraten. Das haben die vielen Wahlen aufs Deutlichste klar gemacht. Die Demokratie-Rebellen wurden von den Wählern marginalisiert. Terror wird heute mit Staatsterror beantwortet. Auge um Auge. Zahn um Zahn. Am fünften Jahrestag der Rebellion, am 25. Januar 2016, sorgte die Polizei dafür, dass nur Pro-Sisi-Demonstranten auf dem Tahrir waren. Der Traum von Demokratie und Freiheit, den einige Tahrir-Rebellen geträumt hatten, ist endgültig ausgeträumt. Eine schöne Illusion. Die meisten Ägypter wollen weder Gottesstaat noch Demokratie – sie wollen ganz einfach anständig leben.

Boulos Shehata
Ein Ägypter
in Deutschland

»Ich bin Kopte!«, sagt Boulos Shehata trotzig. »Kein Araber.«
Der Priester steht in seiner kleinen Kirche im Düsseldorfer
Stadtteil Grafenberg, wo er die ägyptischen Kopten der Stadt
betreut. Es werden immer mehr. Einige Tausend sind es in
Nordrhein-Westfalen schon. Sie verlassen das blutige Chaos im
Nahen Osten, weil sie in Ägypten Angst um ihr Leben haben. Der
Islamische Staat hat den Kopten den Krieg erklärt. Ihre Kirchen
werden angezündet. Der ägyptische Staat kann oder will sie
nicht schützen. Bei einer Busattacke im Frühjahr 2017 wurden
27 koptische Reisende ermordet. Aus Sicht der Gläubigen war es
wieder einmal eine Heimsuchung. Wie so oft in der Geschichte ihrer Märtyrerkirche. Seit Jahrhunderten widerstehen sie
Verfolgung und Islamisierung.

UK: Zu Beginn habe ich eine Frage, die Sie vielleicht irritieren
wird. Sie tragen einen Bart – und die Fundamentalisten tragen
auch Bärte. Was hat das für eine Bedeutung? Warum rasieren Sie
sich nicht?
BS: Es ist eine religiöse Tradition. Die Muslime machen uns
einfach alles nach. *(Lacht.)*
UK: Die koptische Kirche ist eine der ältesten christlichen Kirchen der Welt. Haben Sie das Gefühl, dass die Europäer Sie im
Stich lassen?
BS: Es gibt schon Unterstützung. Aber auch hier in Europa
spüren wir den islamistischen Druck – und das macht uns traurig.
Durch die Flüchtlingswelle ist die Zahl unserer Gemeindemitglie-
der stark gestiegen. Schon seit 2012. Wenn die koptischen Flücht-

linge kommen, suchen sie als Erstes die Kirche. Als Vertrauensort. Früher waren wir zuständig für ganz NRW. Mittlerweile wurden zwei weitere Gemeinden in Köln und in Bonn gegründet.

UK: Bekommen Sie genügend Hilfe?

BS: Viele Deutsche helfen hier, mit Kleidung, Möbeln und Kindersachen. Die ganze Gegend hilft. Wir sind für Übersetzungen da und wenn einer in seinem Heim Probleme hat. Dann lassen wir ihn eine Zeit lang bei uns übernachten, damit er zur Ruhe kommt, bis wir alles mit dem Sozialamt geregelt haben. Wir begleiten die Menschen zur Ausländerbehörde, in Krankenhäuser, Schulen und zu Anwälten.

UK: Befürchten Sie, dass es die Kopten in Ägypten irgendwann nicht mehr geben wird?

BS: Davor haben wir keine Angst. Wir sind sicher, dass das Christentum in Ägypten am Leben bleibt, bis Jesus kommt!

UK: Es gibt immer wieder Anschläge – deshalb fliehen immer mehr Kopten nach Europa. Macht Ihnen das keine Sorgen?

BS: Wir sehen, was passiert. Aber wir wissen, dass es einen Gott gibt.

UK: Das heißt, Sie glauben an Wunder?

BS: Wir glauben an Wunder – und wir erleben Wunder.

UK: Was für Wunder sind das?

BS: Unser Papst hat auf dem Höhepunkt der Regierung Mursis und der Muslimbrüder alle Christen aufgerufen, drei Tage lang zu beten und zu fasten. Und das haben wir getan. Nicht nur die Kopten in Ägypten – die Botschaft unseres Papstes wurde über WhatsApp und Facebook und über alles, was heute möglich ist, verbreitet. Wir waren alle eine Seele. Wir haben gefastet und gebetet – und in der Nacht des dritten Tages passierte es: Die Muslimbrüder wurden gestürzt.

UK: Ich war vor einiger Zeit in der Maria-Kirche in Kairo, eine eindrucksvolle Kirche. Dort hat die Trauerzeremonie für die Toten des schrecklichen Attentats vom Dezember 2016 stattgefunden.

BS: Sehr schlimm! Aber die Lage ist dennoch besser geworden.

UK: Bei dem Anschlag sind viele Kopten getötet worden!

BS: Unter dem Regime der Muslimbrüder war alles dunkel, alles Trauer, überall war Angst. Nur Unterdrückung und Erniedrigung. Die Kopten wurden auf offener Straße geschlagen, getötet, erniedrigt. Frauen ohne Kopftuch wurden entführt, oder ihre Haare wurden abgeschnitten. Alles war dunkel. Niemand konnte lachen. Keiner war auf der Straße sicher. Alles war tot. In den Häusern haben sich die Leute abgewechselt, damit immer Wachen da waren. Eine Art koptische Bürgerwehr. Es war schrecklich!

UK: Können Sie sich vorstellen, wieder nach Ägypten zurückzugehen?

BS: Unsere Kinder sind hier aufgewachsen. Sie sind längst Deutsche. Ägypten ist für sie ein Urlaubsland. Auf dem »Foto im Foto« bin ich mit unseren beiden Kindern zu sehen, in Kairo bei einem Heimatbesuch – bei einer meiner jährlichen Berichterstattung bei unserem Papst. Jetzt sind unsere Kinder erwachsen. Sie haben hier ihre Familien. Sie sind in ihren Berufen integriert, zahlen Steuern, haben Freunde – sie gehen nicht mehr weg von hier. Ich denke nicht viel darüber nach. Ich bin hierhergeschickt worden. Egal wo ich dann weiterlebe, hier oder in der Heimat – wohin Gott mich schickt, da gehe ich hin. Hauptsache, ich behalte meinen Verstand und meine Gesundheit und meinen Glauben.

UK: Es gibt radikale Gruppen unter den Kopten, die einen eigenen Staat fordern. Die Trennung Ägyptens in einen Kopten- und einen Muslimstaat. Ist das die Mehrheit – oder eine radikale Minderheit?

BS: Das ist nicht die Lösung. Die Kopten waren die ersten Bewohner des Landes. Die Muslime sind entweder ehemalige Kopten, die gezwungen wurden, zum Islam überzutreten. Oder sie sind Araber, die mit der Islamisierung nach Ägypten gekommen sind. Von Alexandria bis Assuan ist jedes Sandkorn vom Blut der christlichen Märtyrer getränkt. Wir haben Heiligtümer in ganz Ägypten. Von Norden bis Süden, von Ost bis West. Jesus selber ist nach Ägypten gekommen und hat Ägypten gesegnet. Das geben wir nicht auf.

Ägypten 29

2. Irak
Das Tor zur Hölle

»Die Kampfjets fliegen sehr tief«, berichtet der Reuters-Korrespondent Nadim Ladki am Morgen des 22. März 2003 aus Bagdad. Kriegsschiffe aus dem Golf und dem Roten Meer schießen 320 Marschflugkörper vom Typ Tomahawk auf die irakische Hauptstadt und deren Umgebung. Das Regierungsviertel steht in Flammen, auch Saddams Hauptpalast brennt. Der dritte Kriegstag hat begonnen. Mit »Shock and Awe«, so der Codename der Militäroperation – mit Angst und Schrecken. Gegen halb zehn am Morgen geben die Sirenen Entwarnung. Wenige Stunden nach den letzten Angriffen meldet sich Saddam Hussein im irakischen Fernsehen. Er hat überlebt.

Schon am Tag vor dem offiziellen Kriegsbeginn hatten die Amerikaner einen überraschenden »Enthauptungsschlag« gegen Saddam geführt. Nach US-Geheimdienstberichten sollte sich die Führung der Baath-Partei am 19. März auf der Dora-Farm in der Nähe von Bagdad treffen. Die Farm ging in Flammen auf. Die irakische Führung aber hatte sich ganz woanders getroffen. Ein erster Fehlschlag.

Ich sitze in der Nacht vom 20. auf den 21. März 2003 in einem TV-Studio des ZDF in Mainz und kommentiere zusammen mit Dieter Ossenberg die Ereignisse am Golf. Wird Saddam, einst der Mann der Amerikaner im Krieg gegen den Iran, auch diesen zweiten Golfkrieg gegen die USA überleben? Das war die Ausgangsfrage. Kurz vor dem ersten Golfkrieg 1990 hatte ich ihn interviewt. Sein Auftritt war für mich eine Überraschung gewesen. Ich hatte einen martialischen Gewaltherrscher in Uniform erwartet. Es erschien ein Diktator in Zivil. Italienischer Anzug, Einstecktuch, Maßschuhe. Nicht ganz unsympathisch – und doch ein Massenmörder. Saddam, der Überlebenskünstler. In Erinnerung ist mir ein irakischstämmiger Politologe von der Humboldt-Universität in Berlin. In der Sendung schwört er Stein und Bein, dass der Irak längst eine gefestigte Nation sei und den Angriff der Amerikaner überstehen werde. Auch Saddam. Eine der vielen Fehleinschätzungen.

Der Irak ist eines der kompliziertesten Länder der arabischen Welt. Ein Puzzle aus Religionen und Nationalitäten: Schiiten, Sunniten, fünf orthodoxe christliche Kirchen – eine syrisch-katholische, Mandäer, Jesiden, Parsen und Schabak. Ein buntes Gemisch aus Arabern, Kurden, Turkmenen und Aramäern – seit Jahrhunderten regiert von einer sunnitischen Minderheit. Die Schiiten, die die Bevölkerungsmehrheit stellten, waren die Underdogs. Saddam hatte diesen Irak mit äußerster Gewalt zusammengehalten und so die Vorherrschaft der sunnitischen Minderheit gesichert. Die schiitische Mehrheit hatte er mit brutaler Gewalt unterdrückt. Amerikanische Orientalisten hatten ihre Regierung deshalb vor einem Angriff gewarnt. Sie befürchteten ein Chaos. Die Neokonservativen in der Bush-Administration aber beeindruckte das nicht. Auch der Generalsekretär der Arabischen Liga, Amre Mussa, wandte sich in einem dramatischen Appell direkt an Präsident George W. Bush: »Sie werden das Tor zur Hölle aufstoßen!«

Alles vergeblich. Bereitwillig öffneten Verteidigungsminister Rumsfeld und Vizepräsident Cheney, die Hardliner in der Regierung, dieses Tor. Sie wollten mit einem Krieg den alleinigen Supermacht-Status der USA zementieren. Möglicherweise ging es auch um Öl – das aber war nicht der entscheidende Kriegsgrund. Vier Jahre vorher war der Eiserne Vorhang gefallen, die USA hatten den Kalten Krieg gewonnen. Der neue Krieg sollte eine Warnung der letzten Supermacht sein – an alle, die Amerikas Führungsrolle infrage stellten. Im Übrigen versprach man der Welt, die Demokratie im Nahen Osten herbeizubomben.

Eine US-Resolution, die den Angriff autorisieren sollte, wurde im UN-Sicherheitsrat abgelehnt. Bush schmiedete darauf eine »Koalition der Willigen«, um eine gewisse internationale Legitimation seines Angriffs anzudeuten. Mit der Unterstützung so bedeutender »Großmächte« wie Äthiopien, Costa Rica, Mikronesien und den Fidschi-Inseln starteten die USA einen martialischen Aufmarsch. Im September 2004 wurde Costa Rica von der »Liste der Willigen« gestrichen. Man hatte bemerkt, dass das Land über keine Armee verfügte.

Dennoch waren die Alliierten auf dem Schlachtfeld ziemlich schnell erfolgreich. Schon am dritten Tag eroberten die Briten Basra. Der amerikanische Vormarsch auf Bagdad dauerte nur unwesentlich länger. Es war ein ungleicher Kampf. Hightechkrieger gegen eine verlotterte irakische Armee. Saddam Husseins Strategie war simpel: Würden 5.000 Amerikaner getötet, wäre das das Ende des Kriegs. Glaubte er. Wegen der Kriegsmüdigkeit in den Staaten. Am Ende verloren 127 Amerikaner ihr Leben beim Kampf um Bagdad. Am 9. April fiel die Saddam-Statue auf dem Firdos-Platz. Die einfachen schiitischen Soldaten waren in Massen desertiert und einfach nach Hause gegangen. Sie wollten nicht für den letzten sunnitischen Herrscher des Irak sterben.

Am 1. Mai ließ sich George W. Bush auf den Flugzeugträger USS Abraham Lincoln einfliegen. Als Kampfpilot verkleidet. Schier platzend vor Stolz erklärte der US-Präsident das Ende der militärischen Operation. Ein Banner am Kommandoturm des Schiffs verkündete: »Mission accomplished!« Mission erfüllt. Als Schauplatz suggerierten die Bilder des Medienspektakels den Persischen Golf. In Wirklichkeit war der Flugzeugträger extra gewendet worden – damit die kalifornische Küste bei den TV-Aufnahmen nicht zu sehen war. Der Heimathafen war nicht weit.

Eine lässliche Lüge verglichen mit der, dass Saddam Massenvernichtungswaffen besaß, die angeblich die USA bedrohten. Oder der von Saddams angeblichen Verbindung zu al Kaida. Die amerikanische Propaganda hatte ihn vor dem Krieg deshalb zum gefährlichsten Mann der Welt stilisiert. Wie sich später herausstellte: alles ziemlich frei erfunden.

Nach dem Sieg über Saddam versprach Bush, aus dem Irak einen »Leuchtturm der Freiheit« zu machen. »Nation-Building«

war jetzt angesagt. In den Folgemonaten aber machten die Besatzer das genaue Gegenteil: Sie lösten die irakische Armee auf und verboten die Baath-Partei. Ein Riesenfehler. Damit taten sie alles, um aus dem Irak einen »Failed State«, einen gescheiterten Staat, zu machen. Sie beseitigten die einzigen Institutionen, die den Irak zusammengehalten hatten. Mit verheerenden Folgen. Das koloniale Kunstprodukt Irak begann sich in seine Bestandteile aufzulösen. Religiöse und ethnische Gruppen waren das Einzige, was vom Irak übrig geblieben war.

Es folgte ein noch größerer Fehler der Amerikaner: Sie führten das Mehrheitswahlrecht ein. Eine explosive Entscheidung angesichts der Mehrheitsverhältnisse. Mehr als 60% der irakischen Bevölkerung waren Schiiten, die Sunniten eine Minderheit. Bei demokratischen Wahlen bedeutete das: Die Schiiten würden die politische Mehrheit gewinnen. Was dann auch geschah. Die erste demokratische Wahl am 30. Januar 2005 wurde erwartungsgemäß von der schiitischen »Vereinigten Allianz« mit 48% gewonnen. Zweiter wurde die »Demokratische Patriotische Allianz« der Kurden und Dritter Ayad Allawis »Säkulare Irakische Liste«. Nur 58% der Wahlberechtigten waren zur Wahl gegangen. Die Sunniten hatten die Wahl boykottiert.

Das bedeutete Machtwechsel. Eine jahrhundertealte Machtstruktur im Irak war auf den Kopf gestellt. Die Amerikaner hatten das Tor zur Hölle aufgestoßen – wie von Amre Mussa befürchtet. Die Katastrophe nahm ihren Lauf. »Shock and Awe« – Angst und Schrecken bestimmten jetzt das Leben der Iraker.

Die Amerikaner hatten den Schiiten, die sie im Iran als »Reich des Bösen« bekämpften, zur Macht verholfen. Die Brisanz dieser Entscheidung war ihnen wohl nicht bewusst. Möglicherweise glaubten sie – ganz naiv –, dass eine demokratische Wahl den mehr als tausend Jahre alten Konflikt zwischen Sunniten und Schiiten lösen würde.

Weit gefehlt: Der neue schiitische Ministerpräsident al Maliki benachteiligte die Sunniten, wo immer er konnte. Das hatte Folgen. Die Sunniten fühlten sich ausgegrenzt, marginalisiert, verfolgt. Verlierer im neuen Irak. Nährboden für Unzufriedenheit, Protest und Revolte.

In den Sunniten-Provinzen brodelte es. Entlassene Offiziere der Armee und frustrierte Parteifunktionäre wehrten sich. Izzat Ibrahim al Duri, der rothaarige Vizepräsident Saddams, der noch vor der Niederlage untergetaucht war, organisierte den ersten sunnitischen Widerstand. Der »Leuchtturm der Freiheit« versank im Chaos.

Das war die Gelegenheit, auf die Abu Mussab al Sarkawi gewartet hatte. Schon 1989 hatte der Jordanier in Afghanistan gegen die sowjetischen Besatzer gekämpft. Ein radikaler Schiiten-Hasser. Anfang der 1990er-Jahre war er aus Afghanistan zurückgekehrt und hatte sich in Jordanien der Bai'at al Imām angeschlossen – einer islamistischen Truppe, die die Monarchie abschaffen und einen Gottesstaat errichten wollte. 1993 war er verhaftet und zu fünfzehn Jahren Gefängnis verurteilt worden. Durch eine Generalamnestie des neuen jordanischen Königs kam er 1999 frei und setzte sich erneut nach Afghanistan ab. In kurzer Zeit stieg er dort an die Spitze des Terrornetzwerks al Kaida auf und reiste noch vor der Invasion der Amerikaner in den Irak. Er rechnete fest damit, dass die Amerikaner den Fehler machen würden, in den Irak einzumarschieren. Al Kaida sah die historische Chance, nach der sicheren Niederlage der Iraker einen Gottesstaat auf dem Boden des zerfallenden Landes zu erkämpfen.

Jetzt war die Situation da. Sarkawi konnte sich zum Beschützer der Sunniten aufschwingen. Al Kaida im Irak verteidigte sunnitische Interessen. Nicht demokratisch. Sondern mit Terror. Die Liste der Verbrechen macht schaudern: Sie beginnt mit dem Anschlag auf die jordanische Botschaft in Bagdad im August 2003, dem ersten großen Attentat im Nachkriegs-Irak. Und sie endet mit einer Bombenserie in drei internationalen Hotels in Amman, bei der mehr als 60 Menschen starben. Dazwischen zelebrierte er rituelle Enthauptungen vor laufender Kamera und organisierte zahllose Selbstmordattentate. Sarkawi war das neue Gesicht des Terrors. Rigoros, fanatisch, rücksichtslos.

Ein Video aus der Zeit zeigt seine bestialische, vorzivilisatorische Brutalität. Vor ihm kniet Eugene Armstrong, ein entführter Amerikaner, mit einer weißen Augenbinde. Arme und Beine sind gefesselt. Schwarz gekleidete Kämpfer stehen im Hintergrund. Dieses Ritual wird später ein Markenzeichen des Islamischen Staates. Sarkawi droht: »Bush, dein Tag wird kommen! Unsere Männer lieben den Tod, wie du das Leben liebst! Töten im Namen Allahs ist ihr größter Wunsch. Die Köpfe der Ungläubigen abzuschneiden, ist die Verwirklichung des Willens unseres Gottes!«

Dann zieht Sarkawi ein Messer aus der Hosentasche, hält das Kinn seines Opfers mit der linken Hand fest, schneidet ihm die Kehle durch und trennt den Kopf ab. Schnitte, Blut, Schreie. Aus nächster Nähe gefilmt.

Sarkawi, der Schlächter. Verglichen damit war 9/11 ein kalt geplanter Massenmord. Das Köpfen ist ein Tabubruch, ein Schritt aus der Zivilisation. Sarkawi erzielt damit fast genauso viel Aufmerksamkeit in der Weltpresse wie Osama bin Laden mit seinem Angriff auf Amerika. Der Aufwand jedoch ist viel geringer.

Sarkawi bekommt Schwierigkeiten mit der al Kaida-Zentrale. Während Osama bin Laden gegen den fernen Feind – »Kreuzfahrer und Juden« – kämpfen will, nimmt Sarkawi sich den nahen Feind vor: die Schiiten. Sie sind für ihn Häretiker, »ungläubige Schlangen«, die ausgerottet werden müssen. Sein Kalkül: Ein Bürgerkrieg gegen die Schiiten würde die irakischen Sunniten auf die Seite der al Kaida im Irak treiben.

Sarkawi ahmt jetzt immer mehr den Propheten Mohammed nach. Er spricht weihevoll. Er putzt sich die Zähne mit Miswak, dem Zweig des Süßholzbaums. Wie der Prophet. Er schläft zu den Zeiten, zu denen der Prophet angeblich geschlafen hat. Er weist seine Anhänger an, sich mit Moschus einzureiben. Er will zurück ins 7. Jahrhundert, ein Leben führen wie in der Sunna, den Überlieferungen des Propheten. Salafismus in Reinkultur. Die Salafisten glauben, dass Mohammed und seine Gefährten in einer perfekten Gesellschaft gelebt haben. Diese gilt es wieder herzustellen. Notfalls mit Gewalt.

Für die Amerikaner wird Sarkawi zu einem ernsten Problem. Mit viel Geld mobilisieren sie sunnitische Stämme gegen ihn. Und sie setzen ein Kopfgeld von 25 Millionen Dollar aus. Im Juni 2006 beenden sie den frommen Zauber mit zwei Präzisionsbomben.

Niemand trauert um Abu Mussab al Sarkawi. Die Feinde schon gar nicht, aber auch nicht die Freunde. Für die ist er jetzt ein Märtyrer. »Abu Mussab al Sarkawi ist bei Gott«, sagt Scheich Mohammed al Bakr, ein Gefolgsmann des Terrorfürsten. »Eine wunderbare Nachricht. Heute feiert er seine *suffa*, seine himmlische Hochzeit. Die Jungfrauen warten schon auf ihn. Niemand braucht an seinem Grab für ihn zu beten. Wir freuen uns für ihn.«

Zuerst aber wählt al Kaida einen neuen Anführer: Scheich Abu Ayyub al Masri. Eine Übergangsfigur. Vier Jahre lang führt er die irakischen Dschihadisten. Am 10. April 2010 wird auch er in der Nähe von Tikrit bei einem Feuergefecht getötet.

Die Amerikaner brauchten diese Erfolge dringend, denn der Irak war dabei, im Chaos zu versinken. Gewalt, Bombenterror und Entführungen gehören inzwischen zum Alltag. Die Schiiten betrachten den irakischen Staat fast selbstverständlich als den ihren. Die Autonomiezone der Kurden verwandelt sich schleichend in einen eigenen Staat – mit eigenem Parlament, eigener Armee, eigener Währung. Nur die Sunniten finden keinen Platz in der neuen Republik.

Das ist die Lage, als im Mai 2010 Abu Bakr al Baghdadi zum neuen Emir der Terrororganisation gewählt wird. Er bringt neuen Wind in die al Kaida im Irak.

Nach dem Einmarsch der Amerikaner hatte er sich der sunnitischen Widerstandsgruppe »Ansar as Sunna« angeschlossen. Im Februar 2004 wurde er verhaftet – und nach zehn Monaten im US-Camp Bucca wieder entlassen. Die US-Behörden hatten ihn als ungefährlich eingestuft.

Ein verhängnisvoller Fehler. Camp Bucca wurde zum Wendepunkt in al Baghdadis Leben. In dem Gefangenenlager war er zusammen mit ehemaligen Saddam-Gefährten und arbeitslosen Offizieren eingesperrt. Eine Art Hochschule für den Dschihad. Einige von ihnen nahm er in die neue Führung auf. Eine explosive Mischung aus erfahrenen Geheimdienstleuten, Militärexperten und todesbereiten Gotteskriegern.

Mit einer spektakulären Aktion sorgt Abu Bakr al Baghdadi schnell für Aufsehen: Er lässt das berüchtigte Gefängnis Abu Ghraib stürmen und befreit gewaltsam 500 Dschihadisten. Die haben zuvor für al Kaida gekämpft und verstärken jetzt seine Truppe. Eine Blamage für die Regierung in Bagdad. Und für die Amerikaner.

Für westliche Geheimdienste blieb der neue Terrorfürst lange ein Phantom. Angeblich stammt er aus einer Familie, die viele angesehene Scharia-Gelehrte hervorgebracht hat und vom Propheten abstammt. Aber das hatte Saddam auch von sich behauptet. Er nannte sich Abu Bakr in Erinnerung an den Nachfolger Mohammeds, den Kalifen Abu Bakr, einer der ältesten Anhänger des Propheten und durch seine Tochter Schwiegervater Mohammeds.

Baghdadi verzichtete auf öffentliche Auftritte. Lediglich Audiobotschaften veröffentlichte er regelmäßig. Die Grenzen des Irak waren für ihn willkürlich. Ein Konstrukt der Kolonialmächte. Sein Ziel war ein eigener Staat für die Sunniten. Ein Gottesstaat. 2012 gehen die ersten seiner Dschihadisten nach Syrien. Er versucht die Nusra-Front als Verbündete zu gewinnen.

Im April 2013 gründet er eine neue Organisation: den »Islamischen Staat im Irak und in Syrien«. ISIS. Das gibt Ärger mit der al Kaida-Zentrale und mit al Zawahiri, dem neuen al Kaida-Chef. Aus seinem Versteck im pakistanisch-afghanischen Grenzgebiet schreibt der einen wütenden Brief: »Scheich Abu Bakr al Baghdadi lag falsch, als er ISIS gegründet hat, ohne unsere Genehmigung, ohne unseren Rat einzuholen und ohne uns nur zu informieren.« Al Zawahiri verlangt die Auflösung des Islamischen Staats in Syrien. Aber Baghdadi widersetzt sich. Unbeeindruckt schickt er seine Männer weiter nach Syrien.

Nie hatte al Kaida ein großes Gebiet unter ihre Kontrolle bringen können. ISIS erobert jetzt zahlreiche Ortschaften in Nord-Syrien. Die bärtigen Gotteskrieger sind brutaler als andere Rebellengruppen. Sie morden und foltern, wenn sie eine Stadt oder ein Dorf erobern. Potenzielle Gegner werden kaltblütig abgeschlachtet, geköpft. So wie es al Sarkawi vorgemacht hatte. Die ISIS-Terroristen wollen Angst verbreiten. Sie wollen absichtlich die grausamste, brutalste Dschihadistentruppe sein. Propaganda ist die Fortsetzung des Dschihads mit anderen Mitteln. Horror als Herrschaftsinstrument. Das hat Methode und erinnert an Saddams Republik der Angst.

Al Kaida-Chef al Zawahiri kann dem Siegeszug von ISIS nur hilflos zusehen. In einer Videobotschaft fordert er erneut Gehorsam von Baghdadi. Dschabad al Nusra soll den Dschihad in Syrien führen. Aber das Tischtuch zwischen al Kaida und ISIS ist durchschnitten. Abu Bakr al Baghdadi hat längst ein größeres Ziel vor Augen: Er träumt von einem Gottesstaat, der syrische und irakische Sunniten vereint. Das Ende der alten Kolonialgrenzen.

Immer mehr Kämpfer der Nusra-Front laufen zu ISIS über. Fasziniert vom Erfolg und von der Brutalität, mit der Baghdadis Leute den Dschihad führen. Wenn sie einen Ort erobern, hissen sie die schwarze Flagge mit dem Siegel des Propheten. Sie errichten Scharia-Gerichte und massakrieren lokale Rebellengruppen. Im Januar 2014 weht die schwarze Flagge über dem syrischen Raqqa. Im Juni erobern die blutrünstigen Dschihadisten die Zweimillionenstadt Mossul. Ein Blitzkrieg. Angeblich weniger als 1.500 der schwarzen Gotteskrieger schlugen 50.000 Mann der irakischen Armee in die Flucht. Mit ihren Humvees und Pick-ups waren sie ballernd und mit martialischem Lärm auf die Großstadt zugerast. Wie einst die arabischen Reiterheere. Allah, so die Propaganda, habe auf ihrer Seite gestanden. Die irakischen Soldaten flohen in Panik vor den furchterregenden Gotteskriegern. Was wie ein leichter Sieg aussah, war in Wirklichkeit von ISIS-Zellen in der Stadt penibel vorbereitet worden. Die

Dschihadisten erbeuten modernes amerikanisches Kriegsgerät der irakischen Armee. Eine schmähliche Niederlage und eine Katastrophe für die Regierung in Bagdad.

Abu Bakr al Baghdadi wähnt sich fast schon am Ziel. Schneller als erhofft herrscht er über sechs bis acht Millionen Menschen. Al Kaida hat nur davon geredet – er hat das Unmögliche geschafft: Der Gottesstaat ist Wirklichkeit geworden. Am 29. Juli 2014 ruft er offiziell den »Islamischen Staat« aus. Nur drei Jahre nach dem Abzug der letzten Amerikaner aus dem Irak. Kalif Ibrahim nennt er sich jetzt und maßt sich an, Allahs Stellvertreter auf Erden zu sein. Herrscher über ein Reich, das eines Tages vom Maghreb bis an den Persischen Golf reichen soll. Um seinen Herrschaftsanspruch zu unterstreichen, tritt er zum ersten Mal in der Öffentlichkeit auf. Zum Freitagsgebet in der al Nouri-Moschee in Mossul. Das ist frech und provozierend. Der gefährlichste Terrorist der Welt zeigt sich offen, und die Regierung in Bagdad schaut hilflos zu. Er trägt das schwarze Gewand des Predigers und einen schwarzen Turban, der ihn als Nachfahren des Propheten ausweisen soll.

»Wenn ihr meint, dass ich im Recht bin, helft mir. Wenn ich gegen islamisches Recht verstoße, beratet mich!« Einen gemeinsamen Führer zu bestimmen, sei Pflicht aller Muslime. Jahrhundertelang sei diese Pflicht missachtet worden. Anders als die Könige und Diktatoren verspreche er nicht Luxus, Sicherheit und Entspannung – sondern den harten Weg des Dschihads. Baghdadi fordert die Muslime in aller Welt auf, ihm beim Aufbau des neuen Gottesstaates zu helfen. Ein geschickter Schachzug, der sein Image als blutrünstiger Terrorfürst korrigieren soll.

Während er in der al Nouri-Moschee noch als scheinbar demütiger Prediger auftritt, morden seine Anhänger schon in der Stadt, verwüsten christliche Kirchen und schiitische Moscheen. Bilder von gesprengten und mit Bulldozern dem Erdboden gleichgemachten schiitischen Heiligtümern kursieren nur wenige Stunden nach seinem Auftritt im Internet. Heidnische Tempel für die Terroristen. Produkte der *dschahilija*. Der Unwissenheit.

Der Eroberungsdrang des IS ist ungebremst. Nach den Christen und den Schiiten von Mossul sind die Jesiden dran. Eine vorislamische Religion. Monotheistisch. Sie verehren einen Engel in Pfauengestalt, Melek Taus. Weil der für eine Sünde eine Zeit lang in der Hölle büßen musste, bevor er zum Assistenten Gottes berufen wurde, gelten die Jesiden für strenggläubige Muslime als »Teufelsanbeter«. Seit Jahrhunderten werden sie verfolgt. Eine leichte Beute.

In zwei Dörfern vor Sindschar gehen Autobomben hoch. 500 Tote. Das Signal zum Angriff. Die kurdischen Peschmerga-Truppen lassen die Jesiden im Stich – sie ziehen es vor, Kirkuk zu erobern, die irakische Ölmetropole. 50.000 Jesiden fliehen in Panik in die Sindscharberge. Für viele von ihnen wird es ein Todesmarsch. Hunderte werden von US-Hubschraubern gerettet. Die syrisch-kurdischen Volksmilizen YPG schießen einen Rettungsweg frei, durch den viele fliehen können. Die Zurückgebliebenen erwartet ein grausames Schicksal. 5.000 jesidische Männer werden kaltblütig erschossen, einige Tausend Frauen in die Sklaverei entführt. Ein Tsunami der Gewalt.

Der Druck auf den Westen wird größer. Am 5. September 2014 beschließt der NATO-Gipfel im walisischen Newport ein internationales Bündnis gegen den Islamischen Staat. Man will den IS mit Luftangriffen in die Knie zwingen. Bodentruppen werden ausgeschlossen. Ein schwieriges Unterfangen.

Völlig unbeeindruckt macht die Terrortruppe weiter. Trotz der Luftangriffe erobert sie im September 2014 einen Großteil des syrisch-kurdischen Kobane.

Aber Kobane wird zur Wende. Die kurdischen Kämpfer leisten energischen Widerstand. Mit US-Unterstützung gelingt es ihnen, die angeblich unbesiegbaren Gotteskämpfer aus der Stadt zu vertreiben. Ein Triumph. Es ist ein Kampf Haus um Haus. Wohnviertel um Wohnviertel. Blutig und gnadenlos. Am Schluss gleicht Kobane einem Trümmerhaufen. Die Kurden haben der irakischen Armee vorgemacht, wie es geht. Wie man den IS besiegen kann.

Bei der irakischen Armee dagegen geht fast gar nichts. Es ist eine Geisterarmee. Ohne Kampfwillen. Ohne Moral. Ineffizient – obwohl die US-Regierung das irakische Militär mit 25 Milliarden Dollar hochgepäppelt hat. Viel davon verschwand in allen möglichen Korruptionskanälen. Den Kommandeursrang, zum Beispiel, konnte man sich kaufen. Für eineinhalb Millionen Dollar gingen einflussreiche Offiziersposten weg. Dementsprechend sahen viele Offiziere ihre Einheiten primär als Einnahmequellen und verlangten schon mal Wegzölle an Checkpoints. 50.000 der 200.000 Soldaten existieren nur auf dem Papier. Pappkameraden, die Sold beziehen. Das hat ein Gutachten der Regierung enthüllt. Die Gaunerei funktionierte so einfach wie effizient: Rekruten wurden von einem ungewöhnlich hohen Sold von 600 Dollar angelockt. 300 davon kassierte der Kommandeur. Die restlichen 300 Dollar durften die Rekruten behalten, wurden freigestellt und konnten sich woanders etwas hinzuverdienen. Die Armee – eine Quelle der Selbstbereicherung.

In zwei Amtszeiten hat Sunniten-Hasser Maliki den Irak vollends in die Krise regiert. Viele Sunniten wurden in die Illegalität gedrängt. Maliki hat in Personalunion als Premier-, Verteidigungs-, Innen- und Geheimdienstminister den Nährboden geschaffen für den Aufstieg des IS.

Die Amerikaner verloren die Geduld mit ihm. Auch Großajatollah Sistani, ein Iraner und höchste moralische Instanz unter den irakischen Schiiten. Am 11. August 2014 nominiert Staatspräsident Fuad Masum einen neuen Ministerpräsidenten: Haider al Abadi. Nach einer wahren politischen Schlammschlacht räumt Maliki am 14. August 2014 seinen Stuhl.

Nach den Korruptionsenthüllungen in der Armee entließ der neue Ministerpräsident 36 Generäle und Offiziere der Polizei. Das scheint gewirkt zu haben. Im Dezember 2015 eroberten Spezialeinheiten die vom IS besetzte Stadt Ramadi zurück. Der erste spektakuläre Erfolg der irakischen Armee. Ein Hoffnungsschimmer. Bitter nötig, nach der verheerenden Blamage von Mossul. Im Juni 2016 gelingt mithilfe der US-Luftwaffe auch die Rückeroberung Falludschas, Hochburg des IS im Irak. Aber was für ein Sieg! Die Stadt ist völlig zerstört.

Die Schlacht um die Rückeroberung Mossuls beginnt Mitte Oktober 2016. Ein Himmelfahrtskommando. Bagdad inszeniert die Schlacht um Mossul als die Geburtsstunde eines neuen Irak. Das irakische Militär mit der von den Amerikanern ausgebildeten »Goldenen Division« an der Spitze, 30.000 kurdische Peschmerga und schiitische Milizen – vor allem die »Haschd al Schaabi«, die von Iranern trainierten Volksmobilisierungs-Einheiten. Fast 100.000 Mann! Rasch stoßen die Truppen auf die Metropole vor. Einer der ersten Orte, die sie befreien, ist Bartella, eine vorwiegend von Christen bewohnte Kleinstadt. Das irakische Fernsehen überträgt die Befreiung live. Die Kirchenglocken läuten – aber es ist ein bitterer Sieg. Die Bilder zeigen die Zerstörung: Die Kreuze der assyrischen Matthäus-Kirche sind zertrümmert. Heiligenfiguren wurden die Köpfe abgeschlagen. Viele Häuser sind unbewohnbar.

Der Islamische Staat ist auf dem Rückzug – aber er versucht, neue Fronten aufzumachen, um sich Luft zu verschaffen. Überraschend starten die Gotteskrieger einen Entlastungsangriff auf die Ölstadt Kirkuk. Sie stecken eine Schwefelfabrik in Brand, sie zünden Ölquellen an. Sie verstecken heimtückische Sprengfallen. Der giftige weiße Rauch vermischt sich mit den schwarzen Wolken der brennenden Öldepots. Das soll den Angreifern die Sicht versperren. Saddam lässt grüßen. Der hatte einst beim Angriff der Amerikaner Kuwaits Ölquellen in Brand stecken lassen. Zwei Tage dauert es, bis der Angriff niedergeschlagen ist.

Der Vormarsch auf Mossul geht trotzdem schneller als gedacht. Die Allianz gegen den Islamischen Staat funktioniert ganz gut. Aber sie ist brüchig. Die Interessen der Beteiligten sind zu unterschiedlich. Nicht alle Sunniten in Mossul sehen die Angreifer als Befreier. Sie haben Angst vor den schiitischen Milizen, denen schon bei der Befreiung anderer sunnitischer Städte Folter, Mord und Vertreibung sunnitischer Bürger vorgeworfen wurde.

Auch die Kurden verfolgen Eigeninteressen. Sie wollen ihre Gebiete sichern, die sie sich in der Region mittlerweile unter den Nagel gerissen haben. Auch Erdogan will unbedingt dabei sein, als Beschützer der Turkmenen. Er hat 5.000 türkische Soldaten im Nord-Irak stationiert, die dort sunnitische Milizen ausbilden. Deren Eingreifen lehnt Ministerpräsident Haider al Abadi aber kategorisch ab. Es kommt deshalb zu einem ruppigen Krieg der Worte zwischen Ankara und Bagdad. Erdogan ist wütend und polemisiert gegen den irakischen Ministerpräsidenten: »Du bist nicht mein Gesprächspartner, du hast nicht mein Niveau!« Erdogan duzt ganz gern, wenn er erregt ist – und verspricht seinen Anhängern die Rückkehr zu alter Größe. Das türkische Staatsfernsehen zeigt schon mal das Land in den alten osmanischen Grenzen. Mossul ist ganz selbstverständlich türkisch. »Wir haben die derzeitigen Grenzen nicht freiwillig akzeptiert!«

Diese Drohung Erdogans zeigt, wie brisant die Befreiung Mossuls ist. Ein Machtkampf, aber auch ein Religionskrieg. Erdogan will den zunehmenden iranischen Einfluss im Irak stoppen – und verhindern, dass die schiitischen Milizen das mehrheitlich sunnitische Mossul unter ihre Kontrolle bekommen.

Um den Kalifen Ibrahim war es jetzt ziemlich still geworden. Der selbst ernannte Stellvertreter Allahs und Nachfolger des Propheten hat sich kaum mehr zu Wort gemeldet, seit er drei Jahre zuvor in der al Nouri-Moschee in Mossul das Kalifat ausgerufen hat. Jetzt, zwei Wochen nach Beginn der irakischen Offensive auf Mossul, bricht er sein langes Schweigen. Der IS veröffentlicht eine 31 Minuten lange Audiobotschaft des Phantoms. Durchhalteparolen. »Das Ausharren in Ehre ist tausend Mal besser als ein Abzug in Schande!« Die Kämpfer sollten ihren Emiren gehorchen und sich den Angreifern unerschrocken in den Weg stellen. »Lasst ihr Blut in Flüssen fließen.« Eine martialische Botschaft, obwohl der Kalif eine Niederlage offensichtlich einkalkuliert. Die ist dann eben eine Prüfung Gottes: »Alle Welt hat sich gegen uns verschworen. Die Schlacht wird unseren Glauben nur stärken. Uns ist von Allah der Endsieg versprochen.«

Es gibt Gerüchte, dass er die Stadt längst verlassen hat. Wo Abu Bakr al Baghdadi sich aufhält, ist unklar.

Die Schlacht um Ost-Mossul wird ein blutiges Gemetzel. Selbstmordattentate, Sprengfallen, unterirdische Bunker, explosives Kinderspielzeug. Die Verteidiger sind nicht zimperlich in der Wahl ihrer Waffen. Aus dem Umland haben sie rund 8.000 Bewohner als menschliche Schutzschilder in die Stadt getrieben. Mehr als 200, die sich weigerten, wurden eiskalt erschossen – so ein UNO-Bericht. Die Verteidiger sind im Todesrausch. Es kursiert ein Video, in dem IS-Kämpfer auslosen, wer die nächste Selbstmordmission übernimmt. Die das Los trifft, freuen sich. Der IS pflegt einen Todeskult. Deshalb ist er, obwohl zahlenmäßig weit unterlegen, ein gefährlicher Gegner.

Der Kampf um Mossul ist voller Symbolkraft – für den irakischen Ministerpräsidenten Haider al Abadi, aber auch für seinen Gegner, Abu Bakr al Baghdadi alias Kalif Ibrahim. Der Widerstand war letztlich geringer als von der irakischen Armee erwartet. Nur wenige Wochen dauert es, bis Ost-Mossul fällt.

Umso blutiger werden die Kämpfe im Westteil der Stadt. Das letzte Gefecht um die Altstadt ist chaotisch und brutal. 1.200 der anfänglich 7.000 Dschihadisten verschanzen sich unter den 200.000 Einwohnern, die nicht entkommen konnten. Für sie die Hölle, weil die Islamisten sie als menschliche Schutzschilde missbrauchen. Eigentlich müssten sie längst verhungert sein, hätten sie sich nicht zu Beginn der Offensive mit Lebensmitteln eingedeckt. Die Stadt ist abgeriegelt. Es gibt kein Entkommen. Auch die Dschihadisten wissen, dass es für sie keinen Ausweg aus diesem Hexenkessel gibt. Das erklärt ihren erbitterten Widerstand. 850 Selbstmordattentäter zählt die irakische Armee in den Kämpfen um Mossul. Die stürzen sich mit Pkws, Kleinlastern und Tankwagen, vollgestopft mit Sprengstoff, auf ihre Gegner. Auch selbst gebastelte Drohnen setzen die Islamisten ein.

Erst nach acht Monaten geht die Schlacht um Mossul zu Ende – mit der Sprengung der al Nouri-Moschee durch den IS. Mehr als 800 Jahre hatte das Minarett alle Stürme und Kriege überlebt.

Von den Einwohnern liebevoll *hadba* genannt – der Buckel. Ein historisches Verbrechen. Sagt die irakische Armee. Das Eingeständnis der Niederlage des IS.

Ein mühsamer und blutreicher militärischer Erfolg für Iraks Ministerpräsidenten. Abadi hatte hoch und heilig versprochen, Mossul zu befreien. Eine Niederlage hätte sein politisches Ende bedeutet.

Und dennoch kämpft die Regierung von Haider al Abadi ums Überleben. Sie hat die Probleme des Landes nicht im Griff. Sie ist nicht in der Lage, ihre Minderheiten zu schützen. Viele Jesiden sind ins Ausland geflüchtet, von den ursprünglich eineinhalb Millionen Christen sind nur noch wenige im Land. Sie werden nie wieder einen Außenminister stellen wie unter Saddam Hussein.

Längst ist es nicht mehr der Gegensatz zwischen Sunniten und Schiiten, der den Irak zerreißt. In der Provinz Anbar kämpfen Sunniten gegen Sunniten. Und zunehmend ist es auch ein Bruderkampf Schiiten gegen Schiiten. Der Kampf um die Macht. Besonders der einflussreiche Prediger Muktada al Sadr fordert seit seiner Rückkehr aus dem iranischen Exil im Jahr 2011 Premierminister Haider al Abadi zum Machtkampf heraus. Der letzte Zusammenhalt der Gesellschaft geht verloren. Dem IS nutzen diese Spannungen. Dabei bräuchte es, um ihn endgültig zu besiegen, einen Staat, der den Irakern Sicherheit und Grundversorgung bieten kann.

Dieser Staat ist nicht in Sicht. Der Irak ist nur noch ein schiitischer Rumpfstaat, abhängig vom Iran. Die Kurden im Norden sind dabei, die Unabhängigkeit zu erzwingen. Und die Sunniten haben keine politische Heimat. Der Irak aber wird nur eine Zukunft haben, wenn die skeptischen Sunniten von Mossul ihren politischen Platz finden.

Das zerrissene Land ist nicht der »Leuchtturm der Demokratie« geworden, wie von George W. Bush vor dem Krieg versprochen. Sondern »das Tor zur Hölle« – wie Amre Mussa, der damalige

Generalsekretär der hilflosen Arabischen Liga, befürchtet hatte. Der deutsche Historiker Ulrich Herbert bezeichnet den Irakkrieg des Jahres 2003 sogar als die Urkatastrophe des 21. Jahrhunderts. Die alte Ordnung, die von Engländern und Franzosen vor 100 Jahren ausgehandelt worden war, ist dabei, sich aufzulösen. Die USA, die einzige Supermacht, die nach dem Kalten Krieg übrig geblieben war, haben sich im Irak selbst verzwergt. Sie sind nur noch eine ganz normale Weltmacht. Ihr Krieg gegen den Terror war Entwicklungshilfe für Terroristen. Die Killer des IS haben davon am meisten profitiert. »Shock and Awe«, Angst und Schrecken. Die US-Kriegsparole bekam jetzt eine ganz andere Bedeutung.

Die Bilanz ist verheerend. Den Staat, den die Amerikaner angegriffen haben, gibt es nicht mehr. Irak ist ein »Failed State«, ein gescheiterter Staat. Mehr als 100.000 Iraker sind gestorben und 4.500 Amerikaner. Der Krieg hat 3.000 Milliarden Dollar verschlungen. Pure Geldverschwendung. Statt Saddam unterdrückten Schergen des IS drei Jahre lang große Teile des Landes. Schlimmer als Saddam. Das Leben im Irak ist im wahrsten Sinne des Wortes zur Hölle geworden. Viele Sunniten, aber auch Schiiten, schwärmen deshalb von der Zeit unter Saddam Hussein.

Der Krieg hat dazu beigetragen, weite Teile des Nahen Ostens zu destabilisieren. Viele Amerikaner sehen deshalb das Irak-Abenteuer als den »dümmsten Krieg« ihrer jüngeren Geschichte. Schlimmer hätte es nicht kommen können.

Najem Wali
Ein Iraker
in Deutschland

Rainer Maria Rilke und Saddam Hussein sind schuld, dass er in Deutschland ist: der Schriftsteller Najem Wali. Ihn treffe ich im Stuttgarter Literaturhaus. Bagdad bleibt für ihn ein Sehnsuchtsort. Sein Buch *Bagdad. Erinnerungen an eine Weltstadt* ist in deutscher Übersetzung bei Hanser erschienen. Bei seinen Betrachtungen hat der Autor immer den kulturhistorischen Blick. Auch beim Terror. Der ist seiner Meinung nach nicht nur ein Problem der islamischen Welt. Nach den Attentaten von Paris provozierte er mit einer verblüffenden These: Die Terroristen von Paris tickten genau so wie einst Robespierre. Der ließ Tausende köpfen, um das »aufklärerische Ideal« zu verteidigen. Ob Terroristen aber im Namen Allahs morden oder im Namen der Vernunft – ihre Motive sind immer dieselben: Faszination der Gewalt und das Gefühl absoluter Macht. In Bagdad hat Najem Wali Europäische Literaturwissenschaften studiert, in Hamburg Germanistik. Seine Magisterarbeit über den historischen Lenz hat er in Deutsch verfasst, seine Bücher schreibt er in Arabisch. Heute lebt der Kulturkorrespondent der bedeutendsten arabischen Tageszeitung *Al Hayat* in Berlin. »Die Welt ist ein Saustall«, schreibt er, »und Bagdad das Zentrum.«

UK: Mit Vergnügen habe ich Ihr Bagdad-Buch gelesen. Darin erzählen Sie von der Traumstadt Ihrer Jugend. Der Irak hatte aber auch damals schon eine dunkle Seite. Ich erinnere mich an eine grauenvolle Geschichte: König Feisal wird aus dem Amt gejagt und zu Tode getrampelt. Mitten in Bagdad. Die Gewalt hat im Irak immer eine Rolle gespielt. Seit Jahrhunderten.

NW: Ja, die Geschichte ist gewalttätig. Was wir heute Irak nennen, war ja früher Mesopotamien. Eine sehr fruchtbare Gegend zwischen den beiden großen Flüssen Euphrat und Tigris. Das »Zweistromland«, wie man im Deutschen sagt. Viele haben sich dort niedergelassen, haben Handel getrieben. Kulturen aus der ganzen Welt haben die Region beeinflusst. So hat sie sich zu einem der wichtigsten Zentren des Alten Orients entwickelt. Die erste Hochkultur der Menschheitsgeschichte. Stadtstaaten sind entstanden, die erste Rechtsordnung, viele Erfindungen.

UK: Die Wiege der Menschheit.

NW: Und die war immer ein Einwanderungsgebiet. Zuerst waren die Sumerer da, dann kamen die Akkader, die Babylonier, die Perser, die Makedonier, die Sassaniden, die Araber, die Osmanen und zuletzt auch noch die Engländer. Der Irak ist ein Land, das nur Einwanderungen gehabt hat. Nie Auswanderungen. Von dort ging man nicht weg.

UK: Aber Sie sind weggegangen.

NW: Ich war damals eine Ausnahme. Ich erinnere mich, als ich nach Hamburg kam, waren wir sieben Iraker dort. Und an der Uni waren die Iraker eine Seltenheit. Wir waren nur zu zweit. Nicht wie jetzt. Das hat nach dem Kuwait-Krieg erst richtig angefangen.

UK: Aber noch mal nachgefragt: Woher kommt diese Gewalt?

NW: Gott hat damit angefangen. *(Lacht.)* Das können Sie in der Bibel nachlesen: Die Menschen in Mesopotamien waren so begeistert von ihren eigenen Fähigkeiten, dass sie einen Turm bauen wollten, der bis zum Himmel reichen sollte, um Gott näher zu sein. Gott fand das anmaßend und belegte sie mit einem Bann: Unter den Baumeistern hat er ein Sprachenwirrwarr entstehen lassen – mit der Folge, dass die Leute sich untereinander nicht mehr verstanden und das Bauwerk in einer Katastrophe endete. Diese alte biblische Geschichte ist unglaublich. Sie liest sich heute wie eine Parabel. Sie trifft die Situation auf den Punkt. Völker aus der ganzen Welt haben sich in diesem Land gefunden, weil es so reich ist. Das hat in einer Phase zu einer Hochkultur geführt – und danach zu endlosen Missverständnissen, Kämpfen und Kriegen. Das hat nie aufgehört.

UK: War es ein Fehler der Amerikaner, nach dem Krieg die Demokratie im Irak einführen zu wollen?

NW: Die Demokratie war nicht der Punkt. Die Iraker hätten eine Zeit des Übergangs gebraucht. Eine Regierung, die eine Zivilgesellschaft aufbaut. Der Irak hat zwölf Jahre Embargo hinter sich und drei brutale Kriege.

UK: Seit 40 Jahren gibt es Krieg.

NW: Auch in Europa streiten wir doch jeden Tag um Recht und Gesetze. Wir kämpfen um Gerechtigkeit und Rechtsstaat. Wir wissen, dass Recht nicht notwendigerweise Gerechtigkeit heißt. Es ist ein ständiger Prozess. Im Irak versteht man Demokratie so: Man nimmt sich einfach sein Recht.

UK: Es gibt ein Staatsverständnis im Orient, das mich immer sehr irritiert hat. In Europa versucht man einen Ausgleich der Interessen. Wer im Nahen Osten an die Macht kommt, macht sich den Staat zur Beute. Der Sieger hat recht und bestimmt, wie es läuft.

NW: Demokratie ist ein Prozess. Man kann nicht einen Diktator stürzen und am nächsten Tag die Demokratie einführen. Die Amerikaner haben das Militär aufgelöst. Jeder Soldat aber hat Familie, man hat damit jede Familie auf die Straße gesetzt. Diese Leute sind mit ihren Waffen nach Hause gegangen, und heute wimmelt es von Waffen im Irak.

UK: Sie waren ja gerade erst wieder in Bagdad. Was war Ihr Eindruck – verglichen mit dem, als Sie weggegangen sind?

NW: Früher gab es die Angst, verhaftet zu werden. Weil ich nicht Teil des Regimes war, war diese Angst immer da. Jetzt habe ich Angst vor Anschlägen. Sie müssen wissen: Es gibt in Bagdad keine Kriminalität, keinen Diebstahl, wie man das in vielen Städten der Welt kennt. Man wird nicht überfallen. Man könnte auf der Straße schlafen. Da passiert nichts. Aber die Sicherheitslage mit den Attentaten, den Bomben und Schießereien. Das ist der Unterschied.

Irak 53

UK: Warum haben Sie damals das Land verlassen?

NW: Die Begegnung mit Rainer Maria Rilke hat mir das Leben gerettet. In Amara, der kleinen Stadt im Süden des Irak, aus der ich komme, gibt es eine kleine Buchhandlung. Die existiert heute noch – und es ist jedes Mal eine große Freude, wenn ich dorthin gehe. Sie wissen, dass ich ihr Produkt bin. *(Lacht.)* In diese Buchhandlung ging ich, als ich fünfzehn oder sechzehn Jahre alt war – um mit meinem Taschengeld ein Buch zu kaufen. Ich fand ein kleines Büchlein. Gedichte. Ich habe es mit nach Hause genommen, und die ganze Nacht haben die Gedichte mich fasziniert. Es waren Übersetzungen von Rilkes *Duineser Elegien*. Das war mein erster Kontakt mit deutscher Literatur. Später wollte ich Theaterwissenschaften studieren an der Akademie der Schönen Künste in Bagdad. Ich wurde nicht angenommen, weil 1974, als ich zur Uni kam, nur Leute aufgenommen wurden, die in der Baath-Partei waren. Mich hat man gefragt: »Sind Sie Mitglied?« Ich habe gesagt: »Nein – und ich will das auch nicht.« Also durfte ich dort nicht studieren.

Dann habe ich mich an der Fakultät für Europäische Literatur beworben. Dort wurde ich angenommen. Das »Foto im Foto« zeigt mich mit zwei Kommilitonen auf dem Campus. Die Leute, die damals an der Kunstakademie studiert haben, sind heute fast alle tot. Meine Generation war 1978 mit dem Studium fertig und musste dann für zwei Jahre zum Militär. Ich wurde 1980 entlassen, im August. Sechs Wochen später brach der Krieg gegen den Iran aus. Meine Kollegen, die in die Akademie gingen, waren zu diesem Zeitpunkt noch alle in der Armee. Sie hat es voll erwischt. Dann hat man natürlich auch meinen Jahrgang einberufen. Da habe ich meine Papiere gefälscht – und bin abgehauen. Nach Deutschland. Die deutsche Literatur hat mir das Leben gerettet. Jahrzehnte später habe ich den Übersetzer der Rilke-Gedichte einmal getroffen. Ein Libanese, der in Tübingen Philosophie studiert hatte. Er war später Professor an der amerikanischen Universität in Beirut. Bei einer Lesung im Auswärtigen

Amt in Berlin sind wir uns 2008 begegnet. Da habe ich ihm meine Geschichte erzählt. Er hat geweint.

UK: Sie leben in Deutschland – aber Sie schreiben für die Menschen im Irak?

NW: Es stimmt: Meine Bücher erscheinen zuerst in Beirut.

UK: Bei einem libanesischen Verlag?

NW: Ja. Das ist ein Phänomen. Sie kennen vielleicht das alte Sprichwort: »Kairo schreibt, Beirut druckt und Bagdad liest.« Heutzutage schreiben alle. Aber zwei Dinge sind geblieben: Beirut druckt immer – weil es in Beirut nie eine Zensur gab wie in anderen arabischen Ländern. Und Irak liest bis heute. Diese Buchhändlerstraße in Bagdad ist wahnsinnig. Die Mutanabbi-Straße. Dass es eine Stadt gibt mit einer Straße nur mit Buchhandlungen! Ein Freund von mir, Karim Hanesh, hat dort auch einen Laden. Er verkauft Übersetzungen von Erich Fromm, Hannah Arendt, Hermann Hesse – und Rilke. Und natürlich auch meine Bücher. *(Lacht.)*

Aber zu Ihrer Frage: Wenn ich schreibe, denke ich nie darüber nach, für wen ich schreibe. Ich schreibe nicht für einen Iraker oder einen Deutschen. Warum fasziniert mich ein Buch aus Lateinamerika? Warum fasziniert einen Jugendlichen im Irak ein Text von Rilke? Man schreibt immer für einen universellen Leser.

UK: Was sind Sie eigentlich heute? Iraker oder Deutscher?

NW: Ich bin der ewige Exilant. Ich lebe in Deutschland schon viel länger als im Irak. Aber ich schreibe arabisch. Vielleicht, weil die Sprache das Einzige ist, was man mir nicht wegnehmen konnte. Thomas Mann sagte einmal: »Wo ich bin, ist Deutschland.« Und ich sage: »Wo ich bin, ist der Irak.« Die Sprache ist Heimat für mich geworden.

3. Syrien
Ein Staat begeht Selbstmord

Neue Straßen, neue Hotels, ganze Neubauviertel. Eine Überraschung. Im Mai 2010 bin ich zum ersten Mal in Hama. Lange war die Stadt am Orontes für Journalisten tabu, angeblich aus Sicherheitsgründen. Man sieht es Hama nicht an, dass hier im Jahr 1982 eines der grausamsten Massaker in der Geschichte Syriens stattgefunden hat. Die Stadt ist berühmt wegen ihrer jahrhundertealten Wasserräder im Zentrum der Medina – und berüchtigt wegen dieser blutigen Vergangenheit. Die Wasserräder gibt es noch. Sie sind im April 2010 wieder eine Touristenattraktion. Die Spuren des Blutbads indes sind verschwunden. Viele aber erinnern sich noch an diese Horrorzeit.

In den Morgenstunden des 2. Februar 1982 hatte eine Armeeeinheit in der Altstadt ein Versteck der Muslimbrüder entdeckt und angegriffen. Offener Krieg zwischen den Islamisten und dem Regime war die Folge. Hunderte Kämpfer schlagen die Soldaten in die Flucht. Sie stürmen Regierungsgebäude in der Stadt, töten Funktionäre der Regierungspartei und erklären Hama zur befreiten Stadt. Syriens Staatschef Hafis al Assad, Vater des heutigen Machthabers, schlägt furchtbar zurück. Es geht jetzt nicht mehr darum, die Gegner zu besiegen. Er will sie vernichten. Koste es, was es wolle. Der Diktator lässt den Widerstand rücksichtslos zusammenschießen. Jets bombardieren Widerstandsnester der Muslimbrüder, Panzer dringen in die Altstadt vor. Erschießungskommandos richten gefangene Muslimbrüder auf offener Straße hin. Ganze Familien werden umgebracht. Assad will ein Exempel statuieren, den Muslimbrüdern eine Lektion erteilen. Das Regime von Damaskus führt Krieg gegen die rebellische

Stadt. Ende Februar liegen ganze Stadtteile in Trümmern. 20.000 bis 30.000 Muslimbrüder und deren Anhänger sind tot. Eine Gewaltorgie.

Danach war Hama eine verbotene Stadt. Jahrelang wurde Journalisten der Besuch verweigert.

Jetzt bin ich hier – und staune. Der erste Eindruck ist verwirrend. Kein Hauch von Tausendundeiner Nacht. Hama ist eine der modernsten Städte Syriens. Der Diktator hat sie zerstört – und moderner wieder aufbauen lassen. Der Alltag ist zurück, Touristen kommen wieder. Das Leben scheint seinen gewohnten Gang zu nehmen. Die Tragödie von 1982 wird verschwiegen, verdrängt. Lange her.

Aber im Unterbewusstsein ist die Angst geblieben. Die Angst vor Assad. Man kann sie nicht fotografieren wie die berühmten Wasserräder in der Altstadt. Aber sie bleibt – und mit ihr die Hoffnung, eines Tages Rache nehmen zu können.

Assads Hama-Lektion hatte eine klare Botschaft: Wer Widerstand leistet, wird vernichtet. Wer sich ruhig verhält, wird belohnt. Deshalb hatte er die Stadt wieder aufbauen lassen. Eine Politik von Zuckerbrot und Peitsche. Brutale Volkspädagogik eines orientalischen Despoten.

Ein Ausflug in die jüngere Geschichte: Der »Baath«, die »Partei der arabischen Wiedergeburt«, war 1940 von zwei Intellektuellen in Damaskus gegründet worden, von Michel Aflaq, einem syrischen Christen, und Salah ad Din al Bitar, einem Sunniten. Panarabisch, laizistisch und sozialistisch – dies waren die drei Grundpfeiler der Partei, die durch einen Militärputsch am 8. März 1963 an die Macht gekommen war. Putsch war in den 1950er- und 1960er-Jahren die fast natürliche Form des Regierungswechsels in Syrien gewesen, eine Zeit des Umbruchs und der Unsicherheit. Mit der Machtübernahme der Baath-Partei verlieren die »Basaris«, die das städtische Bürgertum repräsentieren, an Einfluss. Die Landbevölkerung wird gefördert. Für junge Männer vom Land bot die Armee jetzt Aufstiegsmöglichkeiten. Gerade für die Alawiten, eine schiitische Minderheit in Syrien, ist sie die einzige Chance für eine Karriere. So auch für Hafis al Assad. Durch einen unblutigen Putsch übernimmt er 1970 die Macht. Mit ihm hat es zum ersten Mal ein Vertreter der alawitischen Unterschicht an die Spitze des Staats geschafft. Den meist sunnitischen »Basaris« verspricht er Stabilität – und lange funktioniert das auch. Für die radikalen Sunniten aber wird er zunehmend zu einer Reizfigur. In den Augen der Muslimbrüder ist er ein *kuffar*, ein Ungläubiger, die laizistische Herrschaft der Baath-Partei gar Gotteslästerung.

Nach 30-jähriger Herrschaft ist Hafis al Assad im Juni 2000 gestorben. Sein designierter Nachfolger Sohn Basil war bei einem Verkehrsunfall ums Leben gekommen. Der jüngere Bruder Baschar hatte in London Augenmedizin studiert. Anders als Basil galt Baschar als Feingeist, zu weich für die Tagespolitik im Orient. Sein Amtsantritt im Jahr 2000 war mit Hoffnung auf eine Liberalisierung des Landes verbunden; und tatsächlich begann in Syrien eine Zeit ausgeprägter gesellschaftlicher Debatten. Dieser »Damaszener Frühling« aber endete abrupt. Die harte Linie in der syrischen Führung setzte sich schnell durch. Eine Zeit des Stillstands folgte. Die Muslimbrüder jedenfalls hatten keinen Aufstand mehr gewagt. Das Hama-Exempel von Hafis al Assad hat lange Wirkung gezeigt.

Mit Verspätung kam der »Arabische Frühling« dann auch nach Damaskus – nur wenige Monate nach meinem Syrien-Besuch regt sich wieder Widerstand in Hama. Die Menschen haben inzwischen ihre Angst verloren. Sie geben keine Ruhe. Im Januar 2011 demonstrieren sie nach den Freitagspredigten, jetzt gegen Assad junior. Wie in Tunis und Kairo. Jetzt schickt Baschar al Assad ein paar Armeedivisionen nach Hama. Wie einst der Papa. Sie stellen die Stadt ruhig. Im Juni ziehen sie wieder ab. Mission erfüllt. Die brutale Gewalt war erfolgreich – so schien es.

2011 aber ist alles anders. Ende Juni demonstrierten in Hama und anderen Städten des Landes erneut mehr als 100.000 Menschen. Während 1982 nur spärliche Nachrichten der Gräueltaten in die Außenwelt gelangten, erreichten jetzt verwackelte

Videoclips fast in Echtzeit die Öffentlichkeit. Filme, die Grausamkeiten dokumentieren und Öffentlichkeit herstellen. Das Internet macht's möglich. Die schlimmsten Bilder kommen aus Daraa, einer Stadt im Süden Syriens. Am 6. März 2011 hatten die Sicherheitsbehörden achtzehn Jungs im Alter von zehn bis fünfzehn Jahren verhaftet. Sie hatten einen Satz an die Wand ihrer Schule gesprüht, der ihnen nun zum Verhängnis wurde: »Das Volk will den Sturz des Diktators!« Ganz Daraa redet über die verhafteten Kinder. Ihre Väter ziehen vor die Geheimdienstzentrale und fordern ihre Söhne zurück. Was sie als Antwort zu hören bekommen, macht sie rasend vor Wut. »Ihr habt euren Söhnen keine Manieren beigebracht!«, höhnte Atef Najib, der Sicherheitschef und Assad-Cousin. »Deshalb fällt mir jetzt diese Aufgabe zu. Vergesst eure Kinder – macht neue! Und wenn ihr das nicht könnt, schicke ich meine Männer, die werden es euren Frauen zeigen!«

Diese Provokation facht die Wut erst richtig an. Die Eltern demonstrieren in ihrer Verzweiflung – es kommt zu Großdemonstrationen. Rufe nach *Hurriya!*, nach Freiheit werden laut. »*Daad al yom ma fi Klouf!*«, skandiert die Menge. »Ab heute gibt es keine Angst mehr!«

Die Kinder kommen tatsächlich frei. Das Regime verspricht Reformen – und schickt nach bewährter Methode Panzer und Scharfschützen nach Daraa. Die Stadt wird abgeriegelt. Wie einst Hama. Man sucht nach Rädelsführern und Hintermännern. Assads Leute glauben nicht an einen »Dummenjungenstreich«. Sie halten die Aktion für eine Aktion der Muslimbrüder. Dutzende von Demonstranten werden erschossen.

Einige Wochen später verhaften Sicherheitskräfte wieder einen dreizehnjährigen Schüler. Hamsa al Kathib. Kurz danach liefern sie seinen Leichnam bei seinen Eltern ab. Die stellten ein Video ins Internet – trotz Drohungen des Geheimdienstes: Foltermale am Körper des toten Jungen. Brandwunden, zertrümmerte Kniescheiben, einen gebrochenen Kiefer, abgeschnittene Genitalien.

Diese Bilder produzieren unbändige Wut auf das Regime und seine Folterknechte. Der Aufstand breitet sich auf andere Städte aus. Die »Methode Hama« funktioniert nicht mehr. Die Bilder des toten Hamsa al Kathib, die Wut auf die entfesselte Polizeigewalt und die allgegenwärtige Korruption münden in einen gewaltigen Gefühlsausbruch. Unruhen werden aus Homs, Hama und Aleppo gemeldet, und eines wird schlagartig deutlich: Die monströs aufgeblähte Sicherheitsindustrie des Regimes kann die Revolte nicht mehr unter Kontrolle halten. Überall im Land gärt es. Man mag es fast nicht glauben: Ein Kinderstreich wird zum Auslöser für eine der größten humanitären Katastrophen seit 1945.

Anfangs war es keineswegs eine Schlacht zwischen sunnitischen Islamisten und regimetreuen Alawiten. Der Grund der Rebellion gegen Assad war schlicht Unzufriedenheit. Die Syrer wollten besser leben.

Die Welt war sich schnell einig in der Verdammung der Verbrechen des Regimes. Der UN-Sicherheitsrat verurteilte Assad wegen der Gewalt gegen Demonstranten. Arabische Staaten wie Kuwait, Bahrein und Saudi-Arabien zogen ihre Botschafter ab, die Türkei ging auf Distanz. Angela Merkel und der damalige britische Regierungschef David Cameron forderten Assad zum Rücktritt auf. Auf der sunnitisch-arabischen Seite also der übliche, von eigenen Machtinteressen gesteuerte Reflex. Auf der europäischen Seite wohlfeiler Protest. Nicht mehr. Man hatte schon genug Probleme mit dem sich auflösenden Irak.

Hinzu kam: Die Verhältnisse sind kompliziert und undurchsichtig in Syrien, diesem prekären Vielvölkerstaat mit seiner arabischen Mehrheit und den Minderheiten aus Kurden, Armeniern, Turkmenen, Tscherkessen, Aramäern, Assyrern – und damals, im Jahr 2011, einer Million Flüchtlinge aus dem Irak.

Die religiösen Verhältnisse im Land sind noch komplizierter als die ethnischen. Rund 70% der Syrer sind sunnitische Muslime. 10 bis 15% Alawiten. Rund 10% sind Christen – die sich wiederum in ein knappes Dutzend Konfessionen atomisieren. Es war immer schon schwierig, diese konfessionelle Anarchie politisch zusammenzuhalten. In den Jahren vor dem Aufstand wurde es zunehmend schwieriger. Sunnitische Islamisten agitierten immer häufiger gegen die Herrschaft der Alawiten. In ihren Augen begeht die Regierung Gotteslästerung, weil sie nicht Allah, sondern den Sozialismus auf ihre Fahnen geschrieben hat.

Die Machthaber wurden unruhig. Das hatte ich schon bei meinem Besuch in Damaskus im Frühjahr 2010 mitbekommen. Durch Vermittlung eines bekannten syrischen Arztes treffe ich den Großmufti von Syrien in seiner Residenz im Nobelviertel von Damaskus. Scheich Achmad Badr al Din Hassun. Er gilt als Liberaler. Vor dem Europarat und dem Deutschen Bundestag hat er schon gesprochen. Ehrenmorde verurteilt er ebenso als schwere Verbrechen wie Selbstmordattentate. Scheich Hassun macht mich ganz unverhohlen auf ein zunehmendes Problem innerhalb des Islam aufmerksam: Die aggressive, mit viel Geld betriebene Missionierung der Sunniten durch Saudi-Arabien. Er erklärt mir offen, dass er mehr Angst vor saudischen Wanderpredigern habe als vor den Israelis. Was ihn und seine Entourage beunruhigt, sind wahhabitische Imame aus Saudi-Arabien, die seit einiger Zeit verstärkt in syrischen Moscheen ihre mittelalterlich-verbohrte Version des Islam predigen. Die Einflussmöglichkeit des Großmuftis im sunnitischen Islam ist beschränkt – die Sunniten kennen keine religiöse Hierarchie. Die Moscheevereine dürfen deshalb ganz allein bestimmen, wer bei ihnen predigt. So nimmt der Einfluss der Saudis zu.

Zu Beginn der Auseinandersetzungen im Frühjahr 2011 waren die Fronten nicht ganz klar. Noch gibt es Alawiten, die sich gegen Assad stellen – und Sunniten, die das Assad-Regime verteidigen. Viele Christen und Drusen haben Angst vor einem islamischen Staat. Auch sie demonstrieren für Assad.

Als im August 2011 die Zahl der von der Polizei bei Demonstrationen Getöteten 2.200 erreicht, geschieht Entscheidendes: Aus den Demonstrationen wird ein Bürgerkrieg. Erste Soldaten desertieren aus Assads Armee, sie weigern sich, auf das eigene Volk zu schießen.

Einige dieser Deserteure gründen die »Freie Syrische Armee«, die FSA. Von ihrem Anführer kursiert ein Video auf YouTube. Es zeigt einen nicht gerade charismatischen Menschen, Riad al Asaad, der einen Text verliest und sich ständig verhaspelt. Für seine Anhänger ist er trotzdem ein Held. Die führenden Köpfe der »Freien Syrischen Armee« sind syrische Nationalisten. Sie wollen Wahlen, Reformen und ein Ende des Baath-Regimes. Die Opposition ist sich aber nicht einig, ob es richtig ist, Gewalt mit Gewalt zu beantworten. Sie fürchtet, dass dies von Assad nur als Anlass genutzt werden würde, um noch brutaler zurückzuschlagen. Die Opposition bleibt hoffnungslos zerstritten.

Im Westen zögert man, die Freie Syrische Armee zu unterstützen. Es gibt zu viele Ungereimtheiten. Der amerikanische Präsident erklärt seine berüchtigte »Rote Linie«: Es wird Militärschläge der USA geben, sollte Assad Giftgas einsetzen. Das war alles. Direkte Militärhilfe gab es nicht. Zu undurchsichtig war diese neue Rebellengruppe.

Diese Vorsicht war durchaus berechtigt. Denn die FSA war ein bunter Haufen, anfangs ein Sammelbecken militanter Assad-Gegner, auch Gruppen, die für eine Trennung von Religion und Staat kämpften. Schon bald nach ihrer Gründung aber begann die Konfessionalisierung. Im Laufe der Zeit führten immer mehr Einheiten der FSA nicht Krieg für Freiheit und Demokratie – sondern gegen die Alawiten. Eine Kampfgruppe nannte sich nach einem Islamgelehrten aus dem 13. Jahrhundert »Taqi ibn Taymiyya«. Der hatte in einer Fatwa behauptet, Alawiten seien ungläubiger als Juden und Christen und müssten durch einen Dschihad bekämpft werden.

Im Kampf um Aleppo begann dann eine Radikalisierung der Freien Syrischen Armee in Richtung Salafismus. Für viele Kämpfer war nicht mehr Demokratie das Ziel, sondern ein islamischer Staat.

Es kam zur Spaltung der FSA. Am 22. November 2013 wurde die »Islamische Front«, ein Zusammenschluss von sieben Salafistenmilizen, gegründet. Jetzt gab es unter den militanten Assad-

Gegnern nur noch eine verschwindende Minderheit, die eine Demokratie nach westlichem Vorbild wollte und sich Hilfe aus dem Westen erhoffte.

Wie aus dem Nichts taucht noch eine Miliz auf, die sich »Dschabat al Nusra« nennt. Ihre Entstehung bleibt lange im Dunkeln, weshalb viele glauben, dass sie eine Kreation des syrischen Geheimdiensts ist.

Die Lage wird immer unübersichtlicher. Immer mehr islamische Milizen kämpfen manchmal miteinander gegen die Armee Assads, manchmal aber auch gegeneinander um Gebiete und Einflusszonen. Sie morden und entführen. Es herrscht Anarchie. In vielen Teilen Syriens bricht die alte Ordnung zusammen, neue Milizräte und Komitees entstehen, die ihre Gemeinden selber organisieren und für Strom und Wasser sorgen. Scharia-Gerichte sprechen Recht.

Die syrische Luftwaffe bombardiert die von Rebellen eroberten Gebiete Tag für Tag. Sie zerstört die Infrastruktur. Trinkwasseranlagen, Getreidespeicher und Schulen. Ein Staat vernichtet seine eigenen Grundlagen. Schafft sich ab. Begeht Selbstmord. Syrien ist auf dem Weg zu einem *failed state*, zu einem gescheiterten Staat.

Dann gibt es eine Überraschung: Die FSA erobert die östliche Hälfte Aleppos, der zweitgrößten syrischen Stadt. Ein Militärrat wird gegründet, um die verschiedenen Milizen zu koordinieren. Doch bald zerbricht dieses lose Bündnis. Das ist die Chance für ISIS, den »Islamischen Staat im Irak und in Syrien«. Diese Terrortruppe, die sich aus sunnitischen Gefolgsleuten Saddam Husseins im Jahr 2004 im Irak gebildet hatte, operierte bis dahin nur im Irak. Jetzt bietet sich die Möglichkeit, in Syrien mitzumischen. In Aleppo. ISIS ist besser organisiert als die FSA, seine Kämpfer sind fanatisiert, besser ausgerüstet, und sie haben Kriegserfahrung. Ein unschätzbarer Vorteil.

Und sie sind brutaler. Es gelingt ihnen, militärisch Fuß zu fassen. ISIS geht systematisch vor. Bevor die blutrünstigen Gotteskrieger eine Stadt oder ein Dorf erobern, erstellen Spitzel

Todeslisten ihrer Gegner. Die Skrupellosigkeit erinnert manchmal an die Schandtaten des Saddam-Regimes im Irak. Kein Wunder: Die Führungsebene des ISIS wird von ehemaligen Saddam-Geheimdienstleuten um Haji Bakr, Ex-Geheimdienstoberst der irakischen Luftabwehr, bestimmt. Kein Islamist, sondern ein hochintelligenter Logistiker.

Wer dem ISIS im Wege steht, wird gnadenlos ermordet. Im Kampf um die Vorherrschaft in Nord-Syrien sind alle Mittel recht. FSA und »Islamische Front« sind jetzt seine Feinde. Kurzerhand werden sie zu Ungläubigen erklärt und angegriffen.

ISIS erobert Raqqa, wird von der FSA wieder vertrieben, setzt sich aber zum Schluss doch noch durch. Die Eroberung von Raqqa ist der erste spektakuläre Erfolg der Terrormiliz. Schon im 8. Jahrhundert hatte Kalif Hischam in Raqqa zwei Paläste bauen lassen. Von 796 bis 808 war die Stadt sogar Regierungssitz des legendären Tausendundeine Nacht-Kalifen Harun ar Raschid. Jetzt soll sie die Hauptstadt eines islamischen Gottesstaates werden. Die meisten Christen werden aus der Stadt verjagt, die verbliebenen müssen eine Kopfsteuer zahlen. Schiiten werden geköpft. Eine Islamisierung im Schnellgang, erzwungen mit der Kalaschnikow.

Die Mördermiliz spielt auch Staat. Sie übernimmt die vorhandenen Strukturen – wenn Mitarbeiter der Stadtverwaltung bereit sind, mitzumachen und die Gesetze der Scharia zu achten, erweisen sich die neuen Herren als kooperativ. Mörderisch und pragmatisch, flexibel und unerbittlich – das ist ihr Erfolgskonzept. Der steile Aufstieg der Killertruppe um Baghdadi bringt Bewunderung in der Dschihadisten- und Überläuferszene. Besonders von der Nusra-Front schließen sich viele Kämpfer dem ISIS an. Auch auffallend viele Ausländer sind darunter: Saudis, Tunesier, Algerier, Libyer. Und Tschetschenen. Russisch gilt zeitweise als dritte Amtssprache im IS, wie die Truppe sich nun nannte, neben Arabisch und Türkisch. Eine dschihadistische Internationale.

Das gibt Ärger mit der al Kaida-Zentrale. Die will, dass nicht der IS, sondern die Nusra-Front den Dschihad in Syrien führt.

Aber unbeeindruckt von den Mahnungen der al Kaida-Führung setzt Baghdadi seinen Erfolgsfeldzug fort. Er kümmert sich nicht mehr um nationale Grenzen – ohnehin nur eine Erfindung der Kolonialisten. Diese seit dem Ende des Ersten Weltkrieges von Franzosen und Engländern künstlich gezogenen Grenzen müssen verschwinden.

Der Erfolg des IS war möglich geworden, weil Syrien und Irak innerhalb ihrer Landesgrenzen ganze Regionen nicht mehr unter Kontrolle hatten. In das Machtvakuum stießen die Gotteskrieger. Iraks Armee erwies sich in diesem Überlebenskampf als Papiertiger. Syriens Präsident konnte nicht mehr sein ganzes Staatsgebiet verteidigen – und er wollte es wohl auch nicht. Der neue Feind war schließlich eine Bestätigung seiner These, dass Syrien von einer ausländischen Verschwörung heimgesucht wurde. Verschwörungstheorien sind im Nahen Osten ein beliebtes Mittel, um vom eigenen Versagen abzulenken. Die Kooperation mit dem IS ging zeitweise so weit, dass die syrische Armee Öl von den eigenen Ölquellen kaufte, die sie an den IS verloren hatte. Die militärische und politische Lage in Syrien wurde vollends undurchschaubar. Sie entwickelte sich zum gefährlichsten weltpolitischen Konflikt – mit Potenzial für einen großen Krieg.

Militärisch gesehen glich Syrien einem Labyrinth. Alle Konflikte des Nahen Ostens spiegeln sich wie in einem Brennglas: Amerika gegen Russland, Iran gegen Saudi-Arabien, Schiiten gegen Sunniten, Türken gegen Kurden, al Kaida gegen den Islamischen Staat. Mit Assad verbündete schiitische Milizen kämpfen gegen dschihadistische Sunniten, unterstützt von der afghanischen Fatimiyou-Brigade, der irakischen Badr-Miliz und der libanesischen Hisbollah. Später bombardieren russische Kampfjets von den USA unterstützte Rebellen, US-Jets schlagen gegen den IS zu, Israelis greifen mit ihrer Luftwaffe Hisbollah-Einheiten an. Die Türkei schießt einen russischen Jet ab und beschießt mit schwerer Artillerie die von den USA unterstützten kurdischen Volksverteidigungseinheiten YPG – und das ganze Tohuwabohu fotografieren deutsche Tornados aus der Luft. Ihre Daten geben sie an die westlichen Kriegsteilnehmer weiter. Die Lage am Boden ist brandgefährlich. Ein militärischer Hexensabbat.

Im Frühjahr 2013 gibt es Syrien faktisch nicht mehr. Nur noch etwas mehr als ein Drittel des Staatsgebiets wird von der Regierung beherrscht. 40% des Landes sind in der Hand des IS, das meiste davon Wüste. 10% hat sich die al Nusra-Front, also al Kaida, unter den Nagel gerissen, die sich jetzt Fatah al Scham nennt. Etwa 10% kontrollieren die syrischen Kurden, den Rest teilen sich lokale Warlords. Keine Seite ist stark genug, eine militärische Entscheidung zu erzwingen. Der Bürgerkrieg wird immer brutaler. Assad lässt aus Hubschraubern Fassbomben abwerfen, eine heimtückische Horrorwaffe: Behälter werden mit Benzin und Sprengstoff gefüllt, dazu kommen Nägel, Metallstücke und Brandbeschleuniger. Die Bomben sind völlig ungeeignet an den Fronten des Bürgerkriegs, weil unpräzise. Vor allem gegen die Zivilbevölkerung werden sie eingesetzt. Mit verheerender Wirkung. Barbarisch auch das Aushungern von Städten und ganzen Regionen. Eine Methode, die von beiden Seiten praktiziert wird. Tausende von Assad-Gegnern landen in den Folterkellern des Regimes. Von vielen fehlt jede Spur. Rituelle Massenhinrichtungen durch Köpfen und Kreuzigen sind das Markenzeichen des Islamischen Staates. Die grausamsten Bilder liefert aber ein Kommandeur der FSA, der bei laufender Kamera einem toten syrischen Soldaten den Bauch aufschlitzt und so tut, als würde er die Innereien seines Gegners verschlingen. Hass wird zu Wahnsinn. Syrien versinkt in einer Orgie der Gewalt.

Das Schlimmste aber sollte erst noch kommen. Im August 2013 gibt es einen Giftgasangriff auf das Städtchen Ghouta bei Damaskus. Schreckensbilder gehen um die Welt. Menschen rennen um ihr Leben. Mit Schaum vor dem Mund und verengten Pupillen. Sie versuchen sich zu retten, in Krankenhäuser, die nicht mehr helfen können. Frauen, alte Männer, Kinder, die langsam ersticken. Sie sterben in den Fluren der Kliniken, von Krämpfen geschüttelt. Ghouta – ein Ort des Grauens. »Ärzte ohne Grenzen« spricht von 3.600 Verletzten und 355 Toten allein in den ersten drei

Stunden nach dem Angriff. Die US-Regierung geht am Ende von
1.429 Toten aus.

US-Präsident Obama reagierte scharf auf diesen Massenmord.
»Assads Regierung hat tausend Menschen vergast!«, sagt er im
US-Fernsehen. Er beschließt einen Militärschlag und setzt sich
damit selbst unter Zugzwang. Die »Rote Linie«, die er verkündet hatte, ist überschritten, jetzt muss er handeln, will er nicht
seine Glaubwürdigkeit verlieren. Für den Militärschlag aber will
er unbedingt die Zustimmung des Kongresses. Der ist aber gerade im Sommerurlaub – und verweigert später sein Okay. Obama
zeigt Schwäche. Er weiß nur zu gut: Amerika ist kriegsmüde.

Russlands Staatschef Putin nutzt die Gunst der Stunde: Völlig
überraschend schlägt er vor, die syrischen Giftgasbestände unter
internationaler Kontrolle zu vernichten. Clever. Assad stimmt den
von Putin vorgeschlagenen UN-Inspektoren zu. Die stellen zwei-
felsfrei fest: In Ghouta wurde das Nervengift Sarin eingesetzt.
Wer für den Angriff verantwortlich war, klären sie nicht. War nicht
ihre Aufgabe. Am Ende des UN-Einsatzes gibt es mehr Fragen
als Antworten. Den Amerikanern bleibt jedoch nichts anderes
übrig, als gute Miene zum bösen Spiel zu machen. Den Schwächeanfall der amerikanischen Außenpolitik nutzt Putin zu einem
raffinierten Manöver: die Beseitigung der syrischen Giftgasbestände – unter internationaler Aufsicht. Mit diesem Schachzug
holt er den verfemten Assad aus der Isolation. Der Massenmord
mit Giftgas, den Assad – nie bewiesen, aber nach internationaler
Einschätzung hochwahrscheinlich – zu verantworten hat, wird
auch noch belohnt: mit der Rückkehr auf die Weltbühne.

Assad, dessen politisches Ende seit dem Ausbruch des Bürgerkriegs ständig prophezeit wird, ist wieder einmal gerettet.
Angesichts der bedrohlichen Lage im Land erweist er sich als
Überlebenskünstler. Russland, Irak und Iran stützen den Strau-
chelnden.

Der Kampfeswille der syrischen Armee aber lässt zu wünschen
übrig. Rekruten verschwinden im Untergrund, Wehrpflichtige
flüchten ins Ausland. Syrien gehen die Soldaten aus. Assad sieht

sich gezwungen, im syrischen Staatsfernsehen eine Amnestie für Deserteure zu verkünden. Nicht gerade ein Ausdruck militärischer Stärke. Die Lage wird brenzlig.

In dieser Situation beginnt Anfang 2015 ein Angriff islamistischer Rebellen auf die Provinz Idlib. Die suchen ganz offen die militärische Entscheidung. Innerhalb kürzester Zeit erobern sie die wichtige Provinz. Das Geheimnis des schnellen Erfolgs: amerikanische Panzerabwehrraketen des Typs TOW, die für heftige Verluste bei der Syrischen Armee sorgen. Die hat einen Heidenrespekt vor der neuen Waffe. Diese amerikanischen Panzerabwehrraketen sind von den USA einst an die Türkei und an Saudi-Arabien geliefert worden. Die Paten des syrischen Aufstands. Wie sie über die syrisch-türkische Grenze in die Hand der Rebellen gekommen sind, bleibt ungeklärt. Aber Erdogan muss seine Hände im Spiel gehabt haben. Ganz offensichtlich ist die Türkei, ein NATO-Mitgliedsland, mittlerweile heimliche Kriegspartei im syrischen Bürgerkrieg. Die technische Überlegenheit von Assads Streitkräften ist jedenfalls dahin. Eine neue Eskalationsstufe im Bürgerkrieg.

An Friedensgespräche ist jetzt nicht mehr zu denken. Diese militärische Niederlage wird für das Assad-Regime gefährlich. In der an Idlib angrenzenden Mittelmeerprovinz Latakia liegt nämlich die Heimat des alawitischen Assad-Clans – und der russische Flottenstützpunkt Tartus. Jetzt geht es ans Eingemachte. Ein Sieg der Rebellen würde das Ende des russischen Militärstützpunktes bedeuten.

Die Russen handeln blitzschnell. Russische Truppen landen in der zweiten Septemberwoche 2015 in Syrien. Ein weltpolitischer Paukenschlag. Im Westen herrscht wieder mal Verblüffung und Ratlosigkeit. Putin verlegt ungeniert Kampfbomber, Jagdflugzeuge und Abfangjäger in die Krisenregion. Offiziell sollen sie den IS bekämpfen, aber in erster Linie bombardieren sie die Gegner von Baschar al Assad – und retten ihn einmal mehr vor einer militärischen Niederlage. Der Luftkrieg ist Russlands Antwort auf die Lieferung der US-Panzerabwehrraketen an die islamistischen Freischärler. Zum ersten Mal seit Monaten gelingt es den syrischen Regierungstruppen, die Islamistenmilizionäre zurückzudrängen. Rund um Aleppo machen sie Geländegewinne. Sie kreisen die Stadt ein. Das Kriegsglück hat sich mit russischer Hilfe wieder einmal zugunsten Assads gewendet.

Die neue Lage auf dem Schlachtfeld ließ den Aufständischen keine andere Wahl: Jetzt mussten sie einem Waffenstillstand zustimmen, sonst wären sie Gefahr gelaufen, Aleppo, eine ihrer Hochburgen, zu verlieren. Und das Erstaunliche: Der Waffenstillstand hält. Putin hatte diese Situation herbeibomben lassen, jetzt zieht er – auch diesmal überraschend – einen Teil seiner Streitmacht zurück. Das gibt positive Schlagzeilen in der internationalen Presse. Putin ist jetzt auf Augenhöhe mit dem amerikanischen Präsidenten, der Russland zu Beginn des Krieges noch herablassend als »unbedeutende Regionalmacht« verhöhnt hatte. Mission erfüllt.

Assad nutzt den Waffenstillstand, der den Kampf gegen den IS ausschließt. Jetzt hat der syrische Staatschef die Hände frei. Er muss nicht mehr an allen Fronten kämpfen. Er kann seine besten Soldaten zusammenziehen und Palmyra angreifen, die historische Ausgrabungsstätte, die im Mai 2015 vom IS eingenommen worden war. Fast kampflos. Syrische Truppen hatten die historische Wüstenstadt zurückgelassen, aber auch einen berüchtigten Folterknast des Regimes. Palmyra war ein Symbol der Schwäche des Regimes. Die Wiedereroberung der Stadt mithilfe der russischen Luftwaffe und der libanesischen Hisbollah ist ein Triumph für Assad – und ein ziemliches Desaster für die scheinbar unbesiegbare Terrormiliz.

Assad ist wieder obenauf, der Regime-Change, den der Westen jahrelang gefordert hat, bleibt eine Illusion. Mubarak in Ägypten, ben Ali in Tunesien, Muammar al Gaddafi in Libyen, Saleh im Jemen – die Langzeitdiktatoren sind von den Aufständen des »Arabischen Frühlings« weggefegt worden. Einzig Assad hat überlebt. Aber zu welchem Preis!

Der Kampf um Aleppo stellt dann alles in den Schatten, was der syrische Bürgerkrieg in fünf Jahren an Grausamkeiten geboten hatte. Fassbomben, Phosphorbomben, bunkerbrechende Superbomben. Angriffe auf Wohngebiete, auf Krankenhäuser, Schulen und auf Hilfskonvois. Putin bombt, wie er will. Den Vorwurf von Kriegsverbrechen tut er als Rhetorik ab. Der Westen ist hilflos. Er droht mit neuen Sanktionen, mit Demonstrationen vor russischen Botschaften, mit dem Internationalen Kriegsgerichtshof in Den Haag. Vergeblich. Putin bombt weiter.

Die Schlacht um Aleppo hatte am 19. Juli 2012 begonnen. Damals kämpften noch Syrer gegen Syrer. 2016 geben Ausländer den Ton an. Auf beiden Seiten. Der Krieg in Syrien ist kein lokaler Konflikt mehr, er ist längst ein internationaler Stellvertreterkrieg. Lange haben auf sunnitischer Seite Dschihadisten eine dominierende Rolle gespielt. Jetzt gibt es auch einen schiitischen Dschihad. Afghanen, Iraner, Iraker, Libanesen und Pakistani kämpfen auf der Seite Assads.

An vorderster Front in Aleppo kommandiert der iranische General Kassem Soleiman die Eliteeinheiten der schiitischen Quds-Brigaden, Speerspitze der iranischen Revolutionsgarden. In seiner Heimat ist Kassem Soleiman zum Medienstar geworden. Die Quds-Brigaden haben in den vergangenen Jahrzehnten eine schiitische Internationale aufgebaut. Sie rekrutieren Söldner aus dem Irak, Afghanistan und Pakistan, alles Schiiten. Sie verteidigen den schiitischen Halbmond, Länder mit schiitischer Mehrheit oder großen schiitischen Minderheiten. Sie stürzen sich mit dem Kampfruf »*labaik ya Husain*« (»Hier bin ich, Husain!«) in die Schlacht. Damit rufen sie al Husain ibn Alī an, Enkel und für die Schiiten natürlicher Nachfolger des Propheten. In der Schlacht von Kerbela am 10. Oktober 680 ist er ums Leben gekommen. Mit seiner Niederlage im Kampf um das Kalifat war die endgültige Trennung im Islam zwischen Sunniten und Schiiten besiegelt.

Seitdem schwören die Schiiten auf Rache. Die Erinnerung an al Husains Märtyrertod vor fast 1.400 Jahren heizt auch in

Aleppo die Stimmung an. Auf der anderen Seite stehen schließlich die Nachfahren seiner Mörder, eine sunnitische Internationale mit Kämpfern aus 80 Ländern. Aleppo, eine islamische Völkerschlacht.

Der Kampf um die einstige syrische Wirtschaftsmetropole endet in einer Orgie von Kriegsverbrechen. 300.000 Zivilisten vegetieren zuletzt in den Ruinen. Ohne sauberes Wasser, ohne Strom, ohne medizinische Versorgung. Ohne ausreichende Ernährung. Der Tod ist ständiger Begleiter. Flucht unmöglich. Niemand kommt mehr rein in die Hölle von Ost-Aleppo. Niemand kommt mehr raus. Die Verteidiger benutzen die zurückgebliebenen Zivilisten als menschliche Schutzschilde, das Assad-Regime will sie aushungern. Einmal noch gelingt es den Verteidigern, den Belagerungsring zu durchbrechen, dann ist der Kessel von Aleppo geschlossen, die tödliche Falle zugeschnappt. Der Kampf ist so unerbittlich, weil beide Seiten glauben: Wer die Schlacht um Aleppo verliert, verliert den Bürgerkrieg.

Das Drama erinnert die *F.A.Z.* an Stalingrad, andere vergleichen Aleppo mit Grosny, der tschetschenischen Hauptstadt, die von der russischen Kriegswalze in den 1990er-Jahren dem Erdboden gleichgemacht wurde. Das Ergebnis ist gleich verheerend. Aleppo ist eine Ruinenstadt. In Erinnerung bleibt das Bild eines fünfjährigen Jungen, der aus den Trümmern eines bombardierten Hauses gerettet wurde. Verstört sitzt er in einem Rettungswagen. Völlig von Staub bedeckt, die Füße nackt. Omran Daqueesh. Er schreit nicht, er weint nicht, sein Blick geht einfach ins Leere. Dieser Blick sagt mehr über den Horror als alle Schreckensbilder aus der Hölle von Aleppo.

Einen Sieger kann es nicht mehr geben. Große Teile der einstigen Wirtschaftsmetropole sind ein Trümmerhaufen. Die Waffenstillstandsverhandlungen sind eine Farce. Mal wird geschossen, mal ruhen die Waffen. Das Ziel war immer klar: die Rückeroberung Ost-Aleppos. Putin und Assad nutzen schließlich das Machtvakuum nach der Wahl Donald Trumps und bomben die einstige Rebellenhochburg in Schutt und Asche. Ohne jede moralische

Skrupel. Der Westen sieht hilflos zu. Putin schafft Fakten. Es gibt keine politische Lösung ohne ihn und Assad. Game over.

Am Ende des mörderischen Machtkampfes um Aleppo steht Putin als Sieger da. Eine Demütigung für Obama. Russland ist jetzt Hegemonialmacht in Syrien. Putin bestimmt die Regeln für Friedensgespräche. Er hat die Waffen weitgehend zum Schweigen gebracht. Den Vereinigten Staaten bleibt nur die Rolle eines Zuschauers.

Während Assad und seine Verbündeten in Aleppo triumphieren, landet der IS einen Überraschungscoup. Er erobert Palmyra zurück, dessen Befreiung nur wenige Monate zuvor von der russischen Propaganda pompös mit einem Sinfoniekonzert gefeiert worden war. Ein Zeichen, dass der IS auch nach jahrelangem Bombardement noch handlungsfähig ist. Erst nach langen blutigen Kämpfen wird Palmyra Anfang 2017 wieder befreit.

Jetzt ist Assad obenauf. Er versucht, ein Versprechen wahr zu machen: die Rückeroberung ganz Syriens. Auch mit mittelalterlichen Methoden. Er lässt Städte belagern und hungert sie aus. Dann werden die zermürbten Islamisten, gegen freies Geleit, in die Rebellenhochburg Idlib »entsorgt«. In der Hoffnung, dass sie sich dort eines Tages selbst zerfleischen.

Beispiel Homs. Jahrelang eine der Hochburgen der Assad-Gegner. Ausgehungert, bis die Eingeschlossenen im Juni 2017 erschöpft aufgaben. Ein mühsamer Weg. Von Stadt zu Stadt. 2017 gibt es noch viele belagerte Städte. Ein Ende der Kämpfe liegt in weiter Ferne. Aleppo war eben doch nicht die alles entscheidende Schlacht. Die Islamisten jedenfalls geben nicht auf, sie bekommen weiterhin Hilfe aus den Golfländern. Vor allem aus Saudi-Arabien.

Dennoch ist eines klar: Der bewaffnete Aufstand gegen Assad ist gescheitert. Jetzt geht es für die Kriegsparteien nur noch darum, Geländegewinne zu machen. Faustpfänder für den Fall aller Fälle. Die Iraner wollen sich einen Landkorridor vom Iran über den Irak durch Syrien in den Libanon sichern. Die Amerikaner wollen das verhindern. Wie genau, das wissen sie nicht. Die

Amerikaner schießen deshalb im Juni 2017 schon mal einen syrischen Kampfjet ab, der Stellungen der DFS bombardiert. Diese kurdisch-arabische Truppe kämpft am Boden für die Amerikaner. Ziel Raqqa. Eine irrwitzige Situation. Die Russen reagieren prompt. Jets der US-Koalition sind ab jetzt potenzielle Ziele. Die Situation ist da, die viele befürchtet hatten. Ein Showdown zwischen Russland und den USA. Kein Stellvertreterkrieg mehr, sondern eine direkte Konfrontation der Großmächte. Aus dem »Dummenjungenstreich« von Daraa ist ein Weltkonflikt geworden.

Die Bilanz ist jetzt schon verheerend. Syrien, wie wir es kannten, gibt es nicht mehr. Und wird es vielleicht nie wieder geben. Syrien ist faktisch dreigeteilt. Einen Teil des Landes, zwischen Damaskus und Latakia, beherrscht nach wie vor die Regierung. An der Grenze zur Türkei haben sich die Kurden ihren Teil aus Syrien herausgeschossen. Sie nennen den Staat »Rojava«. Im Rest des Landes hat sich der IS festgesetzt. Eine Aufteilung des Landes ist unabwendbar, das wissen inzwischen alle Kriegsparteien. Deshalb versuchen sie noch Geländegewinne zu machen. Der Kampf um die Aufteilung des Landes hat begonnen.

Syrien hat unter tätiger Mithilfe von Amerikanern, Russen, Iranern, Saudis, Türken und Kurden Selbstmord begangen. Eine politische und menschliche Katastrophe. Mehr als 400.000 Syrer sind tot und viele Innenstädte Ruinen. Bilder wie nach dem Zweiten Weltkrieg in Deutschland. Neun Millionen Syrer sind innerhalb des eigenen Landes auf der Flucht, bei 25 Millionen Einwohnern. Laut einer Studie des Syrian Center for Policy ist die Lebenserwartung von siebzig auf fünfzig Jahre gesunken. Wer überlebt hat, verdient wesentlich weniger als vor dem Bürgerkrieg, wenn er nicht sowieso arbeitslos ist. Die Durchschnittseinkommen sind auf ein Sechstel geschrumpft. Die Arbeitslosigkeit wird auf 50% geschätzt. 80% der Bevölkerung leben unter der nationalen Armutsgrenze. Das Land wurde in seiner Entwicklung um Jahrzehnte zurückgeworfen.

Mehr als viereinhalb Millionen Syrer sind in die Nachbarstaaten geflohen – und nach Europa. Sie haben die größte humanitäre Katastrophe nach 1945 ausgelöst. Lange hatten die Europäer die syrische Tragödie einfach verdrängt. Die riesige Flüchtlingswelle stürzte die EU schließlich selbst in eine Krise – der Krieg im Nahen Osten ist in Europa angekommen.

Rasha Deeb & Akhil Amer
Zwei Syrer
in Deutschland

Es gibt nicht nur Flüchtlings-Tragödien. Manchmal gibt es auch ein Happy End. Wie die Geschichte von Rasha und Akhil. Sie hatten sich auf der Flucht kennen und lieben gelernt. Jetzt leben sie in Tübingen, in einer Wohnung im vierten Stock eines verwinkelten Fachwerkhauses. Eine Künstlerwohnung. Rasha Deeb ist Bildhauerin, Akhil Amer ist Kunststudent und malt Bilder, die an Botero erinnern. Sie ist Christin, ihr Freund ist Druse. Christen und Drusen sind Minderheiten in Syrien.

UK: Warum sind Sie aus Syrien weggegangen?

AA: Bei meinem Vater habe ich mit der Bildhauerei angefangen – und begriffen, dass ich Künstler bin. 2012 habe ich mein Abitur in as Suweida gemacht, danach habe ich begonnen, in Damaskus an der Kunstakademie zu studieren. Dort habe ich Schwierigkeiten bekommen – mit der Armee, der Polizei, dem Geheimdienst. Man mag dort meinen Stil nicht – die Piercings, die langen Haare. Der Bart. Künstler sind Teufel für sie.

UK: Mit Religion hatte das nichts zu tun?

RD: Nein. Zu dieser Zeit gab es immer weniger Respekt und Toleranz in Syrien. Das hat sich wegen des Krieges so entwickelt. Eine chauvinistische Dummheit hat sich über das Land gelegt, die bestimmen wollte, wie man zu leben hat.

UK: Waren Sie persönlich in Gefahr?

AA: Ja. Die von der Armee fragten sich, wie es möglich sein konnte, dass jemand mit so langen Haaren frei herumläuft.

UK: Sie wollten Sie zum Militär holen?

AA: Ja, sie wollten, dass ich zur Armee gehe. Ich habe lange mit meinem Vater gesprochen. Es gab nur zwei Möglichkeiten: Man kann abhauen und hoffen, dass man die Flucht überlebt. Oder man stirbt. Auf der Flucht oder im Krieg.

UK: Was hat Ihr Vater Ihnen geraten?

AA: Er hat gesagt, dass ich fliehen soll. Ich würde es schaffen!

UK: Das muss für Ihren Vater ein schwieriges Gespräch gewesen sein.

AA: Es war sehr hart.

UK: Haben Sie noch Kontakt zu ihm?

AA: Regelmäßig. Wir telefonieren.

UK: Warum haben Sie sich ausgerechnet für Deutschland entschieden?

AA: Ich habe mit meinem Vater darüber diskutiert, in welchem Land ich leben könnte. Wo die Menschenwürde respektiert wird. Die Emirate kamen für mich nicht infrage. Überall hört man von Deutschland. Made in Germany. Ich hoffte, hier eine Zukunft zu haben.

RD: Ich hatte mich schon 2014 an der Kunsthochschule in Halle beworben. Um ein Visum zu erhalten, hätte ich aber 8.000 Euro hinterlegen müssen – und die hatten wir nicht. Das war hart. Ich hatte einiges zusammengespart, aber es reichte nicht. Deshalb bin ich in den Libanon gegangen. In Syrien gab es keine Chance mehr für mich als Künstlerin. Der Kunstmarkt ist komplett zusammengebrochen. Vorher lief es fast wie von selbst für mich: Ich hatte studiert, ich wurde ausgestellt, ich unterrichtete an der Kunsthochschule in der Skulpturenklasse. Meine Skulptur, neben der man mich auf dem »Foto im Foto« sieht, steht heute im Präsidentenpalast. Damals ein Ankauf der Regierung. Im Oktober 2014 bin ich nach Beirut gegangen. Aber der Libanon ist völlig überlaufen von Flüchtlingen. Ich hatte eine Aufenthaltsgenehmigung für sechs Monate. Und nachdem die abgelaufen war, musste ich täglich damit rechnen, wieder nach Syrien zurückgeschickt zu werden. Die Chance, von dort jemals wieder wegzukommen, war gering. Deshalb habe ich mich entschlossen, in die Türkei zu reisen. Für die Türkei braucht man als Syrerin kein Visum.

UK: Akhil, wie sind Sie nach Deutschland gekommen?

AA: Im September 2015 bin ich mit dem Bus von Syrien in den Libanon gefahren. Von dort bin ich mit dem Flugzeug nach Bodrum geflogen, in der Türkei. Dort habe ich schnell einige Leute kennengelernt, andere Flüchtlinge. Und Rasha. Wir haben uns verliebt – und entschieden, gemeinsam weiterzureisen. Von Bodrum ging's mit dem Bus nach Izmir. Dort sind wir auf ein Schlepperboot nach Griechenland gegangen. Zwei Stunden waren wir auf dem Meer.

UK: Wie haben Sie die Schlepper gefunden?

AA: Die trifft man überall. »Hey! Bist du Syrer?« Überall wird man angesprochen.

RD: An dem vereinbarten Treffpunkt warteten schon circa 500 Leute. Wir mussten bezahlen – wussten aber nicht, was uns erwartete. Das ging ziemlich brutal zu. Die Schlepper haben Frauen und Männer getrennt. Das war brutal. Die wollten die Männer im Blick haben. Eine Mafia.

UK: Konnten Sie denen trauen?

RD: Man kann niemandem trauen. Man muss Glück haben. Wir haben Geschichten gehört von Leuten, die bezahlt hatten und danach umgebracht wurden. Es gehen Gerüchte um von professionellen Organhändlern, die so doppelt verdienen. Sie bringen die Leute um und verkaufen die Organe. Vor allem die syrisch-türkische Grenze muss man meiden.

UK: Wie ging es in Griechenland weiter?

AA: Die Griechen haben uns mit dem Bus zur mazedonischen Grenze gefahren. Die haben wir zu Fuß passiert. Von dort ging es weiter, mal mit dem Bus, mal mit dem Zug. Über die Grenzen sind wir immer zu Fuß gegangen. Sechzehn Tage lang waren wir unterwegs, bis wir in München ankamen. Dann ging es nach Berlin. Dort sind wir nach fünf Tagen wieder abgehauen. Die Bürokratie dort war überfordert. Wir haben Freunde angerufen, die haben uns Tübingen empfohlen. Mit dem Flixbus sind wir dann hierhergekommen und haben hier den Asylantrag gestellt.

UK: Wussten Sie, welche Risiken Sie auf dieser Reise erwarten?

Syrien 81

AA: Ja. Wir haben die Geschichten von den Bootsflüchtlingen und den Ertrunkenen auch in Syrien gehört.

RD: Wir wussten, dass wir die Reise möglicherweise nicht überleben würden. Aber in Syrien lebt man so jeden Tag. Du weißt nie, ob du den nächsten Tag erlebst. Das ist nichts Neues. Jeder Moment kann der letzte sein. Wir wussten, dass wir auf der Flucht sterben konnten und dass wir, wenn wir es schaffen würden, eine Perspektive auf ein sicheres Leben hatten.

UK: Wie ist denn das Leben hier für Sie? Was ist der Unterschied zu Damaskus?

RD: Hier ist mein bestimmendes Gefühl, dass ich fremd bin. Ich vermisse meine Freunde, meine Familie. Ich fühle mich allein.

UK: Waren Sie von Deutschland enttäuscht?

RD: Man wird einfach immer auf den Flüchtling reduziert. Ich würde gern als Künstlerin wahrgenommen werden. Ich hatte schon Ausstellungen – aber auch diese fanden im Flucht-Kontext statt. »Kunst von Flüchtlingen«. Ich möchte für das, was ich bin und mache, wahr- und ernstgenommen werden.

UK: Akhil, wie sehen Sie Ihre Chancen hier?

AA: Ich will mein Studium fortsetzen. Und ich will hierbleiben. Ich möchte nicht zurück nach Syrien. Ich würde gern so schnell wie möglich zurück an die Kunstakademie. Ich habe schon jetzt zwei Jahre meines Lebens verloren.

UK: Wo sind Sie in fünf Jahren, Rasha?

RD: Ich glaube nicht, dass ich mein Leben lang in Deutschland bleiben werde. Es ist ein Land mit langen Wintern. Ich liebe es, im Freien zu leben und draußen zu arbeiten. Für mich ist es hart im Moment. Ich bin hier noch nicht angekommen. Es klingt wahrscheinlich merkwürdig, aber ich komme mit der Ruhe nicht klar. In Syrien lebte man jeden Tag unter Anspannung.

UK: Und Sie, Akhil?

AA: Als wir hier ankamen, waren wir wie Neugeborene ohne Eltern. Ohne Sprache in einer fremden Umgebung. Und doch mit Erinnerungen. Ich mag Syrien, aber man fühlt sich an keinem Tag sicher. Hier gibt es Regeln, die verlässlich sind – in Syrien gibt es die nicht. Mein ursprünglicher Vorname ist ein islamischer. Dabei bin ich kein Muslim, sondern Druse. Ich habe meinen Namen nie gemocht. In Syrien gab es aber keine Möglichkeit, ihn zu wechseln – hier habe ich das jetzt gemacht: Akhil Amer. Am Anfang brauchst du einen Plan, und den musst du umsetzen. Wenn er am Ende nicht erfolgreich war, kannst du sagen, dass es schiefgegangen ist. Aber du hast es versucht. Wenn du es gar nicht erst versuchst, hast du von vorneherein verloren.

4. Der Islamische Staat
Die Killer
des Kalifats

Sie wissen, dass sie bald sterben müssen. Ihre Mörder zwingen sie, in gebückter Haltung zu gehen. Kopf nach unten. Achtzehn syrische Soldaten werden zur Hinrichtung geführt. Im dunkelblauen Trainingsanzug, jeder am Arm eines Killers.

Die demütigende Szene stammt aus einem Propagandavideo des ISIS, des »Islamischen Staats in Irak und Syrien«. Die Kamera schwenkt genüsslich über verzweifelte Gesichter. Dann zoomt sie auf einen Behälter, in dem achtzehn Messer stecken. Die bärtigen Milizionäre greifen nach den Mordwerkzeugen, einige streichen erwartungsfroh über die Klingen. Die pure Lust am Morden. Auch das zeigt die Kamera. Die Opfer müssen niederknien. Ein Griff an das Kinn, damit der Hals frei ist, dann schneiden die Mörder ihnen die Kehlen durch. Allen achtzehn gleichzeitig. Es sieht aus wie das Schächten von Tieren. Die ultimative Erniedrigung der Opfer. Nächste Einstellung: Blutverschmierte, abgetrennte Köpfe, eine riesige Blutlache. Die Köpfe der Ermordeten werden auf dem Rumpf drapiert. Kalkulierter Massenmord für die Kamera, wie ein Spielfilm inszeniert. Und doch tödliche Wirklichkeit.

Dieses Horrorvideo stellen die ISIS-Propagandisten ins Internet. Der Islamische Staat macht mit diesen Bildern Propaganda. Unter den Feinden sollen die Videos Angst und Schrecken verbreiten und Sympathisanten den Eindruck vermitteln: Die meinen es ernst. Köpfen ist das »Markenzeichen« des ISIS. Eine besonders blutrünstige Todesart. Vorzivilisatorisch, brutal, bestialisch, aber medienwirksam. »Kulturelle Regression« nennen das die Wissenschaftler. Auch Mohammed, der Prophet, hat geköpft und köpfen lassen. Beim Kampf um Medina hat er 400 bis 900 Männern des jüdischen Banu Quraiza-Stammes die Köpfe abschneiden lassen. Zur Strafe, weil sie ihn verraten hatten. Die Frauen wurden versklavt.

Die ISIS-Strategen sehen sich in dieser Tradition Mohammeds. Sie sind Salafisten. Sie wollen so leben wie die »Altvorderen« – die wörtliche Übersetzung von *salaf*. Sie köpfen und verbrennen Gefangene. Sie stürzen Ehebrecher von Hausdächern oder sie steinigen sie. Sie hacken Dieben die Hände ab, und sie verkaufen junge Jesidinnen als Sexsklavinnen auf dem Basar. Wie im Mittelalter. Was zu Zeiten des Propheten richtig war, kann heute nicht falsch sein, sagen sie. Mohammed hat in der perfekten islamischen Gesellschaft gelebt. Man muss nur so denken und handeln wie er, dann wird man genauso erfolgreich sein. Eine rückwärtsgewandte »Utopie«, die mit modernsten Kommunikationsmitteln verbreitet wird.

Zum Beispiel im Internet, der erweiterten Kampfzone des ISIS. So wichtig wie das Schlachtfeld. Hier geht es nicht darum, Terrain zu gewinnen, sondern Seelen. Mit Video- und Audiobotschaften. »Der Dschihad macht glücklich«, heißt es da. »Allah belohnt jeden, der für ihn tötet.« Besonders im Internet ist ISIS schneller und geschickter als seine Gegner. Seit 2014 richtet er seine Terrorbotschaften an die ganze Welt. Kämpfer aus Belgien und Großbritannien zum Beispiel verkünden unentwegt den Sieg des Kalifats und fordern Muslime im Westen auf, mitzukämpfen. Weder Familie noch Beruf werden als Ausrede akzeptiert. Die beste Kur gegen westliche Depression ist der Dschihad. »Du kannst dabei sein in dieser goldenen Zeit! «

Mithilfe des Internets ist der ISIS eine globalisierte, modern agierende Killertruppe geworden. Sein Gesellschaftsmodell beruht auf vermeintlich unverfälschten Geboten und Aussagen des Propheten, ein idealisiertes Modell aus der islamischen Frühzeit, in der das Verhältnis von Herrscher, muslimischer Gemeinde und Gott klar geregelt ist. In dieser einfachen Welt müssen Ungläubige getötet werden, ohne jede moralische Bedenken. In Sure 9, Vers 5 heißt es: »Tötet die Ungläubigen, wo immer ihr sie trefft, und ergreift sie und belagert sie und lauert ihnen aus jedem Hinterhalt auf!« Die Dschihadisten des ISIS nehmen den Koran wörtlich. Außerhalb jeden historischen Kontextes. Heilige, immergültige Worte. Wer ungläubig ist, bestimmen sie selbst.

Sie glauben auch, dass der Endkampf zwischen Gut und Böse begonnen hat. Der Name des ISIS-Hochglanzmagazins *Dabiq* ist ein Hinweis auf diese Mythologie. Dabiq ist ein Dorf in Syrien – und in der Vorstellung des ISIS der Ort eines endzeitlichen Schlachtfeldes, ähnlich dem Armaggedon aus der Offenbarung des Johannes. Diese Prophezeiung Mohammeds stammt aus einem *hadith*, einer Überlieferung. Sie besagt, dass beim Dorf Dabiq die große Endschlacht zwischen Gut und Böse stattfindet. Hier, so ISIS, wird der Weltuntergang beginnen. *Apocalypse Now!*

Diese Endzeitvision ist nicht ohne Pfiff. Denn kurz vor dem Ende der Welt soll nämlich Jesus vom Himmel herabsteigen – ein geschätzter Prophet im Islam. Seine Botschaft ist wichtig. Beim Anblick Jesu wird sich der Teufel auflösen wie Salz im Wasser. Während Satan zum letzten Mal die Muslime heimsucht, betet der Sohn der Maria mit ihnen um Festigkeit und Stärke. Klar: Er ist inzwischen auch Muslim geworden. Denn Mohammeds Botschaft ist jünger als die von Jesus, aktueller. Näher an Gott.

Im syrischen Dorf Dabiq, so die Prophezeiung, werden also kurz vor der Wiederkehr Jesu die Heere der Ungläubigen aufmarschieren. 80 Nationen zu je 12.000 Mann, fast eine Million Kämpfer. »Die letzte Stunde wird nicht kommen, bevor die Römer in Dabiq landen. Eine Armee aus den besten Menschen der Erde wird ihnen aus Medina entgegenziehen.« Das soll der Prophet im 7. Jahrhundert angekündigt haben. Auch das ist in einem *hadith* überliefert. Seit fast 1.400 Jahren wird diese Prophezeiung von Generation zu Generation weitergegeben. Quellenangabe ungewiss. Mit den Römern waren die christlichen Byzantiner gemeint – für die Dschihadisten wird daraus der Westen schlechthin.

Aber Mohammed wird noch genauer: Ein Drittel der Muslime werde vor den Ungläubigen fliehen und dafür für immer verdammt sein. Ein weiteres Drittel werde getötet und als Märtyrer direkt ins Paradies einziehen. Mit allem Pipapo: 72 Jungfrauen, Standard im Jenseits, Weißwein, wunderbaren Gärten, ewiger Manneskraft und ewiger Jungfräulichkeit. Paradiesisch eben.

Das dritte Drittel der Gotteskrieger werde siegen und Konstantinopel (Istanbul) erobern. Ihnen bleibe das Jüngste Gericht erspart. Eine bizarre Geschichte. Der ISIS hat sie zu einer großen Endzeitsaga aufgeblasen, eine Versuchung für viele im Westen aufgewachsene, mit Fantasyfilmen groß gewordene, verunsicherte junge Leute. Eine andere Welt, eine Traumwelt. Vermeintlich besser als die Welt, aus der sie kommen. Auf jeden Fall ein Gegenentwurf zu westlichen Gesellschaften. Seit Dabiq im Oktober 2016 von der Freien Syrischen Armee überrannt wurde, ist es still geworden um die Endzeitvision.

Es ist zu vermuten, dass die Strategen der Gotteskrieger – darunter viele ehemalige Saddam-Offiziere – den eschatologischen Firlefanz nicht ganz so ernst nehmen wie ihre Anhänger. Die sind nämlich ganz schön durchtrieben und wenn's sein muss pragmatisch. Über den Verlust von Dabiq haben ihre Propagandisten kein Wort verloren. Vielleicht ist der ganze Zinnober als Lockmittel für irre Europäer und frustrierte muslimische Jugendliche gedacht. Die finden es schön, auf Seiten der vermeintlich Guten zu kämpfen und voller Naivität mitzuhelfen, eine neue Welt aufzubauen. Und notfalls als Märtyrer zu sterben. Für Allah und den totalitären Islamischen Staat.

Die Propaganda hatte jedenfalls erstaunliche Wirkung. Viele junge Leute aus Europa fühlten sich von diesem exotischen Fantasy-Islam angezogen – wie das Beispiel der sechzehnjährigen Linda W. aus dem sächsischen Pulsnitz zeigt, die über Internetchats radikalisiert wurde. Aber auch aus islamischen Ländern strömten frustrierte und faszinierte Jugendliche nach Syrien. 3.000 kamen allein aus Tunesien. Bald zählte die Truppe 30.000 Mann, eine dschihadistische Internationale. Tschetschenen, Saudis, Algerier, Engländer. Usbeken, Turkmenen. Kämpfer aus mehr als 90 Ländern. Der Dschihadismus kennt keine nationalen Grenzen. Sein Ziel ist die *umma*, die islamische Weltgemeinschaft.

Der Dschihadismus dürfte deshalb die größte Herausforderung für die westliche Welt sein, seit der Kommunismus seine Faszination verloren hat.

Diese bunt zusammengewürfelte Truppe aus erfahrenen Afghanistan- und Irak-Kämpfern auf der einen und unerfahrenen militärischen Laien auf der anderen Seite tritt einen beispiellosen Siegeszug an. Zuerst im Irak, dann aber auch in Syrien. Sie erobert Falludscha und Ramadi im Irak, Raqqa in Syrien und zum Schluss Mossul, die zweitgrößte Stadt des Irak. Für die Dschihadisten liegt der Segen Allahs über diesem Erfolg. Aber der allein hätte nicht ausgereicht.

Es gibt auch eine ganz weltliche Erklärung.

2003 war der Vize Saddam Husseins, der rothaarige General Izzat Ibrahim al Duri, vor den anrückenden Amis in den Untergrund gegangen und hatte den sunnitischen Widerstand organisiert – mit vielen Dollars aus der irakischen Zentralbank. Fluchtpunkt: Mossul. In Teilen der Stadt hatte sich eine Art Schattenregierung formiert: ehemalige Regierungsmitglieder, die effiziente Netzwerke unterhielten. Jahrhundertelang hatte die sunnitische Minderheit über die Schiiten im Irak geherrscht. Durch die Invasion der Amerikaner und den Sturz Saddams hatten sie ihre Macht verloren. Die Wut der vorwiegend sunnitischen Bevölkerung in Mossul auf die neue schiitische Regierung in Bagdad nutzten die Dschihadisten geschickt. Sie schürten den Volkszorn. Ohne diese Stimmung und die Unterstützung der ehemaligen Saddam-Anhänger hätte ISIS Mossul nicht so schnell einnehmen können.

Am Ende feierten die ISIS-Propagandisten die Eroberung Mossuls als göttliche Fügung und als Wunder. Nur 1.500 Gotteskrieger hatten 50.000 irakische Soldaten in die Flucht geschlagen. Aber das »Wunder« war nur möglich gewesen, weil die Dschihadisten in der Stadt Ex-Geheimdienstprofis als Helfer hatten. Die alten Kader von Saddams Regierungspartei hatten schnell begriffen, dass man mit sozialistischen und panarabischen Parolen im Irak keinen Blumentopf mehr gewinnen konnte. Sie hatten auf Islam umgestellt – und kooperierten mit den Extremisten. Sie wussten, worauf es ankommt, und hatten potenzielle Gegner ausgeschaltet. Als die Männer mit den langen Bärten, den schwarzen Fahnen und ihren weißen Pick-up-Trucks am Stadtrand von Mossul auftauchten, waren die irakischen Soldaten in Scharen davongelaufen. In panischer Angst flohen die 50.000 Mann der Regierungstruppen vor den Dschihadisten. Sie warfen ihre Uniformen weg, überließen dem Feind ihre Waffen, und auch ihre korrupten Offiziere suchten das Weite. Die Horrorpropaganda hatte ihr Ziel erreicht. Fast kampflos eroberten die Extremisten die Stadt. Bei der Plünderung des irakischen Hauptquartiers fiel ihnen modernstes amerikanisches Kriegsgerät in die Hände. Im Wert von 1,5 Milliarden Dollar. Panzer, Haubitzen, Schützenpanzer und Flugabwehrgeschütze. Ein Modernisierungsschub für die Gotteskrieger.

Auch die Kriegskasse wurde gefüllt. IS-Milizionäre brachten die Zentralbank in Mossul unter ihre Kontrolle. Beute: 425 Millionen Dollar. Nach der Eroberung ziehen die Milizionäre wie mittelalterliche Bilderstürmer durch die Stadt, verwüsten christliche Kirchen, schiitische Schreine und Gräber von Sufi-Heiligen. Mit Vorschlaghämmern und Motorsägen wüten sie im Museum von Mossul und zerstören wie besessen assyrische und parthische Statuen. Sie massakrieren nicht nur Menschen, sondern auch die Zeugnisse der Vergangenheit. Die vorislamische Geschichte soll ausgelöscht werden, für sie »Dschahilija« – die Zeit der Unwissenheit. Heidnisches Relikt.

Auch hier verweisen sie auf Mohammed. Der hatte bei der Eroberung von Mekka alle vorislamischen Kultstätten vernichten lassen: »La illaha il Allah!« – »Es gibt keinen Gott außer Gott!« Ein unerbittlicher Monotheismus. Streng wie im Mittelalter. Alles, was *vor* Mohammed existierte, ist wertlos, verachtungswürdig, muss zerstört werden. Mit dieser rigorosen Überzeugung hatten die IS-Killer weite Teile Syriens und des Irak erobert und ein eigenes Land zusammengeraubt. Das Chaos im Irak und in Syrien hatte ihren Vormarsch begünstigt.

ISIS hat die Landkarten im Nahen Osten verändert. Viele sunnitische Stämme im Irak und im Osten Syriens haben sich mit ihm verbündet. Für sie das einzige Bollwerk, das sie gegen die Unterjochung durch die Schiiten schützt. Die Sunniten fühlen sich von aller Welt verraten. Von den USA, die ihnen im Irakkrieg 2003 die Macht raubten, von Europa, das tatenlos zuschaut, wie der syrische Staatschef Baschar Assad, ein schiitischer Alawit, sie massakriert. Die Sunniten sehen sich im Überlebenskampf gegen die Schiiten und den Rest der Welt. Für sie gibt es keine Alternative zum IS, wie sich die Terrortruppe nun nennt. »Islamischer Staat«.

Dieses neue sunnitische Land mit seinen sechs bis acht Millionen Einwohnern war größer als der Libanon und Jordanien, sein Führer Abu Bakr al Baghdadi am Ziel. Im Wettbewerb mit al Kaida hatte er sich die Vormachtstellung in der Dschihadistenbewegung erkämpft. Zur Belohnung wurde er vom IS zum Kalifen ausgerufen. Als Kalif Ibrahim ist er Befehlshaber aller Gläubigen und Führer des Islamischen Staats – so heißt es in einer Audiobotschaft. Nicht ganz unbescheiden tritt der neue Kalif als Nachfolger des Propheten und Stellvertreter Allahs auf. In der Erklärung ruft der IS alle Gläubigen auf, Kalif Ibrahim die Treue zu schwören. Alle, die diesem Aufruf nicht Folge leisteten, würden als Abtrünnige behandelt und bekämpft.

Gekrönt wird die »Staatsgründung« von einem medialen Paukenschlag, einer erstaunlichen Premiere. Kalif Ibrahim tritt in der al Nouri-Moschee auf, der bedeutendsten Moschee in Mossul. Ein gewagter Schritt. Zum ersten Mal zeigt sich der mysteriöse Chef der Gotteskrieger im Herzen einer Millionenstadt, die noch vor Kurzem von den Amerikanern beherrscht war. So etwas hätte selbst Osama bin Laden nicht gewagt. Ein raffinierter Propagandacoup. Der Auftritt hat einen simplen Grund: Er ist Voraussetzung dafür, dass al Baghdadi als Kalif anerkannt wird. Die islamische Theologie verbietet es den Gläubigen, einem Kalifen zu folgen, der nur im Verborgenen wirkt.

Mühsam klettert der füllige Mann die Treppenstufen zur Predigerkanzel hinauf. Der 44-Jährige ist der meistgesuchte Terrorist der Welt. Schwarzer Turban und schwarzes Gewand sollen ihn als direkten Nachfahren des Propheten ausweisen. Seine Freitagspredigt dauert eine gute Viertelstunde. »Einen Führer zu bestimmen, ist Pflicht aller Muslime! Dies wurde jahrhundertelang missachtet!«, sagt er in feinstem Hocharabisch.

Der Kalif wirkt selbstbewusst und provokativ. Kaltblütig. Dass er hier ungestört reden kann, ist eine Blamage für die Regierung in Bagdad. Deren Einflussgebiet ist gewaltig geschrumpft. Sie beherrscht zu diesem Zeitpunkt nur noch etwa ein Drittel des Landes. Der Irak – ein gescheiterter Staat. Die meisten Moscheebesucher waren in Mossul von Bewaffneten zum Freitagsgebet abkommandiert und alle sorgfältig durchsucht worden. Sie mussten noch zehn Minuten in der Moschee ausharren, nachdem der Kalif durch einen Seiteneingang verschwunden war. Es war der erste und bislang letzte öffentliche Auftritt des selbst ernannten Befehlshabers aller Gläubigen. Ein Auftritt mit Fernwirkung.

Von Afghanistan über den Kaukasus nach Libyen und Algerien, von Nigeria über den Jemen bis Pakistan schwören Dschihadisten dem Kalifen Ibrahim Gefolgschaft. In einer früheren Predigt hatte der Terrorkalif verkündet: »An keinem Tag war der Islam eine Religion des Friedens, er ist die Religion des Krieges.« Diese Militanz kommt an. Der IS ist jetzt die Nummer eins in der dschihadistischen Welt. Al Kaida gilt dagegen als terroristischer Altherrenverein. Osama bin Laden hatte immer davor gewarnt, zu früh das Kalifat auszurufen; die Zeit sei noch nicht reif dafür. Al Kaida, die Mutter aller islamistischen Terrorgruppen, hat das strategische Ziel, erst den Terrorkrieg weltweit zu gewinnen und die »ungläubigen« Herrscher der arabischen Welt zu stürzen. Erst dann ist die Welt bereit für das Kalifat.

Kalif Ibrahim machte das genaue Gegenteil. Er handelte einfach, als er die Chance sah für einen Gottesstaat, in dem ein Leben nach den Gesetzen der Scharia möglich war. Er schuf Fakten in den zerfallenden Staaten Syrien und Irak. Er träumte von einem

Staat wie zu Zeiten der islamischen Blüte. Mit Justiz, Steuersystem – und einem Kalifen. Das erste Mal, dass eine Terrororganisation so etwas schaffte.

Viele Einwohner der Zweimillionenstadt Mossul, die nicht geflohen waren, arrangierten sich mit den neuen Verhältnissen. Gezwungenermaßen. Der Alltag und die Stadtverwaltung funktionierten nach einigen Monaten fast normal. Nicht zuletzt wegen der drakonischen Strafen. Beamte, die nach dem Sturz Saddams entlassen worden waren, wurden wieder eingestellt. Es gab auch wieder Strom. Alkohol aber, Zigaretten, Musik und Jeans wurden verboten, und die Verbote wurden von einer strengen Sittenpolizei überwacht. Der IS eröffnete, um Normalität zu suggerieren, auch wieder das beste Hotel der Stadt. Er unterhielt Suppenküchen für Arme, zahlte Renten für Kriegerwitwen. Das Kalifat zeigte sich ganz pragmatisch und von seiner sozialen Seite. Als fürsorglicher Staat.

Für seine Feinde hatte es ein ganzes Arsenal von Folterwerkzeugen bereit: auspeitschen, steinigen, köpfen, kreuzigen, versklaven. Die IS-Dschihadisten gefallen sich in der Rolle der brutalsten und reichsten Terrortruppe der Welt.

Die westlichen Medien können sich der Faszination dieses Terrors nicht entziehen, und die gut geölte IS-Propagandamaschine liefert immer neue Grausamkeiten. Manchmal übertreiben die Terroristen sogar die Zahl der von ihnen Getöteten, wie spätere Recherchen ergeben. Schrecken verbreiten um jeden Preis.

Informationen aus erster Hand gibt es praktisch nicht. Der IS übernimmt die Berichterstattung gleich selbst. Minikameras sind an Helmen oder Kalaschnikows der Kämpfer montiert und liefern den ultimativen Livekick. Computerspiele dienen den Terrorpropagandisten als Blaupausen. Ego-Shooter-Spiele wie »Counterstrike« lassen grüßen. Vor allem Jugendliche sind dafür empfänglich. Aussteiger berichten von professionellen TV- und Hörfunk-Studios in Raqqa, in vielen seiner Provinzen soll der IS Medienbüros betreiben. Eine freie Berichterstattung ist ausgeschlossen. Auch westliche Medien verwenden oft Bildmaterial, dessen Authentizität nicht nachprüfbar ist.

Es ist auch unklar, wie viele Kämpfer der IS hat. Die meisten Schätzungen liegen bei 30.000, andere sprechen von 100.000. Genauer weiß man es nicht. Auch über die Wirkung der ständigen Luftangriffe und über die Kampfmoral der Truppe erfährt man wenig. Mythos Islamischer Staat. Von Medienprofis gepflegt. Mit Internetbotschaften und blutigen Videos.

Der IS hat erreicht, was Baschar al Assad selbst mit einem bestialischen Gasangriff nicht geschafft hat: eine militärische Intervention der USA und eine Allianz von 40 Staaten. Sie bekämpfen die Dschihadisten aus der Luft. Einen Landkrieg vermeiden die Amerikaner. Den aber wünschen sich die IS-Strategen. Gerne würden sie den verhassten Westen in einen blutigen Bodenkrieg locken, in eine endzeitliche Schlacht, wie Mohammed sie für das Dorf Dabiq prophezeit hat. Die Schlacht zwischen Gut und Böse. Sie würde – so die Hoffnung der Terroristen – alle Muslime zu einer Entscheidung zwingen. Für den Islam und gegen den Westen. Bislang tappen die Amerikaner nicht in diese Falle. Aus ihren Fehlern im Irak und in Afghanistan scheinen sie gelernt zu haben.

2014 schien der Siegeszug des Islamischen Staats unaufhaltsam. Angeblich haben vierzehn »Provinzen« in islamischen Ländern dem Kalifen Ibrahim den Treueeid geschworen. Nachbarstaaten wie Saudi-Arabien, Jordanien oder der Libanon sahen sich schon von den IS-Truppen bedroht. Die Propagandisten des Kalifen prahlten im Internet mit der bevorstehenden Eroberung von Rom, der Hauptstadt der verhassten Kreuzfahrer. Auf dem Petersdom würde bald das schwarze Banner des IS wehen. Allmachtsfantasien – die sich als pure Propaganda erweisen.

Es kommt nämlich alles ganz anders. Mit dem Verlust von Kobane im Januar 2015 hat der IS den Mythos der Unbesiegbarkeit verloren. Ein Wendepunkt von großer symbolischer Bedeutung. Nach mehreren Monaten erbitterter Kämpfe war es den Kurden gelungen, den Islamischen Staat aus Kobane zu vertreiben. Vor allem die syrisch-kurdischen »Volksverteidigungs-Einheiten« (YPG) waren es, die zusammen mit amerikanischer Unterstützung aus der Luft die Bärtigen mit der schwarzen

Flagge besiegten. Der Islamische Staat verlor bei diesem Gemetzel mehr als 1.000 Kämpfer.

Es folgen weitere Niederlagen. Ramadi wird von der irakischen Armee befreit, Palmyra von syrischen Truppen. Der IS verliert zuletzt auch seinen wichtigsten Stützpunkt im Irak: Falludscha. Neben dem Irak und Syrien war Libyen lange Zeit eine Hochburg des IS. 5.000 Kämpfer hatten sich in Sirte, der Heimatstadt Gaddafis, verschanzt. Von einer Miliz aus Misrata wurden sie besiegt. Das Terrain des Islamischen Staats beginnt zu schrumpfen.

Trotz oder gerade wegen dieser Schwäche hat der IS eine zweite Front eröffnet: in Europa. Das Massaker an Restaurant- und Konzertbesuchern am 13. November 2015 in Paris und kurze Zeit später die Terrorangriffe auf den Flughafen und die U-Bahn von Brüssel: Taten von IS-Sympathisanten, die in Europa aufgewachsen waren. Sie waren nach Syrien gereist, sind in IS-Lagern ausgebildet worden und liefen nach ihrer Rückkehr an der langen Leine der Kalifatsideologen. In Syrien und im Irak ist der Islamische Staat jetzt unter Druck. Er braucht spektakuläre Aktionen, um Aufmerksamkeit zu erregen. Weltweite Anschläge sollen den Eindruck erwecken, dass er eine internationale Macht ist. Eine Weltmacht des Terrors.

Pünktlich zum Ramadan im Juni 2016 sorgte ein Hassvideo von IS-Sprecher Abu Mohammed al Adnani für Wirbel und Verunsicherung. Muslime in Amerika und Europa werden darin aufgefordert, Ungläubige zu töten. So viele wie möglich. Um als Märtyrer ins Paradies einzugehen. Die IS-Anhänger im Westen sollten nicht nach Syrien kommen, sondern in ihren Heimatländern morden. So lange, bis jeder seinen Nachbarn fürchtet. »Wisst, dass wir eure Angriffe auf Zivilisten lieben. Weil sie effektiver sind, weil sie mehr Schmerzen und Schaden verursachen.« Ein Aufruf an die sogenannten »einsamen Wölfe«.

Ein solcher »einsamer Wolf« war auch der Massenmörder von Orlando, Omar Mateen, der 49 Amerikaner in einer Schwulendisco abknallte. Der Killer bekannte sich in einem Telefonanruf zum Islamischen Staat. Ein Schwulentreffpunkt – das ideale Ziel. In der

Ideologie des IS eine Lasterhöhle, ein Ort moralischer Verkommenheit. Ein Zeichen westlicher Dekadenz.

Dieses Massaker war das schlimmste Blutbad eines Einzeltäters in der US-Geschichte. Es sorgte für genauso viele Schlagzeilen wie die Anschläge von Paris und Brüssel – mit viel weniger Aufwand.

Nur zwei Tage später ersticht der IS-Sympathisant Larossi Abballa in Magnanville bei Paris einen Polizisten. Den Verletzten lässt er vor dessen Haustür verbluten, dringt in dessen Wohnung ein und ersticht auch die Lebensgefährtin. Wieder einer dieser »einsamen Wölfe«. Wegen der Gründung einer terroristischen Organisation hatte Larossi Abballa schon im Gefängnis gesessen. Noch während der Tat meldet er sich auf YouTube zu Wort. In seiner Videobotschaft forderte er dazu auf, möglichst viele Polizisten, Gefängniswärter, Journalisten und Rapper zu töten; und er drohte, die Fußball-Europameisterschaft in einen Friedhof zu verwandeln. Mord in Echtzeit. Solche Attentate sind kaum zu verhindern. Die Polizei ist machtlos.

Zum Beispiel Nizza. Der Franko-Tunesier Lahouaiej Bouhlel leiht sich einen 19-Tonnen-Laster und macht damit am »Bastille«-Tag Menschenjagd auf der Promenade des Anglais. 84 Tote. Die Sicherheitskräfte hatten schon aufgeatmet: Die EM war ohne Anschlag zu Ende gegangen. Mit so etwas hatten sie nicht gerechnet: ein Truck als Mordwaffe.

Beil und Messer benutzte ein 17-jähriger Afghane, als er einen Regionalzug bei Würzburg stürmte und über vier Passagiere herfiel und sie lebensgefährlich verletzte. Er galt als unauffällig. Religiös, aber nicht radikalisiert. Er hatte eine Bäckerlehre in Aussicht. War auf einem guten Weg. Was ihn zu einer Zeitbombe machte, ist unklar. Vielleicht der Tod eines Freundes in Afghanistan. Er meldete sich in einem Video, das vom IS gepostet wurde und das die Behörden für authentisch erklärten: »Ich bin ein Soldat des IS. Ich werde ein Märtyrerattentat in Deutschland durchführen. Die Zeit ist gekommen. Ich werde die spektakulären Attentate in Frankreich vergessen machen.« Er hinterließ einen

Abschiedsbrief an seinen Vater: »Bete für mich, dass ich mich an diesen Ungläubigen rächen kann, und bete für mich, dass ich in den Himmel komme.« Töten, um als Märtyrer ins Paradies einzuziehen.

Die Attentäter von Würzburg und Ansbach hatten noch kurz vor ihren Taten Kontakt zu einer saudischen Handynummer. Der Attentäter von Ansbach, der erste Selbstmordattentäter in Deutschland, sagte in seinem Video, seine Märtyreroperation sei eine Antwort auf den Bombenkrieg des Westens gegen den IS. »Ihr werdet kein Leben genießen, solange ihr den IS bekämpft. Ihr werdet keinen Schlaf in euren Wohnungen finden.« Im Bekennervideo richtet er einen letzten Gruß an seine Familie: »Unser Treffpunkt ist das Paradies.«

Die Täter nutzten das IS-Label, um sich größer zu machen, als sie eigentlich sind. Franchisenehmer des Terrors. Mordmarketing des IS, der damit selbst mächtiger erscheint. Die Horrortaten wirken wie der Teil eines großen, teuflischen Plans. Istanbul, Bangladesch, Paris, Saudi-Arabien, Nizza, Würzburg und schließlich das Lkw-Massaker von Berlin – die Mordwelle im Ramadan 2016 sollte nicht nur Angst und Schrecken verbreiten. Sie hatte auch ein strategisches Ziel: Waffenstillstand. Der Westen soll den IS in Ruhe lassen, dann werde auch der IS den Westen in Ruhe lassen.

Der Kampf des Islamischen Staats ist auch ein Kampf um die Deutungshoheit im Islam. Die ehrwürdige al Azhar in Kairo, die älteste Universität der Welt, hat an Strahlkraft verloren. Jahrhundertelang haben ihre Fatwas das Leben der Sunni-Muslime bestimmt. Weltweit. Seit Nasser aber wird der oberste Scheich von al Azhar nicht mehr von seinen Glaubenskollegen gewählt, sondern vom ägyptischen Präsidenten ernannt. So, als würde der Papst vom italienischen Ministerpräsidenten eingesetzt. Das hat dem Ansehen der al Azhar geschadet. Nicht zuletzt deshalb hat sie Konkurrenz bekommen. Nicht mehr alle sunnitischen Muslime sind bereit, die al Azhar als oberste Autorität des sunnitischen Islam anzuerkennen.

Den *einen* Islam gibt es bekanntlich nicht. Der Islam ist eine Weltreligion mit vielen Facetten. Sie kann als Religion der Liebe gedeutet werden – so der große Sufi-Muslim Ibn Arabi, der im 12. Jahrhundert gelebt hat und im spanischen Murcia geboren wurde. Sie kann eine Religion der Vernunft sein – so der bekannteste arabische Philosoph Ibn Ruschd, Zeitgenosse Ibn Arabis und in Córdoba geboren.

Sie kann aber auch als Dschihad gegen die Ungläubigen verstanden werden. Es ist bezeichnend, dass die geistigen Väter des Dschihadismus keine Theologen waren, sondern ein Schriftsteller und ein Journalist. Der Pakistani Sayyid Abu al Ala Mawdudi war einer der Mitbegründer des islamischen Fundamentalismus, einer der meistgelesenen islamischen Autoren des vergangenen Jahrhunderts. Seine Anhänger nannten ihn »Maulana«, »Unser Herr«. Ein Rebell, der den Aufbruch des Islam verkündete. Der Koran schreibt einen islamischen Staat vor, so der »Maulana«. Einen Staat, der alle Lebensbereiche regelt. Niemand hat das Recht, gegen diesen Staat zu opponieren. Eine Ideologie, so totalitär wie der Kommunismus oder der Faschismus. Angeblich der Wille Allahs.

Der zweite Mitbegründer des Dschihadismus ist Sayyid Qutb, der Ägypter. Der Poet und Beamte, der als Liberaler 1949 im Auftrag des ägyptischen Bildungsministeriums zwei Jahre lang in die Vereinigten Staaten geschickt worden war, um das dortige Bildungssystem kennenzulernen. Als Fundamentalist war er nach Ägypten zurückgekehrt, angewidert von der Unmoral des Westens – von der »Huldigung des Geldes« und der Arroganz der Rassentrennung, die auch ihn als Ägypter traf. »Freiheit findet der Mensch nur, wenn er sich ganz und gar Gott unterwirft«, schreibt dieser Vater der Idee von der *Hakimiyyat Allah* – der »Gottesherrschaft«. Frieden wird es erst geben, wenn der Islam die Welt beherrscht. Der Weg dorthin ist die Weltrevolution des Dschihad. Ein globaler Dschihad gegen den globalen Unglauben. Eine einfache Welt. Klar. Für jeden verständlich.

Sayyid Qutbs gelehrsamster Schüler wird al Kaida-Gründer Osama bin Laden. Al Kaida ist die Mutter aller dschihadistischen Gruppierungen, auch des Islamischen Staats. Al Kaida und IS, diese beiden Terrororganisationen prägen heute das Bild des Islam in den Medien – obwohl sie eine kleine Minderheit sind. Seitdem erscheint der Islam als Horrorreligion. Wegen ihrer rohen Gewaltexzesse werden die Bärtigen in westlichen Medien gelegentlich als »nihilistische Mörder« beschrieben. Das ist falsch. Sie sind schlimmer. Die Killer des Kalifats morden ohne jede Skrupel, weil sie glauben, dass sie eine Lizenz zum Töten haben. Von Allah selbst. Koran-Sure 9: »Tötet die Ungläubigen, wo immer ihr sie trefft!« Wer ungläubig ist, bestimmen sie selbst.

Die islamische Welt reagiert mit Hilflosigkeit auf diese mörderischen Provokationen – gerade weil und obwohl die meisten Opfer Muslime sind. Die Gelehrten von al Azhar tun sich schwer mit der theologischen Herausforderung durch die neue Konkurrenz. Der Scheich von al Azhar, Achmed al Tajjib, schwafelte anfangs davon, der IS sei eine Verschwörung ausländischer Mächte. Wie gesagt: Verschwörungstheorien müssen in der arabischen Welt häufig herhalten, wenn man ein Problem nicht erklären kann. Oder will. Dann heißt es: Die Dschihadisten sind keine Muslime. Ihr Morden hat nichts mit dem Islam zu tun. Der wahre Islam, der Islam der Mitte, ist an der al Azhar zu Hause.

In einem Interview mit der *ZEIT* wird Scheich Tajjib dann deutlicher: Den Koran im alten Zusammenhang zu interpretieren, sei ein Missverständnis. Diejenigen, die heute so denken, beriefen sich auf Ibn Taymiya, der im 13. Jahrhundert den Dschihad als Angriffskrieg definiert hat. Seine Auslegung aber sei falsch. Der Dschihad diene nicht dazu, Menschen zum Islam zu zwingen. Gewalt sei nur im Verteidigungsfall erlaubt: »Wir müssen unterscheiden zwischen dem Koran und einem falschen Koranverständnis.«

Der Kampf um die Deutungshoheit im sunnitischen Islam ist in vollem Gange, der Mainstream-Islam ist in der Defensive. Die klugen Worte der Korangelehrten von al Azhar haben wenig Resonanz angesichts der Gewalt der Dschihadisten.

Der Islamische Staat ist jetzt ein Staat auf der Flucht. Das Kalifat schrumpft. Aber es ist ein Irrtum zu glauben, der IS könnte allein mit einem Antiterrorkrieg besiegt werden. Auf seinem anderen wichtigen Schlachtfeld, dem Internet, agiert er noch immer ziemlich erfolgreich. Und ungestört. Selbst wenn der IS militärisch besiegt wird, kann das Cyber-Kalifat im Internet weiterleben. Der IS hat noch immer fanatische Anhänger im Sinai, in Afghanistan, in Libyen, selbst im fernen Asien. Er ist militärisch geschlagen. Aber noch nicht besiegt.

Shirin
Eine Jesidin
in Deutschland

Sie wurde entführt, gefoltert, verkauft, verschenkt und zwangs-
verheiratet. Shirin, kurdisch »die Schöne«, ist nicht ihr richtiger
Name. Sie hat ihn angenommen, um ihre Familie zu schützen.
Shirin ist Jesidin. Ich treffe sie in Süddeutschland an einem geheimen Ort. Sie hat noch immer Angst – vor IS-Killern, aber auch
vor radikalen Jesiden. Ihre Religion ist mehr als 4.000 Jahre alt,
eine der ältesten der Welt. Jeside kann man nicht werden, man
wird als Jeside geboren. Sie glauben an einen Gott, sie verehren
aber auch sieben Engel. Für die IS-Terroristen sind sie deshalb
»Teufelsanbeter«. Todeswürdig.

Im August 2014 drangen die Dschihadisten in das jesidische
Dorf in den Sindscharbergen ein und verschleppten die junge
Frau. Für sie begann eine Zeitreise zurück ins muslimische Mit-
telalter. Mit Sklavenmärkten, auf denen Frauen verkauft wur-
den. Mit Scharia-Gerichten, die barbarische Urteile sprachen.
Dann geschieht doch noch ein Wunder. Zum Schein heiratet sie
einen jungen Mann, der sie auf geheimen Pfaden ins autonome
Kurdistan schmuggelt. Sie ist gerettet, aber psychisch zerstört.
Ganz überraschend gibt es Hilfe. Sie wird nach Baden-Württemberg eingeladen, wo sie im Rahmen eines einzigartigen
Projektes für traumatisierte Jesidinnen Hilfe bekommt. Es ist
ein langer, schwieriger Prozess. Aus der Hölle des Islamischen
Staates zurück in ein normales Leben. »Wenn sich im Fernsehen
zwei Menschen küssen oder streicheln, will ich weglaufen. Mich
würgt es, solchen Intimitäten zusehen zu müssen.« Die junge
Frau vermeidet den Namen »Islamischer Staat«. Sie spricht
nur vom »Da'esh« – ein arabisches Akronym, das auf Deutsch

bedeutet: »Die, die Zwietracht säen«. Ich habe viele schwierige Interviews geführt, mit Diktatoren und Terroristen – das aber war eines meiner schwierigsten Gespräche.

UK: Die Jesiden waren auch schon zu Saddams Zeiten bedroht.

S: Verfolgt wurden vor allem Kurden, nicht speziell Jesiden. Da wir aber in kurdischem Gebiet leben, waren auch wir betroffen. Unter Saddam wurden Männer umgebracht, viele wurden bei lebendigem Leib begraben. Es war schrecklich. Aber die Grausamkeiten des Da'esh übertreffen alles.

UK: Haben Sie vor Ihrer Entführung vom IS gehört?

S: Ich habe davon nichts gewusst. Ich konnte mir nicht vorstellen, dass es so etwas gibt.

UK: Haben Sie vor dem Überfall mit den anderen Religionen friedlich zusammengelebt?

S: Meine Eltern haben mich so erzogen, dass ich die anderen Religionen respektiere. In Hardan, dem Dorf, in dem ich aufgewachsen bin, lebten vor dem Überfall ungefähr 250 Familien, die meisten Jesiden. Aber auch kurdische Muslime. Wir hatten viel Kontakt untereinander, auch mit den Aramäern in den Nachbardörfern. Ich habe gelernt, mit meinen Nachbarn zu leben und ihre Kultur und Religion zu achten. Aber wir dürfen keinen Nicht-Jesiden heiraten.

UK: Sind Sie gläubig?

S: Nein. *(Pause.)* Wenn ich mich auf die Religion einlasse, bin ich gezwungen, Dinge zu tun, die ich für falsch halte. Dann müsste ich im Zweifelsfall auch Menschen töten.

UK: Wie meinen Sie das?

S: Die Männer beim Da'esh töten für ihre Religion. Ich kann das nicht! Ich habe mit Religion nichts zu tun! Niemand hat Gott jemals gesehen! Gott hat die Religionen nicht geschaffen! Es waren die Menschen.

UK: Wie haben Sie den Überfall des IS erlebt?

S: Unsere Nachbarn im Dorf waren Sunniten, und die haben uns erzählt, dass da Leute sind, die uns Probleme machen können.

Unsere Nachbarn haben uns gesagt, wir sollen unsere Häuser nicht verlassen, bis diese Zeit vorbei ist. Irgendwann sind wir geflohen. Und auf der Flucht haben sie uns erwischt.

UK: Wohin wollten Sie?

S: Etwa vier Kilometer nördlich unseres Dorfes gibt es einen Berg, dort wollten wir uns verstecken. Das ganze Dorf. Nur fünfzehn Terroristen haben 350 Menschen gefangen genommen! Und keiner hat sich gewehrt! Sie hatten große Messer und Kalaschnikows. Sie haben gleich die Männer aussortiert. Alle Männer ab sechzehn Jahren mussten dort bleiben. Die Frauen wurden in eine Schule in einen anderen Ort transportiert, etwa 50 Kilometer weiter. Die kleineren Jungen konnten mit den Frauen mitkommen. Mein Vater war an diesem Tag nicht im Dorf. Er hat als Elektriker gearbeitet und war auf Montage. Deshalb wurde er nicht geschnappt und konnte sich in ein kurdisches Flüchtlingscamp retten. Mein sechzehnjähriger Bruder wurde aussortiert, und der neunjährige Bruder ist mit uns gegangen. Das war am 3. August 2014.

UK: Wie ging es dann weiter?

S: Nach drei Tagen haben sie uns zum Gefängnis Badusch gebracht. Bei Mossul. Ein riesengroßes Gefängnis.

UK: Wurden Sie bedroht?

S: Bis dahin haben sie uns körperlich nichts getan. Sie kamen ständig zu uns und haben uns gesagt: »Ihr müsst zum Islam übertreten! Vergesst eure Religion. Sprecht nicht über das Jesidentum. Wenn eure Männer zum Islam konvertieren, können sie wieder zu euch kommen. Wenn nicht, werden sie erschossen.«

UK: Badusch ist ja ein berüchtigtes Gefängnis im Irak. Dort blieben Sie eingesperrt?

S: In Badusch haben sie die alten Frauen aussortiert und mitgenommen. Und die Kinder von fünf bis fünfzehn haben sie auch irgendwohin gebracht. Auch meinen Bruder.

UK: Haben Sie Kontakt mit Ihrem Bruder?

S: Nach sechs Tagen hat man ihn uns wieder gebracht. Er hatte ein gebrochenes Bein. Er wollte uns nicht die Wahrheit sagen. Er hat gesagt: »Ich bin gefallen.« Ein Cousin, der dabei war, hat gesagt: »Er lügt. Man hat ihn gefoltert, weil er sich geweigert hat, auf Arabisch Koranverse zu sprechen.«

In den darauffolgenden Tagen haben sie immer wieder junge Frauen herausgegriffen und mitgenommen. Sie wurden vergewaltigt – und dann hat man sie wieder zu uns zurückgebracht. Ich habe meine kleine Schwester als meine Tochter ausgegeben. »Das ist meine Tochter!«, habe ich gesagt. Deshalb haben sie mich anfangs in Ruhe gelassen. Dann wurden Gruppen gebildet. Sieben Mädchen wurden an Da'esh-Führer verschenkt. Eine davon war ich.

Ich tat alles, um möglichst unattraktiv zu erscheinen. Es nützte alles nichts. Ich wurde an einen Turkmenen verschenkt. Einen kleinen, fetten Typ. Ein hässlicher Gnom. Schon am ersten Abend wollte er Sex. Ich wehrte mich mit Bissen und Fußtritten. Er war schon alt und gab schließlich auf. Meine Strategie war zunächst erfolgreich. Aber nicht lange. Danach wurde ich innerhalb von neun Monaten neun Mal verkauft und immer wieder vergewaltigt und missbraucht.

UK: Gab es auch Momente der Hoffnung?

S: Wie kann man Hoffnung haben in einem geschlossenen Raum? Ohne Sonne, ohne Licht. Woher soll die Hoffnung kommen? Ich war eingesperrt. Nach den schweren Vergewaltigungen hatte ich überhaupt keine Hoffnungen mehr! Ich wurde schwanger. Das Kind wurde abgetrieben. Sie waren wie Tiere.

UK: Entschuldigen Sie bitte die Frage – aber es ist so unvorstellbar. Verkauft zu werden. Wie kamen Sie denn mit dieser Situation zurecht?

S: *(Pause.)* Ich war schutzlos. Kein Vater, keine Mutter, keine Religion. Es war unmenschlich, was die mit mir gemacht haben.

UK: Können Sie je wieder zurück in Ihr Dorf?

S: Ich denke ja.

UK: Sehen Sie eine Chance einer gemeinsamen Zukunft in Ihrem Dorf? Gibt es eine Chance zu verzeihen?

S: Ja, ich sehe schon eine Möglichkeit, das Vertrauen wie-

Der Islamische Staat 107

derherzustellen zwischen uns und den Sunniten. Wenn die Sunniten sich entschuldigen und uns sagen, dass die Da'esh-Leute Ungläubige sind, dass das, was sie mit uns gemacht haben, Unrecht ist – wenn sie auf uns zukommen mit reinem Herzen.

UK: Sie wollen also nicht in Deutschland bleiben?

S: Es gefällt mir hier – aber mein Dorf ist meine Heimat. Mein Traum ist, dass ich meine Wohnung in meinem Dorf nicht wieder herrichte. Alles soll so bleiben, wie der Da'esh es hinterlassen hat. Ich möchte eine neue Wohnung. Sobald sich meine Mutter meldet, werde ich entscheiden, wann ich zurückgehe.

UK: Ist Ihr Dorf wieder befreit?

S: Ja. Es sind mittlerweile circa zehn Familien zurückgekommen. Man hat mir gesagt, dass sieben Massengräber gefunden wurden.

UK: Haben Sie Kontakt zu Ihrer Mutter und zu Ihren Geschwistern?

S: Es gibt keinen Kontakt zu denen, die noch beim Da'esh in Gefangenschaft sind. Seit zwei Jahren.

UK: Und Ihr Bruder?

S: Kein Kontakt.

UK: Sie wissen nicht, ob sie noch leben?

S: *(Weint. Schüttelt den Kopf.)*

5. Saudi-Arabien
Exportschlager Wahhabismus

»*La illaha il Allah.*« In der Großen Moschee von Mekka liegen 50.000 Gläubige auf den Knien und beginnen ihr Morgengebet. »*La Illaha il Allah!*«, tönt es durch die Lautsprecher. »Es gibt keinen Gott außer Gott.«

Ein neues Jahrhundert hat begonnen. Es ist der erste Muharram des Jahres 1400, der Neujahrstag nach dem islamischen Kalender. Der 20. November 1979 christlicher Zeitrechnung. In engen Reihen haben sich Gläubige um die schwarze Kaaba im weiten Innenhof gruppiert, im Gebet versunken. Plötzlich stürmen bewaffnete Männer das zentrale Heiligtum des Islam und entreißen dem Imam der Moschee, Mohammed ibn Sabil, das Mikrofon. Andere postieren Maschinengewehre auf den sieben Minaretten. Die Gläubigen werden zu Geiseln der Terroristen. Die teilen die Pilger nach Nationalitäten auf, Dolmetscher übersetzen. Alle sollen die frohe Botschaft verstehen, die der Anführer über die Lautsprecher an die Welt richtet: Der finale Sieg des Islam über die Ungläubigen sei nah. Endlich erfülle sich die alte Prophezeiung: »Der Mahdi wird der Welt Gerechtigkeit bringen. Huldigt dem Mahdi, der dieses Königreich von seiner Verkommenheit reinigen wird.«

Die Rebellen wollen den Sturz des Königshauses Saud, das in ihren Augen korrupt und gottlos ist. An seine Stelle muss der wahre islamische Staat treten. Von König Khaled verlangen sie den sofortigen Stopp von Öllieferungen an die USA. Den Abbruch aller Beziehungen zum Westen. Frauen sollen aus dem öffentlichen Leben verschwinden, Radio und Fernsehen verboten werden, ebenso alle Bilder und Fotografien, Fußball, Musik, Zigaretten und Alkohol.

Der Anführer der Rebellen ist ein ehemaliger Korporal der saudischen Nationalgarde, Dschuhaiman al Utaibi. 1972 hatte er den Dienst quittiert und an der Scharia-Fakultät von Medina ein theologisches Studium begonnen. Schon sein Vater war Mitglied der legendären »Ichwan« gewesen, Religionskrieger, die einst das Königreich des Staatsgründers zusammengeraubt hatten. Als sie sich gegen den König wandten, ließ er sie gnadenlos massakrieren.

Al Utaibi junior war im Verlauf seines Studiums immer radikaler geworden. Er predigte Unerhörtes. In düsterem Duktus verdammte er die irdischen Freuden als Hindernis auf dem Weg zu Gott. Immer mehr Anhänger scharte er um sich. Auch sie nannten sich jetzt »Ichwan«, Brüder, und waren von seinen radikalen Ideen begeistert. Irgendwann gehörte auch Mohammed al Kahtani dazu. In ihm glaubte al Utaibi den »Mahdi« zu erkennen. Den Erlöser.

Die Ichwan hatten den heiligsten Ort des Islam gestürmt. Von hier aus sollte der Mahdi jetzt, am Beginn eines neuen Jahrhunderts, für Gerechtigkeit in der islamischen Welt sorgen. Utaibi und Kahtani posieren mit Maschinenpistolen in der Hand vor der Kaaba – und die Inszenierung verfehlt ihre Wirkung auf die verwirrten Pilger nicht. Wenn sie den Treueeid auf den Mahdi leisten, dürfen sie die Moschee verlassen. Sie sollen die frohe Botschaft über das Erscheinen des Mahdi in der Welt verbreiten.

Plötzlich fallen Schüsse. Polizisten und Moscheediener werden getroffen. Chaos bricht aus. Die Pilger geraten in Panik und drängen zu den Ausgängen. Die aber sind jetzt verschlossen. Dem Imam der Moschee gelingt es in diesem Chaos, Alarm zu schlagen und König Khaled zu verständigen. Der König ist sich der Dramatik der Situation bewusst: Es ist das erste Mal seit der Staatsgründung 1932, dass militante Oppositionelle gegen das Haus Saud aufbegehren. Er lässt die Landesgrenzen schließen, alle Telefonleitungen werden gekappt, er schickt Truppen nach Mekka.

Das Problem aber ist: Die saudischen Soldaten können die Große Moschee nicht einfach stürmen. Kämpfe in der heiligen Stadt hat der Prophet ausdrücklich untersagt.

Helfen kann nur eine Fatwa, ein religiöses Gutachten. Die angesprochenen Religionsgelehrten sehen sich aber in einem Dilemma. Die Anmaßung des Rebellen, der Mahdi zu sein, verurteilen sie. Aber seine fundamentalistischen Ideale teilen sie durchaus, seine Kritik am Königshaus und dessen Politik der Modernisierung des Landes. Lange hatten sie zum Beispiel gegen die Einführung des Fernsehens Widerstand geleistet und verhindert, dass Frauen Auto fahren dürfen.

Es kommt zu einem folgenreichen Deal. Die Gelehrten erlauben dem Regime den Einsatz des Militärs in Mekka. Im Gegenzug verpflichten sich die saudischen Herrscher, die Liberalisierung des Landes zurückzudrängen. Noch wichtiger ist eine andere Abmachung: Das Königshaus soll einen Teil der Ölmilliarden zur weltweiten Verbreitung des wahhabitischen Islam einsetzen. Der Deal begründet den verhängnisvollen Einfluss wahhabitischer Kleriker.

Nach zwei Tagen beginnt der Kampf. Für die Hüter der heiligen Stätten in Mekka und Medina ist der Sturm auf die Kaaba eine peinliche Angelegenheit. Sie wollen den Spuk so schnell wie möglich beenden. Die Große Moschee wird dabei erheblich beschädigt. Nach langen Gefechten ziehen sich die Besetzer in die Kaaba zurück. Fast zehn Tage lang halten sie sich im unterirdischen Labyrinth verschanzt. Erst mithilfe einer französischen Antiterroreinheit gelingt es dem saudischen Militär schließlich, die letzten Angreifer mit Tränengasgranaten auszuschalten. Am 4. Dezember 1979 ist die Besetzung der Moschee beendet.

Die Regierung in Riad will die Ereignisse schnell vergessen machen. Aber sie sind wichtig, wenn man die manchmal dubiose saudische Politik verstehen will. Dschuhaiman wurde übrigens zum ersten Idol der Dschihadisten, obwohl Riad ihn zu einem verwirrten Einzeltäter erklärt hatte.

Der Überfall auf die Große Moschee in Mekka markiert den eigentlichen Anfang der Dschihadisten-Bewegung. Zu diesem Zeitpunkt aber wird sie weder von den Saudis noch von den Amerikanern ernst genommen. Im Gegenteil: Als am 12. Dezember

1979 die Sowjets Afghanistan besetzen, formieren die Amerikaner eine Front fundamentalistischer Islamisten gegen die Invasoren. Mithilfe des saudischen Königshauses. Mit Geld und Waffen unterstützen sie die Mudschahedin. Eine verhängnisvolle Entscheidung. Die Amerikaner leisteten damit einen entscheidenden Beitrag zur Stärkung des Dschihadismus. Die Gotteskrieger kämpften zwar gegen die Kommunisten in Afghanistan, insgeheim aber betrachteten sie ihre Verbündeten schon als künftige Gegner. Als Ungläubige.

Zeitgleich bauen die USA mit Zustimmung der Saudis einen Armee-Stützpunkt im Sultanat Oman auf und verpflichten sich zum Beistand aller Golfstaaten, die von Interesse für die USA sind. Diese militärische Präsenz der Amerikaner am Golf hat Scharen von Heiligen Kriegern motiviert, sich den Islamisten anzuschließen. Seit 1979 hat Saudi-Arabien ein Terrorproblem.

Das alles ist fast 40 Jahre her. Aber noch heute bestimmen Religionsgelehrte, die von mittelalterlichen Vorstellungen geprägt sind, die Politik des Landes. Saudi-Arabien baut mit modernster Technik den höchsten Turm der Welt, den 1.007 Meter hohen »Kingdom Tower« bei Dschedda – und verbietet als einziges Land der Welt Frauen das Autofahren. Mit den unsinnigsten Argumenten. Der Großmufti meint, das Verbot schütze die Gesellschaft vor »Übel«. Ein anderer Religionsgelehrter behauptet allen Ernstes, Eierstöcke und Becken der Frauen seien beim Autofahren in Gefahr. Er sieht eine westliche Verschwörung am Werk, die die Gebärfähigkeit saudischer Frauen schwächen will. Ein Gebräu aus mittelalterlichen Dogmen und unsinnigen Behauptungen. Trotz verschiedener Protestaktionen saudischer Frauen geben die Hardliner nicht nach. Sie bleiben bei ihrem harten Kurs. Ihr Einfluss ist trotz ständiger Reformankündigungen der Regierung noch immer groß.

Die Machtverhältnisse im Königreich Saudi-Arabien sind schwer zu durchschauen. Eine versiegelte Theokratie. »Ein Rätsel inmitten eines Mysteriums«, so hat Winston Churchill einmal die Machtverhältnisse im Kreml beschrieben. Das trifft auch auf den

Wüstenstaat zu. Informationen sind nur schwer zu bekommen. Es herrscht Blackout. Auf der Rangliste der Pressefreiheit von »Reporter ohne Grenzen« liegt Saudi-Arabien an 164. Stelle von 175 Ländern. »Ein Nordkorea in der Wüste«, wie die *Süddeutsche Zeitung* formulierte. Wer sich querlegt, wird aussortiert. Wie der Blogger Raif Badawi. Weil er Religionsfreiheit forderte, wurde er zu zehn Jahren Gefängnis und 1.000 Stockhieben verurteilt. Ein barbarisches Urteil.

Die Sonderentwicklung Saudi-Arabiens hat eine lange Geschichte. Und sie hängt eng zusammen mit einem eigenbrötlerischen Gelehrten: Muhammad ibn Abd al Wahhab, ein Zeitgenosse Immanuel Kants. Der hatte für die Aufklärung gekämpft und für die Mündigkeit des Menschen. Abd al Wahhab predigte das Gegenteil: Verklärung der Vergangenheit und das Unterbinden eigenen Denkens. Stattdessen: Regeln und Verbote.

Schon als Zehnjähriger hatte er den Koran auswendig gelernt. Mit elf ging er auf seine erste Pilgerfahrt nach Mekka. Früh begann er zu predigen – und war bald berüchtigt wegen seiner religiösen Radikalität. Er forderte einen reinen Islam wie zu Zeiten des Propheten. Alles, was Spaß macht, wurde verboten. Singen, tanzen und musizieren. Er verbot sogar, den Geburtstag des Propheten zu feiern. Bis heute werden die saudischen Könige in der Wüste verscharrt. Es gibt keine Gräber. Es soll keine Gelegenheit geboten werden zur Verehrung eines anderen außer Gott.

Die Radikalität seiner Predigten schreckte viele Stammesfürsten. Sie befürchteten Unruhen und den Verlust ihrer Macht – und sie verjagten ihn.

Abd al Wahhab ging nach Medina, von dort zog er weiter in den Süden des heutigen Irak – nach Basra, eine Hochburg der Schiiten. Auch hier wetterte er gegen Genuss und Unterhaltung und gegen die Heiligenverehrung. Nach kurzer Zeit wurde al Wahhab aus Basra verbannt. Erneut packte er seine Sachen. Auf seinen Irrfahrten durch die arabische Halbinsel kam er auch nach Huraimila, wo ein Mordanschlag auf ihn verübt wurde, den er unbeschadet überlebte. Abermals suchte er das Weite.

In seinem Geburtsort al Uyaina schließlich kam die Wende. Die Sauds waren dort eine einflussreiche Dynastie – aber ohne Staat. Das sollte sich ändern. Im Jahr 1744 bot Muhammad ibn Saud dem Prediger einen Deal an: Gemeinsam wollte man einen Staat aufbauen. Die Sauds sollten für Politik und Militär zuständig sein, al Wahhab für die Religion. Die beduinischen Stämme wurden unterworfen und zu Wahhabs Lehre zwangsbekehrt. Die Herrschaft der Saud-Familie war durch diese Verbindung religiös legitimiert.

Dieser Deal ist bis heute so etwas wie das ungeschriebene »Grundgesetz« Saudi-Arabiens. Nur unmerklich hat sich das Haus Saud im Verlauf der Jahrhunderte aus der Umklammerung der religiösen Eiferer gelöst. Bis heute haben die Nachkommen des Predigers, die Familie al Sheik, wichtige Ämter im Staat inne. Lange haben sie die Richter bestimmt. Auch Justiz- und Erziehungsminister wurden von ihnen ausgewählt.

Erst der Vorgänger des heutigen Königs, Abdullah ibn Abd al Aziz, ein sanfter Reformer, hat ihnen diese Ämter weggenommen. Eine schwierige politische Operation. Als Kompensation erhielt das Oberhaupt der Familie al Sheik das Amt des Großmuftis. Auch ein einflussreicher Posten in der Hierarchie des Königreichs. Er ist immerhin noch stellvertretender Justizminister und Chef der Religionspolizei, der Mutawa. Der Großmufti steht außerdem an der Spitze des »Rats der großen Religionsgelehrten«, die mit ihren Fatwas das Leben der Saudis bestimmen.

Er nutzt diese Position als Meinungsmacher. Der erzkonservative Kleriker langt kräftig hin. Juden, Christen und Schiiten sind Feinde. Mit ihnen gibt es keine Kompromisse. Der Großmufti fordert, dass »alle Kirchen auf der arabischen Halbinsel zerstört werden« müssten, weil der Prophet es angeblich so will. Auf dem Totenbett soll der nämlich gesagt haben: »Auf der Halbinsel darf es keine zwei Religionen geben!« Das ist in einem Hadith überliefert. Für den militanten Kleriker ein Auftrag. Die Iraner sind für ihn Ungläubige, »Söhne von Magiern«. Schach ist ein »Werk des Teufels«. Verboten, »Zeit- und Geldverschwendung«. Weil es die Saudis vom Beten abhält.

Manches, was der Großmufti sagt, ist den herrschenden Sauds heute peinlich. Aber sie wagen keinen offenen Widerspruch. Sie haben Angst, dass das Bündnis zwischen Thron und Moschee endgültig Schaden nehmen könnte.

Nur vorsichtig hat der aktuelle König, Salman ibn Abd al Aziz, die Rechte der Religionspolizei eingeschränkt. Die war in ihrem Übereifer oft über das Ziel hinausgeschossen. Die »Polizei für die Verbreitung der Tugend und der Verhinderung des Lasters« hat schon mal Gläubige, die die Gebetszeiten nicht einhielten, zum Beten geprügelt. Obwohl im Koran steht, dass es keinen Zwang zum Glauben gibt. Noch schlimmer: Bei einem Brand in einer Mädchenschule in Mekka 2002 hatten Religionspolizisten fünf-zehn Mädchen daran gehindert, die brennende Schule zu ver-lassen, weil sie im Chaos ihre Kopftücher verloren hatten – und folglich nicht islamisch gekleidet waren. Sie verbrannten im Feuerinferno. Weil sie die religiösen Vorschriften nicht einhalten konnten. Ein Skandal – selbst für saudische Verhältnisse.

Aber die Missionsarbeit ist nicht nur eine Sache der religiösen Eiferer. Auch das Königshaus steht voll dahinter. Seit einem hal-ben Jahrhundert exportiert Saudi-Arabien seinen intoleranten Islam in die Welt. Mithilfe seiner Petrodollars. Die Saudis kämp-fen gegen religiösen Pluralismus, gegen gemäßigte und säkulare Sunniten, gegen Anhänger des Sufismus und der Schiiten. Die-ser Wahhabismus ist weltweit der Nährboden des Terrorismus geworden. Al Kaida beruft sich ebenso auf ihn wie die Taliban. Auch der 16-Punkte-Katalog des Islamischen Staats, der das private und öffentliche Leben des Terrorregimes regelt, geht unmittelbar auf die wahhabitischen Lehren zurück. Den Islami-schen Staat finanziert Saudi-Arabien zwar nicht. Aber es fördert den ultraorthodoxen Islam. Das Königshaus ist Geburtshelfer des IS-Monsters, dieser besonders gewalttätigen Version des Wahhabismus.

Still nutzen die Saudis ihre Ölmilliarden, um befreundete Regierungen und islamistische Gruppen zu unterstützen. Still pflegen sie ein Netzwerk von Predigern, die ihre radikale Version des Islam in aller Welt verbreiteten. So gesehen sind die Saudis gefährlicher als der Islamische Staat. Längst haben sie die islamische Welt verändert. Schrittweise, diplomatisch, schlau. In ihrem Sinne. Nicht mit Mordorgien und bestialischen Brutalitäten wie der IS, sondern diskret mit dem Scheckbuch. Jahrzehntelang hat der Westen die Vorteile einer sicheren Ölversorgung genossen – und weggesehen.

Begonnen hat die Missionierungsarbeit mit König Feisal, der von 1964 bis 1975 regierte. Ein Erzkonservativer. Er verbot die Einfuhr von Luxusgütern und förderte den Export des Wahhabismus – mithilfe der »Islamischen Weltliga«, einer 1962 von den Saudis gegründeten NGO, die sich als kulturelle und religiöse Vertretung aller islamischen Länder sieht. Der rasche Anstieg des Ölpreises nach 1973 spülte viel Geld in die Kassen des Königreichs. Nicht mehr Millionen Dollar – sondern Milliarden. König Feisal konnte die »Islamische Weltliga« deshalb großzügig ausstatten. 5% des saudischen Bruttoinlandprodukts zweigte er dafür ab – unter dem Label »Islamische Solidarität«. Sie wurde zum wichtigsten Instrument des Scharia-Exports. Auch nach Europa. Während eines Staatsbesuchs bei König Baudouin in Belgien kam ein ungewöhnliches Geschäft zustande: billiges Öl gegen einen Moscheebau. Das notorisch klamme Belgien erhielt saudisches Öl zum Vorzugspreis. Im Gegenzug durfte Saudi-Arabien die Große Moschee im Brüsseler Ausstellungspark bauen – bald ein Zentrum radikaler, gewaltbereiter Islamisten. Imame und andere Angestellte werden bis heute von der »Islamischen Weltliga« bezahlt. Eine fatale politische Weichenstellung, wie spätestens nach den Terroranschlägen von Brüssel deutlich wurde. Diese »Weltliga« baut Moscheen, Schulen und islamische Kulturzentren. Immer mit der Absicht, das saudische Islamverständnis weltweit zu verbreiten.

König Fahd, von 1982 bis 2005 an der Macht, galt zwar als Reformer. Gleichzeitig aber soll auch er den Bau von 1.500 Moscheen finanziert haben, außerdem 2.000 Grundschulen, 200 Höhere Schulen und 210 islamische Kulturzentren. Zu seinem

Amtsantritt hatte er in der Islamischen Universität von Medina in einer Rede das Selbstverständnis der Saudis auf den Punkt gebracht: »Die islamische Welt ist die strategische Fortsetzung Saudi-Arabiens.«

Um seine islamische Legitimation zu unterstreichen, verzichtete er auf den Titel »König« und nannte sich fortan »Hüter der Heiligen Stätten«. Den Koran ließ er in einer Auflage von 138 Millionen Exemplaren in zwanzig Sprachen drucken. Sechzehn »König-Fahd-Akademien« in Europa tragen seinen Namen.

Lange auch in Bonn. Die »Fahd-Akademie« war 1995 gegründet worden, in Anwesenheit von Nordrhein-Westfalens Ministerpräsident Johannes Rau und dem damaligen Außenminister Klaus Kinkel. Was dem Ganzen einen offiziellen Anstrich gab.

Das Scharia-Import- und Exportgeschäft florierte. Die Liga verschenkte weltweit die Millionen von Koran-Exemplaren und leistete großzügig Spenden. Importiert wurden Studenten, die ein Stipendium an der Islamischen Universität Medina erhielten, der Kaderschmiede des Wahhabismus. Nach dem Studium kehren die Absolventen der Islamischen Universität als Missionare des Wahhabismus in ihre Heimatländer zurück, um dort den »wahren« Islam zu verbreiten. Ganz bewusst war die Uni als Gegenstück zur ehrwürdigen al Azhar in Kairo gegründet worden, 1.000 Jahre lang das Zentrum des sunnitischen Islam. Schon lange tobt deshalb ein Streit um die Deutungshoheit im sunnitischen Islam. Vorteil Saudi-Arabien. Aus einer viel belächelten Wüstensekte ist so im Laufe der Jahre eine echte Konkurrenz zum »Mainstream-Islam« der al Azhar geworden. Mithilfe von Petrodollars.

Seit Jahrzehnten exportiert Saudi-Arabien seinen extremen Glauben ziemlich ungehindert in die Welt. Zuerst waren Afrika, der indische Subkontinent und Indonesien das Ziel der wahhabitischen Weltbeglückung. 1980 wurde in Pakistan die Islamische Universität Islamabad gegründet. Im Afghanistankrieg war sie Anlaufstelle für arabische Kämpfer auf dem Weg in den Dschihad. 1991 folgte die König-Feisal-Universität im Tschad. Die »Islamische Weltliga« unterstützt auch die Hochschule der Deobandi im indischen Bundesstaat Uttar Pradesh. Die Deobandi gelten als Ableger des wahhabitischen Islam in Indien. Im »Haus des Wissens« in Deobandi studierten auch die Talibanführer, die in Afghanistan die Sowjetunion besiegten.

Auch in Indonesien, dem Land des sanften Islam, gibt es eine schleichende Islamisierung. Immer mehr Frauen tragen das Kopftuch. In West-Java verteilte die Provinzregierung sogar Schulbücher, die den Gründer des Wahhabismus verherrlichen und den indonesischen Kindern ein wahhabitisches Glaubensdogma einhämmern wollen: Nichtmuslime sind Ungläubige, die getötet werden müssen. Das hat in Indonesien einen Skandal ausgelöst. Die Verwaltung musste die Schulbücher zurückziehen.

Die Strategen der »Islamischen Weltliga« sind sehr geschickt. Sie nutzen Konflikte für das Verbreiten des Wahhabismus. Zum Beispiel den Bosnienkrieg zwischen 1992 und 1995. Anfangs unterstützten sie Dschihadisten aus Nordafrika und dem Nahen Osten, die an der Seite der bosnischen Muslime kämpften. Nach dem Ende des Krieges spendierten sie dem ausgepowerten Bosnien-Herzegowina eine Große Moschee. Wie in Brüssel wurde auch die Moschee in Sarajevo zum Zentrum radikaler Muslime, die den Wahhabismus predigen und den moderaten Islam alter Tradition verdrängen.

Das blieb nicht ohne Folgen. Im Oktober 2011 stürmte ein radikalisierter junger Mann unter lauten Allahu-Akbar-Rufen die amerikanische Botschaft in Sarajevo und schoss wild um sich. Er verletzte zwei Polizisten und wurde später zu achtzehn Jahren Gefängnis verurteilt. Der erste islamistische Terroranschlag in Bosnien. Der Attentäter stammte aus einem der Dörfer im Hinterland, die längst wahhabisiert sind und in denen Frauen so vollverschleiert herumlaufen wie in Saudi-Arabien. Inseln des Wahhabismus in Europa. Diese Radikalen warten auf den Beitritt Bosniens zur EU. Dann wäre der Weg frei nach Europa für den Islam. Noch keine »Wahhabitische Internationale« – aber der weltweite Einfluss Saudi-Arabiens hat erstaunliche Ausmaße angenommen.

Erst nach den Anschlägen von 9/11, deren Urheber Saudis waren, begann sich die deutsche Öffentlichkeit dafür zu interessieren, was in Einrichtungen wie der Bonner Fahd-Akademie und der angeschlossenen Schule eigentlich getrieben wird. Als das ARD-Magazin *Panorama* berichtete, dass die Akademie eine Anlaufstelle für Dschihadisten ist und die Schüler nach saudischen Lehrbüchern lernen, wurden die deutschen Behörden aufmerksam und drohten der Akademie, ihr die Lizenz zu entziehen. Das Ende kam durch einen Erlass aus Riad: Der neue Vize-Kronprinz Mohammed bin Salman höchstpersönlich gab 2016 die Schließung bekannt. Mit einer arabesken Begründung: »Es ist unser Ziel, der saudischen Jugend zur bestmöglichen Erziehung zu verhelfen.« Da Deutschland über eines der besten Bildungssysteme verfüge, könne Saudi-Arabien davon nur lernen. Der Rückzug aus Bonn soll Beweis einer neuen Politik sein und Werbung für Mohammed bin Salmans saudische »Vision 2030«. Die Frage ist nur: Steckt dahinter ein echter Gesinnungswandel, oder hat die Schließung lediglich mit der Ebbe in der saudischen Staatskasse zu tun?

Im Haushalt klaffte nämlich 2015 ein riesiges Loch. 90 Milliarden Miese. Das ist noch nicht der Weltuntergang, Saudi-Arabien verfügt über ein geschätztes Vermögen von mehr als 700 Milliarden Dollar. Aber König Salman muss sparen. Subventionen werden zusammengestrichen, die Gehälter der Beamten gekürzt, keine neuen Projekte gestartet. Die Baubranche ist deshalb in eine tiefe Krise gestürzt. 90.000 Bauarbeiter sind arbeitslos. Für das noch immer reiche Saudi-Arabien ein Problem. Auch das Geld für den Wahhabismus-Export wird knapp. Ein Drittel der Einwohner ist jünger als neunzehn Jahre – und 40% davon sind arbeitslos. Eine Zeitbombe.

Das lange verschlafene Königreich ist im Umbruch. Es will zum Führer der arabischen Welt werden. Es führt deshalb drei Kriege. Einen ziemlich erfolglosen militärischen Einsatz im benachbarten Jemen, einen teuren Stellvertreterkrieg in Syrien und einen weltweiten Ölkrieg. Um seinen Haushalt finanzieren zu können, bräuchte Saudi-Arabien einen Ölpreis von 100 Dollar. Lange dümpelte der Preis für ein Fass jedoch um die 40 Dollar. Saudi-Arabien tat alles, um den Preis niedrig zu halten. Es pumpte Öl auf den Weltmarkt, ohne Rücksicht auf eigene Verluste. Die Strategie ist klar: Saudi-Arabien will über einen dauerhaft niedrigen Ölpreis andere Anbieter verdrängen und seine Marktanteile verteidigen.

Der Ölpreis ist die stärkste, aber auch verletzlichste Waffe der Saudis. Sie hoffen, dass sie diese Baisse länger durchstehen können als alle Konkurrenten. Das saudische Ölpreismassaker traf vor allem die neuen Konkurrenten Iran und USA. Die USA waren mithilfe des Frackings zum weltweit führenden Ölproduzenten aufgestiegen. Sehr zum Ärger der Saudis. Und mit dem Atomvertrag des Westens drängte der Erzfeind Iran wieder zurück auf den Ölmarkt. Ein Erstarken des Iran wollten die Saudis aber um jeden Preis verhindern. Von Obama waren sie politisch enttäuscht und fühlten sich wegen des Atomabkommens mit Iran im Stich gelassen. Die Rache an der Schutzmacht USA war ziemlich erfolgreich. Allein zwischen Frühling 2015 und Anfang 2016 gingen mehr als 60 US-Frackingfirmen pleite – sie brauchen Ölpreise von mehr als 50 Dollar. Um das zu erreichen, verbrannten die Saudis mehr als 115 Milliarden Dollar. Sie produzieren wesentlich billiger. Zehn Dollar pro Fass reichen, und bei den größten Feldern sogar fünf Dollar. Der saudische Ölriese Aramco hat deshalb auch in den schlimmsten Monaten immer noch Geld verdient, wenn auch nicht so viel, wie Saudi-Arabien für einen ausgeglichenen Haushalt bräuchte.

Für die Saudis könnte sich die selbst gemachte Krise als heilsamer Schock erweisen. Mit der Haushaltsebbe im Rücken versucht der ehrgeizige Königssohn Mohammed bin Salman ambitionierte Wirtschaftsreformen durchzudrücken. »Vision 2030« nennt er sein Programm zur Sanierung Saudi-Arabiens. Bis 2030 will er das Land vom Öl unabhängig machen. Aus einer Ölweltmacht soll eine Finanzweltmacht werden. 5% der Anteile am staatlichen Ölkonzern Aramco wollen die Saudis deshalb an der Börse verkaufen.

Aramco ist eines der wertvollsten Unternehmen der Welt. Glauben die Saudis. Mit dem Erlös soll ein Investitionsfond mit 2.000 Milliarden Dollar entstehen. Dieser Fond, der größte der Welt, würde 10% der weltweiten Finanzkraft besitzen. Saudi-Arabien wäre ein Global Player. Doch es gibt Zweifel, ob der Börsengang die erhofften Milliarden einbringt. Ein Flop an der Börse würde die großen Pläne zunichte machen.

Mohammed bin Salman ist nicht nur Verteidigungsminister, er steht auch an der Spitze des saudischen Rats für Wirtschaft und Entwicklung. In dieser Funktion ist er der Chefarchitekt des Plans. Mit seinem gigantomanischen Projekt ist bin Salman zum saudischen Politstar geworden. Er wirkt entschlossen, tatkräftig und forsch. Während sein Mentor, der alte König Salman, das Schicksal so mancher seiner Vorgänger aus der saudischen Gerontokratie teilt und langsam an der Macht verdämmert, ist der Kronprinz der eigentliche Machthaber. Der Kriegerprinz hat den Ehrgeiz, Saudi-Arabien zur Führungsmacht in der arabischen Welt zu machen. Er ist ein Hardliner, der sich in ein gefährliches Abenteuer im Jemen gestürzt hat. Von der willfährigen saudischen Presse wird er schon als Retter Saudi-Arabiens gefeiert.

Mit ihm bestimmt zum ersten Mal ein Enkel des Staatsgründers die Geschicke des Königreichs. Eine Zeitenwende bahnt sich an, und die Frage ist, wie er ein modernes Saudi-Arabien schaffen will, eine Finanzweltmacht: mit der wahhabitischen Orthodoxie und ihrer verqueren Weltvorstellung? Oder gegen sie?

Staatsgründer Abdel Aziz ibn Saud, der Wüstenkrieger, hatte sein Königreich noch mit roher Gewalt zusammengeraubt und die rebellischen Stämme der arabischen Halbinsel unterworfen. Die Haschemiten, lange Hüter der heiligen Stätten, hat er aus Mekka und Medina vertrieben. In enger Tuchfühlung mit den wahhabitischen Eiferern. Er brauchte keine Börse, sondern fanatische Krieger. Er war eine bizarre Beduinen-Figur. Großzügig hat er seine Gene unter die Stammestöchter des Landes verteilt. Im Laufe der Jahre heiratete er siebzehn Frauen und zeugte 36 Söhne. Was die Nachfolge etwas unübersichtlich macht. Für ihn war die Heirat eine Fortsetzung des Krieges mit anderen Mitteln, Kinderzeugen seine Methode der Machtsicherung. Ibn Saud, die stammespolitisch motivierte Sexmaschine. »Ich gewöhne«, sagte er, »meine Kinder daran, barfuß zu gehen, zwei Stunden vor Sonnenaufgang aufzustehen, wenig zu essen, nackt auf Pferden zu reiten, den Koran und die Sunna sowie arabische Geschichte zu studieren.«

Solche Härte ist heute in Saudi-Arabien nicht mehr vorstellbar. Die verwöhnten Prinzen, mehr als 8.000 an der Zahl, schleichen eher in Gucci-Schuhen durch klimatisierte Marmorpaläste. Barfuß durch die Wüste – das war einmal.

Durch seine Überproduktion von Söhnen hat Ibn Saud ein echtes Problem hinterlassen: ein Gedränge bei der Thronfolge. Um die Lage etwas zu entspannen, beschloss man im engsten Familienkreis eine Regel: Immer der älteste noch lebende Sohn sollte den Job bekommen. Die starre Nachfolgeregelung hatte natürlich Folgen. Die Könige wurden immer älter und hinfälliger. So war der Vorgänger des heutigen Königs, Abdullah ibn Abd al Aziz, erst als 80-jähriger Kronprinz König geworden. Der als Konservativer Eingeschätzte überraschte seine Umwelt mit einer mutigen Entscheidung: Er gab das Plazet für eine Uni, an der Studenten und Studentinnen gemeinsam studieren dürfen. Eine Sensation für saudische Verhältnisse.

Der Nachfolger von Abdullah, der heutige König Salman, hat einen Schlaganfall hinter sich und kann seinen rechten Arm nicht mehr bewegen. Er wird auf 82 Jahre geschätzt. Genaues Alter unbekannt. Er ist vom Leben gezeichnet, hat Saudi-Arabien aber mit harter Hand auf einen neuen Kurs gebracht. Zu seinem Amtsantritt 2015 hat er noch einmal tief in die Schatulle gegriffen, um aufkommende »Arabische Frühlingswallungen« im Keim zu ersticken. 28 Milliarden Dollar hat er seinen Untertanen gespendet und damit das Minus in der Staatskasse vergrößert. Beamte, Moschee-, Sport- und Kulturvereine wurden mit dem Einstandsgeschenk des Königs beglückt. Er gehört zur Elite unter den Thronfolgern: Er ist Mitglied der »Sudairi-Sieben«, die alle von der Lieblingsfrau König Sauds geboren wurden, Stars der riesigen Prinzengarde, die an wichtigen Schaltstellen des Königreichs drehen. Wegen ihres großen Einflusses nennen Spötter Saudi-Arabien gern auch »Sudairi-Arabien«.

Saudi-Arabien ist das einzige Land der Welt, das einen Familiennamen trägt. Das Haus Saud hat sich im Übrigen mit dem Königreich eine völlig unislamische Staatsform gegeben. Die Monarchie gilt nach der Theorie des Islam als eine Erfindung des Westens, islamisch ist nur der Gottesstaat. Widersprüche über Widersprüche.

Nirgendwo in der islamischen Welt gibt es ein Land, in dem eine strenge Orthodoxie das Leben so durchdringt wie in Saudi-Arabien. Die Geschlechter werden in der Öffentlichkeit strikt getrennt, in Schulen und am Arbeitsplatz. Vieles ist absonderlich.

Und dennoch: Das Land verändert sich. Die Mutawas, die Sittenpolizisten, können nicht mehr zuschlagen, wie sie wollen. König Salman hat ihnen Grenzen gesetzt. Frauen dürfen inzwischen wählen. Bei Gemeinderatswahlen. Sie dürfen sogar selbst kandidieren. Vereinzelt sind sie Chefredakteurinnen, Filmemacherinnen oder Investmentbankerinnen. Aber Auto fahren dürfen sie noch immer nicht.

Das Land ist eine ewige Baustelle. Gebaut wird an jeder Ecke. Neue Straßen, moderne Wohnblöcke, Bürokomplexe, Einkaufszentren. Restaurants, Hotels und Flughäfen. Riad legt sich eine U-Bahn für 20 Milliarden Dollar zu. Erstaunlich: Saudi-Arabien modernisiert sich, es findet Anschluss an das 21. Jahrhundert. Aber die strenge Welt des Wahhabismus wird nicht umgebaut. Sie bleibt starr, puritanisch und verschlossen. Mittelalter.

Wie ein Video im Internet zeigt. Ein Mann mit schwarzer Kapuze setzt zum Schlag an. Mit einem langen Messer schlägt er auf den Arm eines anderen Mannes ein, der auf einem Holztisch fixiert ist. Hier wird ein Dieb nach Scharia-Recht bestraft. Der Henker schlägt einmal, zweimal zu. Immer wieder. Es dauert lange, bis der Arm durchtrennt ist. Schauplatz dieser grauenvollen Szene ist Riad, Hauptstadt eines Landes, das Global Player werden will. Für die saudischen Zuschauer ist es ein gewohntes Schauspiel. Alltag. In einem Land, das Kino, Theater und Musik verbietet, eine Art Zerstreuung. Die Zuschauer genießen diese makabre Veranstaltung. Vorwiegend Männer, aber auch Kinder. Smartphones werden hochgehalten – 21. Jahrhundert trifft unvermittelt auf Mittelalter.

Saudi-Arabien ist ein Land der Widersprüche. Es baut modernste Shoppingmalls, hackt aber Hände ab. Es steinigt Ehebrecher, köpft Verbrecher und kreuzigt sie zur Abschreckung. Und wer ins Kino gehen will, muss ins Nachbarland Bahrain ausweichen. Moderne und Mittelalter existieren nebeneinander. Nirgendwo auf der Welt wird so viel getwittert wie in Saudi-Arabien. Und nirgendwo so viel gebetet. Notfalls erzwungen durch die Sittenpolizei, die Mutawa.

Saudi-Arabien kämpft an vielen Fronten. Staaten in der Region zerfallen nach den Massenaufständen von 2011, allerorts herrscht Chaos und Gewalt – und das Königreich vergrößert dieses Chaos noch durch sein Engagement in Syrien und den Krieg im Jemen. Mehr denn je fühlt sich Saudi-Arabien durch seinen Erzrivalen Iran und den schiitischen Halbmond bedroht. Iran schürt Konflikte im Irak, im Jemen, in Syrien und Bahrain. Obamas Atomdeal mit Teheran und die Aufhebung von Sanktionen hat die Saudis verbittert. Sie fühlten sich im Stich gelassen.

Da kam Donald Trump gerade recht. Zum ersten Staatsbesuch seiner Präsidentschaft im Mai 2017 ließen die verunsicherten Saudis mehr als 50 sunnitische Herrscher, Scheichs und Emire antanzen. Sie nutzten die Trump-Show, um ihren eigenen Führungsanspruch anzumelden. Die Amerikaner sehen in Saudi-Arabien wohl die neue Ordnungsmacht im zerfallenden Nahen Osten. Donald Trump übernahm bei seinem Antrittsbesuch dann auch gleich zu 100% die saudische Sicht: der Iran sei die Speerspitze des Terrorismus. In seiner Rede stilisierte er den Konflikt am Golf zu einem Kampf zwischen Gut und Böse, und er forderte die versammelten sunnitischen Führer auf, »die Terroristen aus ihren Ländern zu verjagen. Es ist die Aufgabe der Muslime, sie aus ihren Gotteshäusern und von der ganzen Erde zu vertreiben!«

Die Saudis verstanden Trumps Aufforderung als Anleitung zum Handeln. Kurz nach dessen Staatsbesuch brachen sie die diplomatischen Beziehungen zu Katar ab und starteten eine beispiellose Strafaktion gegen die aufmüpfigen Nachbarn. Saudi-Arabien, die neue Führungsmacht, forderte vom Scheichtum, die Unterstützung von Terrororganisationen einzustellen und seinen TV-Sender *al Dschasira* abzuschalten. Der ist den Golfländern schon lange ein Dorn im Auge. Trump feierte die Erklärung als Erfolg seiner neuen Nahost-Politik. Plötzlich war wieder von Kriegsgefahr am Golf die Rede.

Trump heizt den Konflikt am Golf an – obwohl er weiß, dass die Dschihadisten, die im Namen Allahs weltweit morden, keine Schiiten sind. Sondern Sunniten. Fünfzehn der neunzehn Attentäter von 9/11 waren Saudis. Wider besseres Wissen stellte sich Trump ganz auf die Seite König Salmans, der in seiner Rede die Ansicht vertrat, der Islam sei eine Religion des Friedens und der Toleranz. Ein Witz in einem Land, in dem der Besitz einer Bibel strafbar ist und christliche Kirchen verboten sind. In dem ein Blogger ins Gefängnis gesteckt wird, nur weil er Religionsfreiheit fordert. Als am 7. Juni 2017 dann ein sunnitisches Terrorteam das Parlament und das Khomeini-Mausoleum im schiitischen Iran angriff, wurde erneut deutlich, dass es vor allem der sunnitische Terror ist, der die Welt verunsichert. Boko Haram in Afrika, Abu Sayyaf in Asien, die Taliban in Afghanistan, al Kaida und der Islamische Staat im Nahen Osten und in Europa. Gegen diese apokalyptische Raserei hat sich erfolgreich eine internationale Allianz formiert. Gegen Saudi-Arabiens Scharia-Export formiert sich gar nichts. Der Westen schaut einfach weg, oder er sieht in den Saudis eine Ordnungsmacht. Wie der außenpolitisch irrlichternde Donald Trump.

Saudi-Arabien ist der Nährboden des islamistischen Terrors. Saudische Schulbücher verherrlichen Gewalt gegen Ungläubige. Gegen Juden, Christen und Schiiten. Die Saudis exportierten diesen intoleranten Islam nach Afrika, nach Indien, Indonesien und Europa. Es ist deshalb nicht ohne eine gewisse Ironie, dass sich der Terror irgendwann gegen die Saudis selbst richtete. Täter und Opfer zugleich. Der islamistische Terror gehört längst zum saudischen Alltag. Immer wieder explodieren Bomben – ohne dass der Rest der Welt davon erfährt. Ein Teil der saudischen Jugend ist von terroristischem Gedankengut infiziert.

Saudi-Arabien bleibt ein »versiegeltes« Land, voller Tabus und Verbote. Ein Teil der Jugend versucht der Enge des Alltags zu entkommen, sich Luft zu verschaffen. In einem Internetvideo sind junge Saudis zu sehen, die an Straßenkreuzungen das Schiebedach ihrer SUVs öffnen. Westliche Beats sind zu hören. Das Video zeigt auch junge Männer und Frauen, die bei lauter Musik tanzen. Ein Sakrileg für die Ewiggestrigen. Die wettern lautstark gegen die angebliche Verwestlichung und den Ausverkauf der Tradition.

Jahrhundertealte Gewissheiten werden infrage gestellt. Es ist heute nicht mehr klar, was es bedeutet, sunnitischer Muslim zu sein. Der sunnitische Islam steckt in einer tiefen Krise. 1.000 Jahre lang hat die al Azhar in Kairo mit ihren Fatwas das Leben der Muslime bestimmt. Mainstream-Islam. Heute gibt es gewalttätige sunnitische Dschihadisten wie die Anhänger des Islamischen Staates, die das Kalifat wieder errichten wollen, Sufis, die in mystischer Versenkung Allah suchen, Muslimbrüder, die in Tunesien demokratische Spielregeln akzeptieren und nach einer Wahlniederlage in die Opposition gegangen sind. Salafisten, die Gewalt ablehnen – und Wahhabiten, die glauben, den einzig wahren Islam zu repräsentieren. Saudi-Arabien versucht, dieses Autoritätsvakuum zu nutzen, um Führungsmacht der sunnitischen Welt zu werden. Bisher ziemlich erfolgreich.

Der Islam ist konservativer geworden, intoleranter und aggressiver. Ein Ergebnis der jahrzehntelangen Missionsarbeit Saudi-Arabiens. Die Kernfrage wird denn auch sein, ob Mohammed bin Salman mit seiner »Vision 2030« auch den Rat der höchsten Gelehrten überzeugen kann. Zu seiner Vision gehört nämlich auch der Aufbau einer saudischen Unterhaltungsindustrie. Erstaunlich in einem Land, in dem Kino, Musik und Tanz auch 300 Jahre nach dem verschrobenen Prediger Wahhab noch immer als Sünde gelten. Es wäre ein totaler Bruch mit der bisherigen saudischen Politik.

Aber Mohammed bin Salman scheint es ernst zu meinen. Ende 2016 fand in der King Abdallah Economic City, einer Retortenstadt in der Wüste bei Jeddah, eine Unterhaltungsshow statt. Es traten amerikanische Zauberer auf, gefolgt von einer Opernarie. Eine Sensation: Männer und Frauen saßen gemeinsam im Publikum. Der Großmufti reagierte auch gleich besorgt. Die Unterhaltungsbehörde müsse »aufpassen, dass sie nicht dem Teufel das Tor öffne«.

Die heikelste Frage aber ist: Werden weiter Ölmilliarden für den Wahhabismus-Export sprudeln, oder erledigt sich das Thema mit der aktuellen Finanzkrise von selbst? Zu diesem existenziellen Thema schweigt Mohammed bin Salman.

Dafür reden die Gegner. Es formiert sich Widerstand gegen den saudischen Führungsanspruch. Die Mainstream-Sunniten machen mobil gegen Mekka. Führende sunnitische Religionsgelehrte trafen sich im Sommer 2016 zu einer großen Konferenz, die ausgerechnet der russische Statthalter Ramsan Kadyrow in Grosny veranstaltete. »Wer sind die Sunniten?«, fragten sich die Religionsgelehrten, darunter viele Prominente wie der Imam der al Azhar-Moschee, Achmed al Tayyeb. Oder der Rektor der al Azhar, Ibrahim al Gudgud. Sie beschworen die Rückkehr zu den alten Schulen des Wissens. Gemeint sind die al Azhar in Kairo, die al Qarawiyin in Marokko, die al Zaytuna in Tunesien und die Hadramaut im Jemen. Nicht aber die islamischen Universitäten in Mekka und Medina.

Ein Affront.

Und es kam noch schlimmer. Zu Sekten erklärte die Konferenz die Habaschis, die Muslimbrüder, Hisb al Tahrir, den Islamischen Staat – und die Wahhabiten. Im Klartext: Die Saudis wurden »exkommuniziert«. Das hat zwar zunächst keine Folgen, da der sunnitische Islam keine Instanz kennt, die in Glaubensfragen das letzte Wort hat, wie etwa der Vatikan. Aber es zeigt, dass der

Kampf um die Deutungshoheit im sunnitischen Islam mit harten Bandagen geführt wird.

Die Zeiten ändern sich. Die Finanzkrise ist auch innenpolitisch extrem brisant. Schließlich kauft sich das Königshaus die Zustimmung der Bevölkerung mit allerlei Wohltaten wie kostenloser Gesundheitsvorsorge, kostenloser Bildung und den niedrigsten Benzinpreisen der Welt. Diese Wohlstandsgesellschaft ist bedroht, denn die nächsten Jahre bringen höhere Preise und Steuern. Der Staatsdienst, der für gewöhnlich als Auffangbecken für Hochschulabsolventen galt, wird wegen des Sparkurses immer unattraktiver. Nur der Militäretat, einer der höchsten der Welt, bleibt unangetastet.

Wie schwer es ist, einen Mentalitätswandel zu bewirken, zeigt die Taxibranche in Saudi-Arabien. Mit vielen Anreizen versucht die Regierung, Saudis für den Job zu finden. Sie führt Quoten ein. Sie zahlt Zuschüsse, um das Gewerbe zu »saudisieren«. Vergeblich. Kaum ein Einheimischer meldet sich. Als Saudi für andere Saudis zu arbeiten, gilt als verpönt. Über zehn Millionen schlecht bezahlter Ausländer sorgen seit Jahren dafür, dass die private Wirtschaft für die 20 Millionen Einheimischen funktioniert. Arbeiter aus Indien, Pakistan, Bangladesch und von den Philippinen.

Manchmal gibt es aber Funken der Hoffnung in diesem Land der finsteren Orthodoxie. Kleine Funken. Als die deutsche Verteidigungsministerin Ursula von der Leyen ihren Staatsbesuch absolvierte, weigerte sie sich, Kopftuch oder Abaya zu tragen. Es gab trotzdem einen Händedruck mit dem neuen starken Mann des Königreichs, Kronprinz Mohammed bin Salman. Darauf prangerten Saudi-Frauen ihre Herrscher im Internet als einen Haufen Heuchler an. Wenig später folgte ein freches Video mit Vollverschleierten, die wie wild Tretroller fahren, weil ihnen Autofahren verboten ist. Dazu singen sie: »Die Männer machen uns verrückt. Möge Allah uns von ihnen erlösen!« Emanzipation auf saudi-arabisch.

Rania Alammar
Eine Saudi-Araberin in Deutschland

Sie brauchte Zeit, um sich vom *hijab*, dem Kopftuch, zu verabschieden. Sie ist nicht vollverschleiert und unterwürfig, entspricht nicht dem Bild, das man im Westen von einer saudischen Frau hat. In Berlin habe ich eine selbstbewusste junge Frau kennengelernt. Rania Alammar ist aus Saudi-Arabien geflohen. Sie ist Schiitin. Die saudischen Sunniten verachten die Schiiten als Ungläubige und als verlängerten Arm des Iran. Ironie der Geschichte: Weltweit missionieren die Saudis und versuchen, die Muslime zu ihrem angeblich »wahren Islam« zu bekehren. Im eigenen Land aber gibt es eine Region, die sich seit Jahrhunderten widersetzt: 15% der Saudis sind Schiiten. Sie leben ausgerechnet in der erdölreichsten Region des Landes. Bürger zweiter Klasse, ohne Aufstiegschancen. Deshalb gibt es von Zeit zu Zeit Unruhen. Zum letzten Mal zum Jahresauftakt 2016. Die Saudis hatten den prominenten schiitischen Prediger Nimr an Nimr zusammen mit 46 Terrorverdächtigen zum Tode verurteilt. Danach kam es zu Tumulten in der Ostprovinz, die wieder einmal niedergeschlagen wurden. Eine Region, in der der Ausnahmezustand Normalität ist.

UK: Warum haben Sie Saudi-Arabien verlassen?

RA: Ich war nicht zufrieden mit der Situation in Saudi-Arabien. Mit meiner eigenen Situation. Mit meiner Situation als Frau. Ich fühlte mich die ganze Zeit wie in einem großen Gefängnis. Frauen können entweder nur mit einer männlichen Begleitperson reisen, oder sie benötigen die schriftliche Genehmigung eines Mannes. Ich hatte das Gefühl: Ich kann in diesem Land nicht mehr leben. Einige Zeit nach dem »Arabischen Frühling« be-

gannen wir, gegen die Regierung zu protestieren. Ein Teil meines eigenen Protests war meine Forderung, Auto fahren zu dürfen. Also bin ich gefahren, in meiner Heimatstadt.

UK: Haben Sie denn einen Führerschein?

RA: Ich habe in Bahrain studiert. Dort habe ich den Führerschein gemacht und mir ein kleines Auto gekauft. Einen Peugeot 204.

UK: Und damit sind Sie nach Saudi-Arabien gefahren?

RA: *(Lacht.)* Nein, das war nicht möglich. Mein Vater hat mein Auto abgeholt und ist damit nach Saudi-Arabien gefahren. Nach dem »Arabischen Frühling« war Manal al Scharif die Erste, die das Recht der Frauen aufs Autofahren gefordert hat. Am 20. Mai 2011 wurde sie deshalb verhaftet. Zufälligerweise genau am selben Tag, an dem ich gefahren bin. Ich wusste das damals nicht. Ich bin gefahren, und mein Vater hat es gefilmt.

UK: Wo sind Sie gefahren?

RA: Einfach nur um unser Haus herum. *(Lacht.)* Etwa zehn Minuten. Ich wollte nirgends hinfahren. Es war ein politisches Statement.

UK: Wurden Sie verhaftet?

RA: Im März 2011, als ich einen Truppentransport, der nach Bahrain unterwegs war, gefilmt hatte, wurde ich zum ersten Mal festgenommen. Nachdem ich mit dem Auto gefahren bin, wurde ich erneut verhaftet, verhört und schikaniert.

UK: Es sieht so aus, als hätten die Frauen in Saudi-Arabien mehr Mut als die Männer.

RA: Leider sind die Menschen in Saudi-Arabien in der Regel sehr unterwürfig. Ich wurde beispielsweise nicht nur vom Staat angegangen. Auch von den Leuten auf der Straße. Sie waren mir gegenüber sehr aggressiv.

UK: Wie erklären Sie sich das?

RA: Die Regierung versteckt ihre Unterdrückungspolitik hinter einer religiösen Fassade. Die Leute sehen nur die Religion und nicht die Absicht dahinter. Sie glauben, ohne zu hinterfragen.

UK: Autofahren hat doch nichts mit Religion zu tun. In anderen islamischen Ländern fahren Frauen doch auch.

RA: Das ist keine Frage von Logik oder Vernunft. Weder das Kopftuch noch das Fahrverbot. Es ist eine Frage der Auslegung des Korans. Das hängt mit dem Wahhabismus zusammen. Und mit der direkten Bedrohung: Wir können dich jederzeit umbringen. In Saudi-Arabien werden gesellschaftliche Fragen nicht diskutiert.

UK: Ich habe den Eindruck, dass sich allmählich etwas ändert. Dass vor allem Frauen eine andere Welt einfordern.

RA: Besonders junge Frauen melden sich zu Wort. Via Twitter, Facebook, YouTube. Wir sprechen dabei aber über eine sehr, sehr kleine Gruppe von Frauen. Sie repräsentieren nicht die Mehrheit. Die Mehrheit ist unterwürfig und glaubt nicht daran, etwas ändern zu können.

UK: Frauen dürfen ja nur in männlicher Begleitung reisen. Wie konnten Sie das Land verlassen?

RA: Nachdem ich Auto gefahren war und das Video ins Netz gestellt hatte, wurde ich von saudischen Oppositionellen kontaktiert, die in London und im Libanon im Exil leben. Sie sagten, dass sie für ihren Exil-Fernsehsender in Beirut ein saudisches Gesicht bräuchten und boten mir an, für den Sender zu arbeiten. Ich habe sofort meine Chance gesehen – denn ich hatte in Bahrain Medienwissenschaften studiert. Ich dachte, das ist meine Chance, das Land zu verlassen und gegen die Königsfamilie zu protestieren. Ich habe also mit meiner Familie gesprochen. Vor allem meine Mutter hat mich unterstützt. Mein Vater war vollkommen dagegen.

UK: Er wollte Sie nicht verlieren.

RA: Er hatte große Angst um mich. Sehr große Angst.

UK: Haben Sie in Beirut dann tatsächlich als TV-Journalistin gearbeitet?

RA: Als TV-Moderatorin. Seit 2013. Für *Nabaa TV*, einen saudischen Oppositionssender.

UK: Wie viele Menschen in Saudi-Arabien sehen diesen Sender? Gibt es dazu Zahlen?

RA: Die Menschen schauen die Programme heimlich. Wir haben zum Beispiel nach der Ermordung von Scheich Nimr Baqir an Nimr versucht, Stimmen in Saudi-Arabien einzufangen. Da kam nichts. Zwei oder drei anonyme Anrufe.

UK: Das ist ziemlich frustrierend.

RA: Das ist enttäuschend, ja. Das war letztlich der Grund, warum ich aufgehört habe. Die Saudis nutzen ihre Chancen nicht. Außerdem hatten wir interne Differenzen. Es war ein schiitischer Sender.

UK: Waren Sie in Beirut sicher?

RA: In Beirut war ich irgendwann nicht mehr sicher. Einige Einrichtungen im Libanon werden von Saudi-Arabien finanziert und kontrolliert.

UK: Wie kamen Sie nach Deutschland?

RA: Es war schwierig. Ich habe es mehrfach versucht, schon am Flughafen von Beirut wurde ich jedes Mal abgewiesen. 2015 bin ich dann nach Tunesien geflogen. Dort habe ich mir ein Ticket von Tunis nach Teheran gekauft. Mit Zwischenlandung in Frankfurt. Das hat funktioniert. In Frankfurt habe ich Asyl beantragt. Anfangs haben die Beamten gelacht und haben irgendetwas auf Deutsch gesagt. Als ich ihnen aber erklärte, dass ich aus Saudi-Arabien komme, Journalistin bin und nicht mehr in mein Land zurückkann, haben sie gemerkt, dass ich es ernst meine.

UK: Arbeiten Sie auch in Deutschland als Journalistin?

RA: Ich bin ausgestiegen. Das ist mir ein zu großes Spiel. Selbst die Oppositionellen haben ihre Abhängigkeiten. Sie haben gute Absichten, sie wollen Gerechtigkeit und Freiheit. Aber das, was ich dort erlebt habe, hat mich nicht ermutigt, mich weiter einzubringen. Ich sehe kein klares Programm einer Opposition für Saudi-Arabien. Keine Alternative zum Königshaus. Da habe ich nichts gesehen. Leider bedauern wir uns in Saudi-Arabien ständig nur selbst, haben aber keinen Plan B. Selbst die Oppositionsführer in den USA, in London und in Beirut haben kein wirkliches Konzept für Saudi-Arabien. Das hatte ich erwartet. Eine Perspektive!

UK: Was war das für ein Gefühl, als Sie das Kopftuch abgelegt haben?

Saudi-Arabien 135

RA: Erst seit Kurzem trage ich kein Kopftuch mehr. Seit zwei, drei Monaten. Berlin hat mir die Zeit gegeben, die ich brauchte, um meine ganz persönliche Situation, meine Gedanken und auch meine Religion zu reflektieren. Ich habe hier arabische Freunde – die wissen bis heute nicht, dass ich den *hijab* abgelegt habe. Wenn ich sie treffe, trage ich ihn noch. Ich bin noch immer unsicher und vorsichtig.

UK: Können Sie sich vorstellen, irgendwann nach Saudi-Arabien zurückzugehen?

RA: Hier habe ich meine Freiheit gefunden. Ich bin den Deutschen sehr dankbar, auch der Regierung. Dass sie diese Türe für uns geöffnet hat. Ich glaube nicht, dass sich in Saudi-Arabien in absehbarer Zeit etwas grundlegend ändern wird. Nicht in den nächsten Jahren. Das braucht viel Zeit. Im Moment glaube ich, dass ich in Berlin bleiben und studieren werde.

UK: Was meinen Sie, wenn Sie »Freiheit« sagen?

RA: Es ist die Freiheit, Zeit zu haben, um nachzudenken und meine eigene Situation zu überdenken. Im Moment beschäftige ich mich intensiv mit religiösen Fragen. Es ist merkwürdig – hier bin ich so weit weg von dem Druck, den die Religion macht, der sie aber auch zerstört hat. Hier habe ich meine Ruhe. Es gibt nur mich und meine eigene Vorstellung von meinem Gott. Das ist die Freiheit, die ich meine.

UK: Es ist merkwürdig, dass Menschen, die aus sehr religiösen Ländern geflohen sind, im Westen ihre Religion wiederentdecken.

RA: Leider vermengen viele Muslime religiöse Fragen mit politischen. Aber wenn ich den Koran lese, und ich habe hier mehr Muße, mich damit zu beschäftigen, stelle ich zum Beispiel fest: Es gibt für Frauen keine Verpflichtung, das Kopftuch zu tragen. Dazu steht nichts im Koran. Das Kopftuch ist ein kulturelles Thema. Mein Islam macht mich offener. Offen auch für die Menschen hier in Berlin und die anderen Kulturen. Mein Islam steht in einer abrahamitischen Tradition. Das Christentum, das Judentum, der Islam. Letztlich ist das eine große, gemeinsame Religion. Alles bedingt sich und gehört zusammen.

6. Katar
Gernegroß am Golf

Ein öder Ort. Eines der ärmsten Scheichtümer am Golf. Beduinen und Perlenfischer bestimmten den Alltag. Als ich in den 70er-Jahren Korrespondent im Nahen Osten war, interessierte sich noch niemand für diese gottverlassene Gegend. Katar war gerade unabhängig geworden. Öl spielte noch keine bedeutende Rolle. Nur ein paar Romantiker, von der alten Beduinenkultur fasziniert, zog es in diese archaische Gegend. In wenigen Jahrzehnten ist Doha, die Hauptstadt, seitdem zu einer glitzernden Weltmetropole gewachsen. Nachts sieht die Skyline jetzt wie Manhattan aus, zumindest mit ein bisschen Fantasie. Aber nur bei Nacht.

In den 70er-Jahren war Kuwait der Modernisierungsstar am Golf. Mit mondänen Luxushotels, ein bisschen neureich und exotisch. Westliche Medien überschlugen sich damals wegen der Reichen aus dem Morgenland. Katar hat diese Geschichte schnell vergessen lassen. Längst hat es Kuwait überholt und es in Rekordgeschwindigkeit zu einem Land mit dem weltweit höchsten Pro-Kopf-Einkommen geschafft. Mehr als 100.000 Dollar im Jahr. Dank Öl und Gas. Die rund 300.000 Kataris leben in einer Art Schlaraffenland. Die Drecksarbeit wird von 1,7 Millionen Gastarbeitern aus Asien erledigt. Moderne Arbeitssklaven, die am Wohlstand nicht beteiligt werden. Nur für die Bürger Katars gibt es die Wohltaten. Sie zahlen keine Steuern und keine Mieten. Krankenkosten übernimmt der Staat, Strom ist kostenlos, auch ein Studium. Eine Art »bedingungsloses Grundeinkommen«, von dem manche Europäer träumen. Ein absolutistisch regierender Monarch macht's möglich. Man könnte auch sagen: Er kauft seine Landsleute, und die sind offensichtlich gerne käuflich.

Eine bizarre Welt. Mit ihren Wolkenkratzern suggeriert sie Modernität. In Wirklichkeit ist sie in vielen Bereichen noch mittelalterlich. Recht wird noch nach der Scharia gesprochen. Der Wahhabismus des Nachbarn Saudi-Arabien ist Staatsreligion. Eine besonders konservative Spielart des sunnitischen Islam. Die katarische Gesellschaft kann mit der Modernität ihrer Hochhäuser nicht immer mithalten. Verständlich bei dieser atemberaubenden Entwicklung – von einer Beduinengesellschaft in die Welt des 21. Jahrhunderts. Der sprichwörtliche Umstieg vom Kamel auf den Rolls-Royce ist hier Realität.

Unversehens kann man im Mittelalter landen. Eine niederländische Touristin bekam das im Frühjahr 2016 am eigenen Leib zu spüren. Sie war vergewaltigt worden und hatte den Mann angezeigt. Mit überraschenden Folgen: Wegen außerehelichem Sex wurde sie festgenommen und vor Gericht gestellt. Das Urteil: eine einjährige Haftstrafe und 750 Euro Geldstrafe. Für den Vergewaltiger gab es 100 Peitschenhiebe. Recht nach Scharia-Art. Nach drei Monaten Gefängnis und internationalen Reaktionen in Medien und Politik kam die Frau vorzeitig frei.

Katar ist führender Exporteur von Flüssiggas. Das Land hat die weltweit modernste Fabrik zur Verarbeitung des Rohstoffs. Technik vom Feinsten. Nach Russland und Iran besitzt das Land die drittgrößten Gasvorkommen der Erde. Gas wird es noch nach Jahrzehnten geben, auch wenn die Ölvorräte längst ausgebeutet sind. Eine Supermacht im Gasgeschäft. Das North Gas Field hat geschätzte Reserven von 11.000 Milliarden Kubikmeter. Eine riesige Gasblase.

Beruhigend für den jugendlichen Herrscher von Katar. Tamim bin Hamad al Thani ist seit 2013 Oberhaupt des Wüstenstaats, und er hat große Pläne. Schon als designierter Thronfolger setzte er auf Sportereignisse, um Katar international bekannter zu machen. Seit 2002 ist er Chef des Internationalen Olympischen Komitees. 2006 holte er die Asienspiele nach Doha. Die Handball- und die Amateur-Box-Weltmeisterschaften riss er sich 2015 unter den Nagel, die Motorrad- und die Rad-WM 2016, die Formel 1 2017, die Leichtathletik-WM 2019. Und die umstrittene Fußball-Weltmeisterschaft 2022. Mit Geld und Geschick will Tamim Doha zur Welthauptstadt des Sports machen, eine Marke im globalen Wettbewerb. Eine ehrgeizige Agenda.

Sein Vater, der einst durch einen unblutigen Putsch gegen den eigenen Vater die Macht eroberte, hat freiwillig verzichtet und seinem Nachfolger ein Land voller Widersprüche übergeben. Katar ist nämlich so etwas wie eine politische Wundertüte. Neu erbaute Museen konkurrieren mit denen des Westens. Das Museum für Islamische Kunst zum Beispiel. Von Stararchitekt Pei gebaut – der, von dem die spektakuläre Glaspyramide vor dem Pariser Louvre stammt. Es beherbergt die weltweit größte Sammlung islamischer Kunst. Das neueste Projekt ist noch im Bau: das größte Museum der Welt, »The Art Mill«. Pikant: Nur wenige Kilometer entfernt residieren die islamistischen Taliban, für die moderne Kunst westliches Teufelszeug ist. Katar, ein Land, das für den »Arabischen Frühling« kämpfte – das aber Mohammed al Adschami, einen der wenigen katarischen Dichter, lebenslang ins Gefängnis steckt. Nach dem Aufstand in Tunesien 2011 hatte er geschrieben: »Wir sind alle Tunesien!« Katar, ein Land, das israelische Politiker empfängt – und gleichzeitig eine Hamas-Vertretung zulässt. Die USA betreiben hier den größten Luftwaffenstützpunkt und das Hauptquartier der US-Streitkräfte im Nahen Osten. Von hier aus greifen US-Kampfjets den IS in Syrien an – Katar dagegen unterstützt militante Milizen in Syrien, deren Ziel ein islamischer Staat ist. Katar förderte während des »Arabischen Frühlings« die Aufstände gegen die arabischen Diktatoren – verweigert aber den eigenen Bürgern politische Mitbestimmung. Als die Israelis 2008 den Gazastreifen in Schutt und Asche bombten, leistete der Golfstaat schnell und unbürokratisch Aufbauhilfe. Emir Hamad war der erste Politiker, der das zerstörte Gaza besuchte und von den Palästinensern bejubelt wurde. Ein Konservativer, der den radikalen Islamisten von Hamas die Aufwartung macht. Katar ist auch Asyl- und Heimatland vieler radikaler Islamisten. Die Muslimbrüder, die in Ägypten und Saudi-Arabien verboten sind, haben hier Zuflucht gefunden. Deshalb bekam der Emir sogar Krach mit seinem mächtigen Nachbarn Saudi-Arabien.

Trotzdem ließ er sich dadurch nicht beeindrucken. In der Muslimbruderschaft sah er eine Kraft gegen die Dschihadisten.

Arabische Politakrobatik. Opportunismus als politische Überlebensstrategie. Der Plan scheint aufzugehen: In Katar gab es bisher keine Bombenanschläge wie zum Beispiel im benachbarten Saudi-Arabien. Hauptziel der Politik ist es, das Herrscherhaus der al Thanis zu sichern. Der Emir entwickelte deshalb den Ehrgeiz, seinen Zwergstaat zur Regionalmacht aufzublasen.

Schon der Vorgänger und Vater des heutigen Staatschefs, Scheich Hamad bin Khalifa al Thani, arbeitete daran, eine arabische Modellmetropole für das 21. Jahrhundert zu schaffen. Dafür brach er viele Tabus – Tabus, die die enge und verknöcherte Welt in den Golfmonarchien bis heute bestimmen. Frauen zum Beispiel spielen dort in der Öffentlichkeit keine Rolle. Deshalb war es ein besonders radikaler Tabubruch, als bei einem Interview mit dem US-Sender *CBS* im Jahr 2003 die Lieblingsfrau des Emirs an seiner Seite saß: Scheicha Musa bint Nasser al Missned. Nie zuvor hatten die Bürger Katars die Frau eines Herrschers zu Gesicht bekommen. Ein unerhörter Vorgang. Das Interview löste unter den Kataris einen regelrechten Schock aus. Ungläubig starrten sie auf die Frau an seiner Seite. Scheicha Musa eroberte nach diesem Auftritt die Bühne der Welt. Sie begleitete ihren Mann bei Staatsbesuchen, und wo immer sie zusammen mit dem Emir auftrat, waren sie die Stars. Ein Hauch von Tausendundeiner Nacht. Die Queen verlieh ihr einen renommierten Preis für ihre Verdienste um die internationalen Beziehungen. Das US-Magazin *Forbes* nahm sie in die Liste der 100 mächtigsten Frauen der Welt auf. Die Scheicha ist nicht nur märchenhaft schön, sie war auch die starke Frau hinter dem Emir. Sie machte Politik. Als Chefin der Katar Foundation. Ein Einbruch in eine absolute Männerdomäne. Viele sahen in ihr sogar die treibende Kraft in Katar. Offen wagte das niemand auszusprechen.

Scheich Hamad machte nicht nur mit seiner Frau Schlagzeilen. Auch mit seinem Geld. Er kaufte Katar aus der Bedeutungslosigkeit und machte sich durch Großeinkäufe größer. Volkswagen,

Siemens, Hochtief, Shell, Tiffany, das Luxuskaufhaus Harrods in London, Louis Vuitton, Barclays, der Fußballclub Paris Saint-Germain. Zuletzt hat Katar für diesen Club den brasilianischen Fußballstar Neymar gekauft – für 220 Millionen Euro – und damit ein Erdbeben im europäischen Fußball ausgelöst. Mit Sport hat dieser teuerste Deal der Fußballgeschichte nichts zu tun. Es war katarische Außenpolitik. Ein Emirat im Kaufrausch. Ein ehrgeiziger Gernegroß.

Sein politischer Ehrgeiz kennt keine Grenzen. Mit dieser Haltung hat er sich eine kleine Nische in der Weltpolitik erobert. Als Vermittler. Beste Kontakte pflegt der Emir zum arabischen Erzfeind Iran. Der Waffenstillstand zwischen der Regierung des Sudan und den Rebellen in Darfur wurde von seinen Diplomaten arrangiert. Die brachten auch Gespräche zwischen Eritrea und Äthiopien zustande und gelegentlich Kontakte zwischen den USA und den afghanischen Taliban. 2008 vermittelte der Emir persönlich zwischen den zerstrittenen libanesischen Fraktionen und verhinderte den Ausbruch eines neuen Bürgerkriegs. Der Sunnit finanzierte den Aufbau des von den Israelis zerstörten schiitischen Südlibanon. Um seine politischen Ziele zu erreichen, setzt er schon mal seine Mirage Supersonic-Kampfflugzeuge ein, wie beim Sturz Muammar al Gaddafis.

Oder aber er setzt auf seine ganz spezielle Waffe: den TV-Sender *al Dschasira*. *Al Dschasira* ist der erfolgreichste Nachrichtensender der arabischen Welt. Mit circa 100 Millionen Zuschauern eine Mediengroßmacht. Eine einflussreiche Informationsquelle, anfangs mit hohen journalistischen Standards. Der Satellitensender machte die Zensursysteme der arabischen Diktatoren wirkungslos. In *al Dschasira* predigt der Star der Muslimbrüder al Karadauwi, aber es traten auch schon Israelis auf – zum ersten Mal in einem arabischen Sender. Eine Sensation. *Al Dschasira* strahlte das einzige Interview mit Osama bin Laden aus. Eine Provokation für die USA. Im Golfkrieg 2003 bombardierten die Amerikaner das *al Dschasira*-Büro in Bagdad, weil von dort angeblich antiamerikanisch berichtet wurde. Auch im »Arabischen

Frühling« spielte der Sender eine einflussreiche Rolle. Er unterstützte die Muslimbrüder. *Al Dschasira* wurde deshalb in Ägypten verboten, seine Reporter in Kairo vor Gericht gestellt. Der Sender hatte seine Rolle eines unabhängigen Beobachters verlassen. *Al Dschasira* war zu einem Instrument der katarischen Außenpolitik geworden. Das Ende der journalistischen Unabhängigkeit.

Mit Geld, aber auch mit Gespür und riskanten Politikmanövern hatte der Emir sein Land zu einem Player in der arabischen Politik gemacht – und gelegentlich das arabische Chaos noch vergrößert.

Auf dem Höhepunkt seiner Macht trat Emir Hamad bin Khalifa al Thani 2013 zurück. Ein ungewöhnlicher Schritt. Bei klarem Verstand und freiwillig hat der 61-Jährige sein Amt aufgegeben – ganz im Gegensatz zu seinen saudischen Nachbarn, die meist, von ihren Ärzten künstlich am Leben gehalten, an der Macht verdämmern. Ein weiterer Seitenhieb auf die Gerontokraten Saudi-Arabiens, die Katar als ihren Hinterhof betrachten. Nachfolger wurde sein damals erst 33-jähriger Sohn, Scheich Tamim. Hamad kränkelt zwar seit Jahren, aber gesundheitliche Gründe waren nicht ausschlaggebend für seinen Amtsverzicht. »Es ist die Zeit gekommen, ein neues Kapitel auf dem Wege unserer Nation aufzuschlagen.« Ziemlich frivol formuliert. Denn die »Nation« besteht vor allem aus dem mehr als tausendköpfigen Herrscherclan der al Thanis. Katar – ein Familienbetrieb als Bonsai-Nation.

»Eine neue Generation mit innovativen Ideen und voller Energie übernimmt die Verantwortung.« Die Rede des Emirs wurde von *al Dschasira* übertragen, eine der seltenen Gelegenheiten, bei denen der Sender sich mit Themen im eigenen Land beschäftigte. Damit spielte Hamad noch einmal Vorreiter, der Mann, der die Zeichen der Zeit schneller erkannte als andere am Golf.

Tamim bin Hamad al Thani ist der zweite Sohn Hamads und seiner Zweitfrau Scheicha Musa. Ein reibungsloser Machtwechsel. Erstaunlich, denn der Emir hatte mit seinen verschiedenen Frauen 24 Kinder gezeugt, und Tamim ist nur der vierte in der

Thronfolge. Scheich Hamad hatte seinen Vater, der die Vergnügungen der Côte d'Azur dem tristen Alltag am Golf vorzog, noch in einem unblutigen Putsch aus dem Diwan jagen müssen.

Die versprochene Minidemokratisierung hat der junge Emir mittlerweile wieder auf Eis gelegt. Die angekündigte Wahl eines Teils des beratenden Schura-Rates ist vorerst verschoben. Katar ist nicht auf dem Weg zu einer konstitutionellen Monarchie – wie etwa, ganz vorsichtig, Jordanien und Marokko. Der al Thani-Clan hält auch die Zügel der Macht weiter fest in der Hand.

Der neue Emir tritt ein schwieriges Erbe an. Die manchmal erratischen Entscheidungen seines Vaters haben Gewalt und Chaos im Nahen Osten eher vergrößert. Katar hat zu Beginn des »Arabischen Frühlings« hoch gepokert und viel verloren. Geld, aber auch Prestige. Die Unterstützung der Muslimbrüder, der Hamas im Gazastreifen und der islamistischen Rebellen in Syrien hat die Rolle des Landes in der arabischen Politik geschwächt. Das Experiment mit den Muslimbrüdern in Ägypten endete in einer politischen Katastrophe. Die Milliardeninvestition war futsch. Auch das Geld, das an die al Nusra-Front ging, den al Kaida-Zweig in Syrien. Viele Kämpfer der Nusra-Front wechselten nämlich zum IS. Was Katar den Ruf einbrachte, Unterstützer des Islamischen Staates zu sein – und Baschar al Assad ist noch immer Präsident von Syrien.

Den Saudis gehen die Extratouren Katars schon lange auf den Wecker. Bald nach Machtantritt des neuen Emirs im Jahr 2013 setzte der 89-jährige König Abdallah deshalb Tamim unter Druck. Er war empört über die Unterstützung der Muslimbrüder. Für die Saudis eine Terrororganisation, die mit saudischen Milliarden vom ägyptischen Militär gerade erst aus der Regierung vertrieben worden waren. Jetzt musste König Abdallah zusehen, wie viele der ägyptischen Muslimbrüder Zuflucht in Katar fanden. Seine Wut darüber traf den jungen und noch unerfahrenen Staatschef des Nachbarlandes. Eine erste Machtprobe. Als Strafmaßnahme zogen Saudi-Arabien und alle Mitglieder des Golf-Kooperationsrates ihre Botschafter aus Doha ab. Katar war den Saudis zu mächtig geworden, jetzt wollten sie dem jungen Herrscher die Grenzen aufzeigen und das Land auf seine eigentliche Größe zusammenstutzen. Eine öffentliche Demütigung für Tamim al Thani. Noch nie war eines der sechs Mitglieder des Golf-Kooperationsrates so an den Pranger gestellt worden.

Auch der Sender *al Dschasira* war den Saudis ein Dorn im Auge. Schon im März 2003 hatten sie deshalb ihren eigenen Satellitensender an den Start gebracht: *al Arabiya*. Der erreicht aber bei Weitem nicht die Zuschauerzahlen der Konkurrenz aus Katar. Bei *al Dschasira* sorgt der Spiritus Rector der Muslimbrüder, Yussuf al Karadauwi, für Top-Einschaltquoten. Wöchentlich beschimpft der einflussreiche Medienstar, dessen Bücher in der arabischen Welt reißenden Absatz finden, die anderen Golfherrscher.

Bislang besteht der junge Emir die Kraftprobe und führt den Kurs seines Vaters weiter. Die Muslimbrüder mussten Doha mittlerweile zwar verlassen, aber al Karadauwi predigt weiter in *al Dschasira*.

Tamims Problem aber sind nicht nur seine eifersüchtigen Nachbarn. Sorgen macht ihm auch die Fußball-Weltmeisterschaft 2022. Mit dem Zuschlag für diese WM war Katar plötzlich in das Interesse der Weltöffentlichkeit gerückt. Mehr als ihm lieb sein konnte. Von Schmiergeldern war die Rede, von Bestechung. Korruptionsakrobat Sepp Blatter hatte versucht, die undurchsichtige Vergabe an Katar als ein Missverständnis abzutun. Scheinbar eine Petitesse in der sehr eigenen Welt der Fußballfunktionäre. Millionengeschenke, wie an den französischen Ex-UEFA-Präsidenten Platini, gehören zum Alltag. Für den ehemaligen DFB-Boss Theo Zwanziger ist Katar dagegen das »Krebsgeschwür des Weltfußballs«. Als echter Fußballfan könne man da aus ethischen Gründen nicht hinfahren. Katar klagte gegen dieses vernichtende Urteil vor einem deutschen Gericht – und kassierte eine empfindliche Abfuhr. Auch Franz Beckenbauer, Mitglied des FIFA-Exekutivkomitees, das die WM an Katar vergeben hatte, erkrankte plötzlich an der Katar'schen Krankheit. Der Dampfplauderer, der sonst keine Gelegenheit auslässt, sich zu Wort zu melden, schwieg beharrlich. Kein Wort über die mirakulöse Entscheidung. Im Übrigen, das bestätigte er in einem Interview, habe er »in Katar keinen einzigen Sklaven gesehen«.

Damit berührte »der Kaiser« ein heikles Thema. Denn Schmiergelder sind nicht das Hauptproblem des neuen Emirs. Die Arbeitsbedingungen der meist asiatischen Wanderarbeiter sind es viel mehr. Die erbärmlichen Lebensbedingungen der Arbeiter aus Indien, Nepal und Pakistan. Am Golf ganz eindeutig Menschen zweiter Klasse. Die britische Tageszeitung *The Guardian* veröffentlichte 2014 eine Story, die es in sich hatte. Auf katarischen Baustellen, so der Bericht, stirbt fast jeden Tag ein Arbeiter an Hitzschlag. Ein ungeheuerlicher Vorwurf gegen ein Land, das sich gerne als Motor von Fortschritt und Modernität sieht. Und ein gewaltiger Imageverlust. Katar reagierte denn auch ziemlich hilflos. Niemand hatte dort gelernt, mit Kritik umzugehen. Schließlich ist Katar eine demokratiefreie Zone. Nur Gemeinderäte dürfen die Kataris wählen. Keine Gewerkschaften, keine Opposition, keine kritische Öffentlichkeit. Keine Institutionen, die den Missbrauch aufdecken könnten. Nach internationalen Protesten und Boykottaufrufen versprach das Emirat, die Arbeitsbedingungen zu verbessern. Aber es passierte wenig. Die Arbeits- und Lebensbedingungen der 1,7 Millionen Wanderarbeiter bleiben weiter ein Problem. Ihre Unterkünfte wurden zwar modernisiert. Sie selbst blieben aber vollkommen rechtlos. Schuld daran ist das Kafala-System, das vorschreibt, dass jeder Einwanderer einen Bürgen braucht. In der Regel ist das in Katar der Arbeitgeber. Der übernimmt die Verantwortung – und den Pass. Er muss die Einreiseformalitäten erledigen. Er ist auch verantwortlich für die Einhaltung des Vertrags. Staatliche Kontrollen gibt es nicht. Arbeiter sind deshalb auf Gedeih und Verderb dem Arbeitgeber ausgeliefert. Moderne Arbeitssklaven, wie Amnesty International in seinem Bericht 2016 wieder monierte.

Die Vergabe der Fußball-WM war ein Wendepunkt in der öffentlichen Wahrnehmung des Wüstenstaats. Sie wirkte wie ein Brennglas. Plötzlich wurden die Schattenseiten der rasanten

Erfolgsgeschichte sichtbar. Aber auch die Hitze, die fehlende Fußballkultur und die Korruptionsvorwürfe wurden thematisiert, dazu kamen fehlende Menschenrechte und Pressefreiheit. Die Schweizer Staatsanwaltschaft und das FBI ermitteln wegen der Machenschaften gegen die dubiose FIFA. Der Weltfußball – ein kriminelles Milieu?

In Katar koexistieren so bizarre Organisationen wie die radikale Hamas, die mörderischen afghanischen Taliban – und Bayern München. Die Bayern kommen seit Jahren nach Katar ins Winterquartier. Menschenrechte sind kein Thema. Politik sowieso nicht. Sie kommen wegen »Aspire«. Einem in Beton gegossenen Symbol, Mittel zur Eroberung der Sportswelt. »Aspire« ist englisch und heißt »aufstreben«. Der riesige Sportkomplex ist der Traum jedes Athleten. Auch für Bayern München. Hingucker ist eine riesige Multifunktionshalle. Fünfzehn Fußballfelder stehen den Kickern zudem zur Verfügung, außerdem ein Stadion für 50.000 Zuschauer, eine vierzehn Kilometer lange Laufstrecke, eine Schwimmhalle und selbstverständlich die größte Sporthalle der Welt. Mit Anlagen für Hand- und Basketball, Fechten und Leichtathletik.

Einen Vorgeschmack auf die Fußball-WM brachte die Handball-WM 2015. Es wurde deutlich: Katar kauft nicht nur Weltmeisterschaften in Serie, sondern auch Trainer und Spieler. Wenn es sein muss, auch Journalisten. Deren WM-Reise nach Doha hat das Emirat großzügig bezahlt. Es kauft aber auch Zuschauer. 60 Fans des Nationaltrainers von Katar, einem Spanier, bekamen Flug, Hotel und Eintrittskarten spendiert. Jubel-Kataris. Wenn nicht gerade die »eigene« Legionärtruppe spielte, blieben die Ränge der 15.000 Zuschauer fassenden Halle ziemlich leer. Immerhin wurde Katars Mannschaft Vizeweltmeister. Es schlug Deutschland auch 2017 bei der Weltmeisterschaft in Frankreich. Begeisterung kam trotzdem nicht auf. Begeisterung kann man nicht kaufen. Ein Land mit der Einwohnerzahl von Braunschweig hat eben nur eine begrenzte Handball-Fangemeinde. Kamelrennen sind mehr nach dem Geschmack der Kataris.

Die Vergabe der WM 2022 hat Katar bisher zwar die erwartete Publicity gebracht – das Image des Landes hat unter den Veröffentlichungen aber eher gelitten.

Auch die arabische Mediengroßmacht *al Dschasira* ist an Grenzen gestoßen. Der Versuch, eine US-Ausgabe des Senders zu etablieren, ist nach einem Jahr krachend gescheitert. 500 Mitarbeiter mussten gehen. Dazu kam der demütigende Prozess in Kairo, wo mehrere Reporter der TV-Anstalt vor Gericht gestellt und zu langjährigen Gefängnisstrafen verurteilt wurden, weil sie Pro-Muslimbrüder berichtet haben sollen. Doha musste diesem Schauspiel machtlos zuschauen.

Der junge Emir will diese Demütigung möglichst schnell vergessen machen. Er gründete einfach einen zweiten Sender, der *al Dschasira* Konkurrenz machen soll. *Al Arabi al Dschadid* – »Der neue Araber«. Noch ist das nur eine leere Floskel. Wie dieser neue Araber aussehen soll, weiß der Herrscher wohl selbst noch nicht. Nur eines ist sicher: Auch dieser Sender soll Katar das Überleben sichern. Mehr jedenfalls, als Waffen das können.

Lange sah es so aus, als ob Katar, die Mediengroßmacht, der politische Gernegroß am Golf, und sein dubioses Politikmodell das arabische Chaos überstehen würden. Weil das Land eine Oase der Stabilität war. Erkauft mit sehr viel Geld und undurchsichtigen Beziehungen. Damit ist es vorbei. Bei den Donald-Trump-Festspielen in Riad soll der junge Emir das Waffengeschäft mit den USA kritisiert und gute Beziehungen mit dem Iran angemahnt haben. Er beteiligte sich nicht am allgemeinen Iran-Bashing. Tamim bin Hamad hatte dem iranischen Präsidenten Rohani sogar zur Wiederwahl gratuliert – sehr zum Unmut der Saudis. Daraufhin platzte denen endgültig der Kragen. Schließlich hatten sie 55 islamische Herrscher eingeladen, um ihre Vormachtstellung im sunnitischen Islam zu demonstrieren. Da störte der aufmüpfige Katari mit seinem politischen Sonderweg. Er kam den Saudis in die Quere, die auch um die Vorherrschaft in der Golfregion kämpfen. Es folgte ein dramatischer Showdown. Abbruch der diplomatischen Beziehungen und Handelsboykott.

Der Empfang von *al Dschasira* wurde in der Golfregion verboten. Mehrere arabische Staaten schlossen ihre Häfen und den Luftraum für Qatar Airways. Saudi-Arabien will das Scheichtum vom Rest der Welt isolieren. Ein Albtraum für Katars weltumspannende Fluglinie und ein weiteres Kapitel in der Geschichte der arabischen Selbstzerstörung.

Es ist ein Testfall. Die Geburtsstunde einer neuen arabischen Achse. Bei der Strangulierung Katars mit dabei: der ebenfalls junge Kronprinz von Abu Dhabi, Mohammed bin Zayed – und der ägyptische Präsident Abdel Fatah al Sisi, dessen politisches Schicksal ganz entscheidend von den finanziellen Zuwendungen der Golfstaaten abhängt. Das einstige Zentrum der arabischen Welt – ein Almosenempfänger. Das zeigt, wie sehr sich die politischen Verhältnisse seit dem »Arabischen Frühling« verändert haben.

Saudi-Arabien hat Katar zum zweiten Mal seit 2013 seine politischen Grenzen aufgezeigt. Die Forderungen sind knallhart: keine Hilfe mehr für radikale Islamisten, Schließung von *al Dschasira* und ein Ende der Kontakte mit dem Iran. Eigentlich das Todesurteil für Katars undurchsichtiges Politikmodell. Statt Zugeständnisse zu machen, beschließt er, wieder einen Botschafter nach Iran zu entsenden, dem Erzfeind Saudi-Arabiens. Eine erneute Provokation.

Tamim bin Hamad al Thani bleibt gelassen. Um die Handelsblockade zu umgehen, hat der katarische Staatschef 4.000 Holstein'sche Milchkühe geordert. 156 wurden bereits eingeflogen. Iran hat ihm zugesichert, den Luftraum für katarische Maschinen offen zu halten. Militärisch wird er von der Türkei unterstützt. Aber er weiß: Die Saudis werden nicht angreifen. Die Holstein'schen Milchkühe sind für Katar deshalb wichtiger als Erdogans Soldaten.

Aktham Suliman
Ein Ex-al-Dschasira-Korrespondent in Deutschland

Katar hat keine Pyramiden und keine antike Wüstenstadt wie Palmyra. Es hat nicht so viele Einwohner wie Saudi-Arabien und nicht so viel Geld. Aber es hat *al Dschasira*, den meistgesehenen arabischen Satellitensender. Ohne ihn wäre das Land heute ein unbekanntes Scheichtum am Golf und nicht das Zentrum einer weltpolitischen Krise. Der Sender ist seit seiner Gründung umstritten. Die Amerikaner verdächtigten ihn während des Golfkrieges als Haussender Saddam Husseins und Osama bin Ladens. Für die Ägypter gilt er als Propagandasender der verhassten Muslimbrüder. Was aber ist *al Dschasira* wirklich? Diese Frage kann am besten Aktham Suliman beantworten. Ein arabischer Journalist, der Klartext redet. Er war der erste Bürochef von *al Dschasira* in Deutschland. Ihn treffe ich in seinem Reihenhaus am Rande von Berlin.

UK: *Al Dschasira* hat am Anfang ja aufregende Geschichten gemacht. Sie waren von Beginn an dabei.

AS: 2002 kam ich dazu. Ich gehöre zur zweiten Generation. 1996 ging der Sender an den Start.

UK: Wie sind Sie zu dem Job gekommen?

AS: *Al Dschasira* ist ein arabischsprachiger Sender aus einem arabischen Land. Sie haben arabische Journalisten in der ganzen Welt gesucht. Ich bin Syrer und war 1991 nach Berlin gekommen, um Publizistik, Informationswissenschaften und Politik an der FU zu studieren. Ich habe hier früh begonnen, für arabische

Zeitungen zu schreiben. Später kamen deutsche Medien dazu – *SFB, Deutsche Welle*. Dann hat *al Dschasira* jemanden in Deutschland gesucht. Nach dem 11. September natürlich. Wegen der Hamburger Zelle. Drei der Attentäter auf das World Trade Center hatten bekanntlich in Hamburg gelebt. Das waren die interessanten Jahre. Das deutsche Nein zum Irak-Krieg, die Friedensdemonstrationen, das war eine enthusiastische Atmosphäre. Das deutsche Büro war dem Sender wichtig. Dann bin ich für sechs Monate in den Irak. Wegen des Krieges.

UK: Sie waren ein TV-Star in der arabischen Welt.

AS: Damals hatte *al Dschasira* eine Reichweite von über 50 Millionen Haushalten. Eine Monopolstellung, was Nachrichten angeht. Das Analphabetentum in der arabischen Welt ist leider sehr verbreitet, dadurch hat das Fernsehen eine große Bedeutung. Viel mehr als in Deutschland. Viele hatten damals nur das Fernsehen als Nachrichtenquelle.

UK: *Al Dschasira* war das wichtigste arabische Informationsmedium. Ist das heute noch so?

AS: Eindeutig nein. Aus verschiedenen Gründen. Ab 2003 haben die anderen reagiert. Es kam *al Arabiya* dazu, später kam die arabische Ausgabe der *BBC*. Das arabische *Russia Today*. Sender in verschiedenen arabischen Ländern sind entweder entstanden oder stärker geworden. In der Summe verliert man eine ganze Menge. Zweitens das Internet. Und das dritte Phänomen war der »Arabische Frühling«. *Al Dschasira* war »sehr beteiligt«, sag ich mal vorsichtig. So, dass viele Menschen enttäuscht waren, die auf objektiven, ausgewogenen Journalismus gesetzt hatten. Die nicht diese Emotionalisierung und Parteinahme wollten. Mitarbeiter, wie ich, oder Zuschauer. Da hat *al Dschasira* angefangen, viel zu verlieren. Bei vielen ist der Sender heute unten durch.

UK: Warum sind Sie ausgestiegen?

AS: Ich hatte das Gefühl, gekauft worden zu sein.

UK: Aber das ist doch etwas Normales im arabischen Journalismus.

AS: Nicht für mich. (*Lacht.*)

UK: Ich hatte im Nahen Osten immer das Gefühl, als würden Journalisten nicht ernst genommen. Sie gelten als käuflich. In der arabischen Welt gibt es eine völlig andere Vorstellung von Journalismus.

AS: Das stimmt. *Al Dschasira* war genau deswegen beliebt, weil man damals das Gefühl hatte, das ist dort nicht so – als Mitarbeiter und als Zuschauer. Dass Journalisten wirklich einen Wert haben. Dass unser Beruf Grundlagen hat.

UK: Ich habe das in Beirut erlebt: Da gab's fast 20 Tageszeitungen. Mit sogenannten »Journalisten« – die haben für ein bestimmtes Regime geschrieben und dafür Geld kassiert. Diese Einstellung ist sehr weit verbreitet in der arabischen Welt.

AS: Ja, das stimmt. Im Libanon gibt es noch heute Zeitungen, die bekommen Geld von Saudi-Arabien, andere von Katar, von den Palästinensern, von den Syrern und so weiter. System-Journalismus. *Al Dschasira* war eine Betäubungstablette, die wir in dieser Atmosphäre gerne geschluckt hatten. *Al Dschasira* war nicht staatlich, nicht privat. *Al Dschasira* passte da nirgendwo rein. Natürlich war es auch nicht öffentlich-rechtlich. Es war das Ding des Emirs; und wir waren so hungrig als arabische Journalisten und als arabische Zuschauer. Hungrig nach etwas, was einem journalistische Freiheit und Objektivität verspricht. Da entsteht mitten in der Wüste so ein Sender. Es war ein unbeschreibliches Gefühl, für diesen Sender zu arbeiten.

UK: Bei *al Dschasira* kamen sogar Israelis zu Wort.

AS: Dadurch, dass man »westlichen« Journalismus gemacht hat, hat man bei einem Konflikt auch alle Beteiligten an den Tisch geholt. Also auch Israelis. Aber das war nicht der Hauptpunkt, fand ich. Der Hauptpunkt war das Gefühl: Wir als Araber schaffen was. Die Wirtschaft in den arabischen Ländern liegt am Boden. Die ganze arabische Welt liest im Jahr gerade einmal so viele Bücher wie das kleine Portugal. Und wir sind über 450 Millionen Menschen! Wissenschaft – kann man vergessen. Militärisch – zerstört man sich ständig selbst. Und dann kommt *al Dschasira*.

Vergleichbar, zumindest vom Erscheinungsbild her, mit *CNN*. Da war eine ganze Menge Stolz dabei. Wir Mitarbeiter hatten den auch. Wir haben unser Leben aufs Spiel gesetzt, als wir im Irak waren. Total bescheuert. Wir haben Sachen gemacht, die kein westlicher Journalist machen würde. Dieses Gefühl: Das ist was ganz Großes. Umso größer war dann die Enttäuschung. Natürlich ist es verbreitet in der arabischen Welt, dass Journalisten gekauft werden. Aber es war hart, das dann ausgerechnet bei *al Dschasira* zu erleben. Da ist ein Traum geplatzt.

UK: Eines hat *al Dschasira* ja bewirkt: Der Sender hat die Zensur in den arabischen Ländern ausgehebelt.

AS: Das stimmt. *Al Dschasira* hat einiges aufgebrochen. Einige Tabus. In meiner Kindheit hat man zwei, drei Kanäle gehabt. In Jordanien, in Syrien, Irak. Das war's.

UK: Und die waren langweilig und strengstens kontrolliert.

AS: Natürlich. Das liberalisiert sich höchstens durch Chaos. Dann entsteht was ganz Komisches. Wie im Libanon. *(Lacht.)* Im Libanon entsteht Liberalismus durch eine Überproduktion an Chaos.

UK: Haben Sie nie darüber nachgedacht, dass der Emir Sie vielleicht benutzt?

AS: Bei *al Dschasira* haben wir am Anfang diese märchenhafte Geschichte geglaubt: Ein liberaler Emir kommt, gibt viel Geld, gründet einen Sender und sagt: »Arbeitet.« Hätte ich allerdings zwei Mal nachgedacht – dann hätte ich es mir schon zu Beginn anders überlegt. Es war eine Frage der Zeit, bis die urmenschliche Realität durchbricht, und die reduziert sich auf die Feststellung: Wer zahlt, bestimmt!

UK: Gibt's da ein konkretes Beispiel?

AS: Es gibt mehrere Geschichten, die mir in der Summe klarmachten: Hör auf, dich selbst zu verarschen. Das ist ein staatlicher Sender. Katar hat seine Rolle gesucht neben Saudi-Arabien. Von der Einwohnerzahl, auch vom Kapital her kann man nicht mithalten. Wenn man Einfluss gewinnen will, braucht man Instrumente. Was sind die Instrumente? Medien. Ohne *al Dschasira*

hätte man Katar jahrelang doch gar nicht wahrgenommen. Katar hat kein Mekka, kein Medina, aber *al Dschasira* und einen Scheich namens Yussuf al Karadauwi.

UK: Hat Karadauwi als Prediger tatsächlich so viel Einfluss, wie immer wieder behauptet wird?

AS: Ja, natürlich. Er ist ein Muslimbruder und gibt dem Regime eine religiöse Legitimation. Zwischen Katar und Yussuf al Karadauwi gibt es eine Art Koalition, und sie setzten ihn wie einen Pitbull ein. Die Satellitentechnik hat nicht nur *al Dschasira* genutzt, sondern vielen fanatischen religiösen Sendern, die Hass schüren. Auch da war *al Dschasira* ein Vorreiter: Karadauwi hat 2011 über *al Dschasira* zum Mord an Gaddafi aufgerufen. Das war das Ende der unabhängigen Berichterstattung.

UK: Wie geht der Konflikt zwischen Saudi-Arabien und Katar aus?

AS: Ich mach mir da nicht viele Sorgen.

UK: Was heißt das?

AS: Alles geht weiter – und gleichzeitig vorüber. Eine arabische Spezialität.

7. Türkei
Sultan Tayyip der Schreckliche

Der »Weiße Palast« in Ankara ist in Beton gegossener Größenwahn. Sechs Mal so groß wie das Weiße Haus in Washington, 27 Mal so groß wie der Élysée-Palast in Paris. Verglichen damit ist Schloss Bellevue, der Sitz des deutschen Bundespräsidenten in Berlin, eine Hundehütte. Wer in den 1.000-Zimmer-Palast des türkischen Präsidenten kommt, soll spüren, dass hier das Herz eines mächtigen Staates schlägt. Deshalb hat der Palast die Statussymbole einer Weltmacht, mit einem abhörsicheren »Oval Office«. Selbstverständlich atombombensicher. Dieser Bau sagt viel über den türkischen Präsidenten Recep Tayyip Erdogan und seine Vorstellung von Politik. Seldschukische und osmanische Motive an den Wänden sollen daran erinnern, dass hier der Nachfahre jener seldschukischen Fürsten residiert, die vor mehr als 1.000 Jahren aus den Steppen Asiens nach Kleinasien vorgedrungen sind und dem Islam das Tor nach Anatolien öffneten. Erdogan sieht sich auch als Erbe der Osmanen, die das christliche Byzanz bei der Schlacht von Bapheus im Jahr 1302 besiegten und jahrhundertelang ein Weltreich beherrschten, das weit nach Europa hineinreichte.

Der alte »Rosa Palast«, seit 1923 Regierungssitz der modernen türkischen Republik, war ihm zu eng geworden. Ihn wurmt es schon lange, dass Mustafa Kemal, Gründer und erster Präsident der Türkei, als Übervater verehrt wird. »Vater der Türken« nennen ihn seine Landsleute liebevoll, »Atatürk« – ein Titel, der ihm auch offiziell von der türkischen Nationalversammlung im November 1934 verliehen worden war. Erdogan will aus dem übergroßen Schatten des Staatsgründers treten und mit seinem Protzpalast die Neugründung der türkischen Republik signalisieren. Schließlich hat er, nach eigenem Verständnis, die Türkei wieder zu neuer Größe geführt. Erdogan fühlt sich auf Augenhöhe mit dem Giganten der türkischen Geschichte. Und er will ihn übertreffen.

Deshalb ist der »Weiße Palast« in Ankara das Herzstück seiner osmanischen Traumfabrik geworden. Erdogan träumt davon, die Türkei zu einer Führungsmacht im Nahen Osten und in der sunnitischen Welt zu machen. Das Dumme ist nur: Der Nahe Osten und der Rest der Welt machen bisher nicht mit bei diesen imperialen Fantasien.

Erdogan sitzt deshalb oft allein in seinem 1.000-Zimmer-Palast. Umgeben von feinstem Marmor und Granit. Lange politisch isoliert. Deshalb zwingt er seine Staatsgäste, ihm in diesem neo-osmanischen Monsterbau Gesellschaft zu leisten. Um Staat zu machen. Türkischen Staat. Dem Papst blieb diese peinliche Visite nicht erspart, Angela Merkel auch nicht. Unvergessen die goldverzierten Sultansessel, auf die Erdogan die deutsche Kanzlerin nötigte. Sie erinnern an die Requisiten einer orientalischen Politoperette.

Dabei ist die Lage im Nahen Osten todernst. Das arabische Chaos liegt direkt vor Erdogans Haustür – und er hat es mit verursacht. Im Krieg gegen seinen Exfreund, den syrischen Staatschef Baschar Assad, unterstützt er die islamistische »Dschaisch al Islam«, eine Dschihadistengruppe, die mit Demokratie nichts im Sinn hat. Aber Erdogan will den Regimewechsel in Damaskus fast um jeden Preis. Ohne Erdogan wäre der IS nicht so groß geworden. Die Türkei war lange die Lebensader für die bärtige Terrortruppe. Rückzugsgebiet und Tor zur Welt. Sechs der acht Attentäter von Paris kamen über die syrisch-türkische Grenze. Die hat Erdogan lange offengehalten – für Dschihadisten und deren Waffen. Bis die türkische Zeitung *Cumhuriyet* den Skandal publizierte. Die Journalisten sind wegen Landesverrat und Unterstützung von Terroristen zu langen Freiheitsstrafen verurteilt worden.

Der schnelle Sturz des syrischen Diktators Assad blieb jedoch aus. Auch sonst landete die türkische Außenpolitik einige Flops. Die Beziehung zu Israel, lange ein Pluspunkt für Erdogan, hat er im nahöstlichen Wirrwarr verspielt.

Dabei galt die Türkei nach dem Ausbruch des »Arabischen Frühlings« als leuchtendes Vorbild für die islamische Welt: Demokratie, Islam und Wirtschaftswunder. Eine Erfolgsgeschichte. Die Rebellen in Kairo und Tunis liebäugelten mit diesem Modell. Die Türkei hatte den Ruf, der modernste islamische Staat zu sein. Außenminister Davutoglu hatte die Parole ausgegeben: keine Probleme mit den Nachbarn. Doch Erdogan setzte aufs falsche Pferd. Bedingungslos unterstützte er die Muslimbrüder – und verlor mit dem Sturz von Präsident Mursi in Ägypten so ziemlich jeden Einfluss. Der Traum von der nahöstlichen Regionalmacht war erst mal ausgeträumt. Ein Albtraum für Erdogan, den Machtgierigen. Ein Rückschlag vor allem auf seinem Weg, Atatürk, seinen ewigen Konkurrenten, endlich zu übertreffen.

Keiner hat nämlich in den letzten 100 Jahren die Türkei so geprägt wie dieser Mustafa Kemal Atatürk. Ein politischer Berserker und heute noch ein nationaler Superstar. Man muss sogar feststellen: Noch nie hat ein Politiker mit solcher Radikalität versucht, eine Gesellschaft zu verändern wie Erdogans Vor- und Feindbild. Atatürk war es, der für das untergehende Osmanische Reich den einzigen Sieg im Ersten Weltkrieg errungen hat. Gegen die Engländer. Das hat ihm den Ruf eines Helden eingebracht und die fast blinde Verehrung der gedemütigten Nation. Aus den Trümmern des untergegangenen osmanischen Vielvölkerimperiums formte er nach dem Ersten Weltkrieg eine neue Nation.

Atatürk war ein glühender Nationalist. Den Islam hielt er für fortschrittsfeindlich, für »eine absurde Gotteslehre eines *unmoralischen* Beduinen«. Radikaler ging es nicht. Er pulverisierte die Macht des letzten Osmanenherrschers Mehmed VI. Der hatte, anstatt sich um die Kriegsführung zu kümmern, die Annehmlichkeiten seines Harems genossen. Er war von schwüler Mediokrität, mit einem Hang zu lasziver Lust am Untergang.

Als Generalinspekteur der Armee hatte Mustafa Kemal den Widerstand gegen die Besatzungsmächte England und Griechenland organisiert. In Ankara gründete er 1920 die Nationalversammlung, während der Sultan in Istanbul weiterzuregieren versuchte. Die Antwort Mehmed VI.: Er ließ seinen Konkurrenten in Abwesenheit zum Tode verurteilen.

Am 29. Oktober 1923 beschließt die »Große Nationalversammlung der Türkei« die Gründung der Republik. Das Sultanat wird abgeschafft, Mehmed VI. verlässt am 17. November 1923 auf einem britischen Kanonenboot das Land. Der »Sultan der Sultane, Gottes Schatten auf Erden«, der letzte einer Dynastie von 36 Herrschern – nur noch ein Schatten seiner selbst.

Das Osmanische Reich ist damit Geschichte, der Weg zur türkischen Republik jetzt frei. Nur das Amt des Kalifen wird noch beibehalten – um den Traditionsbruch weniger sichtbar werden zu lassen. Der neue Kalif, ein Cousin Mehmeds, benimmt sich aber wie ein echter Osmane. Er hat die Zeichen der Zeit nicht erkannt. Zur Amtseinführung will er einen Turban tragen, und auch sonst missachtet er die republikanischen Gepflogenheiten. In einer Prunkkalesche lässt er sich durch die Gegend kutschieren. Zu viel des Guten. Am 3. März 1924 wird auch das Kalifat abgeschafft, das Ende einer fast 1.300 Jahre alten Tradition. Ein Schock für die islamische Welt.

Aber das sollte erst der Anfang von Atatürks Kulturkampf werden. Ein Bruch, wie ihn die islamische Welt noch nie gesehen hatte. Er schafft die Scharia ab und führt europäisches Zivil- und Strafrecht ein. Er ersetzt den islamischen Kalender durch den gregorianischen. Bei drastischen Strafen verbietet er die arabische Schrift, das Tragen geistlicher Gewänder – und den Fes, die traditionelle türkische Kopfbedeckung.

Er verordnet das lateinische Alphabet, den arbeitsfreien Sonntag und die Gleichstellung der Frau, Wahlrecht inklusive. Er verbietet das Kopftuch in Schulen, Universitäten und Amtsstuben. Er verbietet religiöse Bruderschaften. 200 Jahre europäischer Aufklärung will er im Schnelldurchlauf nachholen. Er

»verordnet und verbietet« – und ausgerechnet die Armee soll sein Vermächtnis bewachen. Er misstraut der Demokratie, dem freien Spiel der Kräfte.

Und er überfordert sein Volk. Das bleibt bei dieser atemberaubenden Geschwindigkeit zurück. Ohne diktatorische Maßnahmen kann dieses Experiment nicht gelingen. Die Folge: Pressezensur, Menschenrechtsverletzungen, Revolutionstribunale und die gewaltsame Assimilierung der Kurden. Demokratisch ist diese neue Türkei keinesfalls. Der neue Präsident herrscht mit Dekreten, Verboten und Strafen. Lehrer, zum Beispiel, die das lateinische Alphabet ablehnen, werden entlassen. Punkt. Atatürk hat immer recht. Er will die zivilisierteste und modernste Gesellschaft der Welt. Ohne Rücksicht auf Verluste. Und möglichst schnell.

Aber der Islam verschwindet nicht einfach per Dekret. Schon gar nicht jahrhundertealte Traditionen. Den Kummer darüber ertränkt er gerne mit türkischem Raki, eine verhängnisvolle Leidenschaft, die er auch nicht ablegt, als er Latife heiratet, die Tochter eines reichen Händlers aus Izmir. Mit seinem krisengeschüttelten Land kam er irgendwie zurecht, nicht aber mit dieser modernen, selbstständigen Frau. Nach zwei Jahren lässt er sich scheiden und gibt sich wieder dem Raki hin. Mit verheerenden Folgen. 1938 stirbt er an Leberzirrhose.

Nach ihm entstand eine kemalistische Elite, die die Vision des Staatsgründers nur noch verwaltete. Keiner seiner Nachfolger konnte es mit ihm aufnehmen. Die neuen Herren empfanden eine tiefe Verachtung für das einfache Volk, das die Traditionen des Islam weiterlebte – trotz oder gerade wegen der rasanten Reformen.

Jahrzehntelang hatte diese Elite die Steuerungshebel der Republik fest im Griff: Bürokratie, Justiz und Militär. Jeder, der von der kemalistischen Staatsideologie abwich, wurde bestraft. Wenn Strafen nicht mehr ausreichten, putschte das Militär. Mehrere versuchte und drei erfolgreiche Putsche verzeichnet die Republik seit 1923.

Auf diese Weise wurde aus der Vision des Staatsgründers eine erstarrte Doktrin zur Machterhaltung, ein bürokratisches Herrschaftsinstrument. Die Türkei war, milde ausgedrückt, eine gegängelte Demokratie. Die Erben Atatürks hatten nicht mehr den Ehrgeiz, ihr Land nach Europa zu führen, um die zivilisatorischen Errungenschaften Europas zu übernehmen – wie es sich ihr Staatsgründer gedacht hatte. Sie wollten einfach regieren. Deshalb verloren sie sich im politischen Klein-Klein der türkischen Alltagspolitik. Statt Wohlstand für alle gab es Korruption und Inflation. Das Nachsehen hatten die sogenannten kleinen Leute.

Die Kemalisten übersahen dabei, dass die Revolution im Iran im Jahr 1979 das politische Klima im Nahen Osten grundlegend verändert hatte. Ajatollah Khomeini hatte die islamischen Massen als politische Waffe gegen den Schah und seine Modernisierungselite entdeckt und erfolgreich mobilisiert. Allmählich fand dieses Erfolgsmodell auch Nachahmer in der türkischen Politik.

Der Erste, der damit Erfolg hatte, war Necmettin Erbakan. Bei der Wahl 1995 wurde seine »Wohlfahrtspartei« stärkste Fraktion im türkischen Parlament, mit 21,38% der Stimmen. Erbakan wurde der erste islamische Ministerpräsident der Republik. Ein historischer Rollback. Die kemalistische Elite nahm den politischen Betriebsunfall zunächst nicht allzu ernst. Sie ging davon aus, dass diese Regierung genauso unfähig sein würde wie ihre Vorgänger.

Aber sie unterschätzten die neue Partei. Die Büros der »Wohlfahrtspartei« in den Regionen machten ihrem Namen alle Ehre. Da gab es schrille Wahlkampfparolen – und, wenn nötig, auch Brot. Erbakan hatte im Wahlkampf Europa als einen »Christenclub« beschimpft und seinen Anhängern versprochen, die Türkei aus der Versklavung durch den Westen zu führen. Erstaunliche Töne für ein NATO-Mitglied. Seine erste Auslandsreise führte ihn deshalb in den vom Westen verfemten Iran. Eine Provokation. Auch die Generäle waren konsterniert. Sie wussten aber nicht so recht, wie sie mit diesem Tabubruch umgehen sollten. Ein brutaler Putsch, wie früher, kam vorerst nicht infrage.

Es wurde ein sanfter. Erbakan wurde förmlich aus dem Amt gedrängt. Das Militär zwang den Regierungschef, Dekrete zur Bekämpfung des politischen Islam zu unterzeichnen. Als Begleitmaßnahme schickten die Generäle eine Panzerkolonne auf die Straßen von Ankara. Um Druck auf die Regierung zu machen. Am 30. Juni 1997 trat Erbakan zurück, seine »Wohlfahrtspartei« wurde verboten. Den Vater des politischen Islam in der Türkei ließen die Militärs großzügig in die Schweiz ausreisen. Es floss kein Blut.

Damit war der politische Islam aber nicht erledigt. Schon 1984 war Recep Tayyip Erdogan in den Vorstand der »Wohlfahrtspartei« gewählt und zehn Jahre später als OB-Kandidat von Istanbul nominiert worden. 1994 gewinnt er diese Wahl und führt den Kampf der Traditionalisten weiter. Härter, zielstrebiger und erfolgreicher. Eigentlich verachtet das Istanbuler Bürgertum Menschen wie ihn – wie alle, die aus Anatolien kommen –, in den Augen der aufgeklärten Großstädter finstere Eindringlinge, »schwarze Türken« eben.

Und die Politik seiner ersten Jahre gibt ihnen recht. Erdogan lässt in den städtischen Kneipen den Ausschank von Alkohol verbieten. Er führt gesonderte Badezonen für Frauen ein und getrennte Schulbusse für Jungen und Mädchen. Doch gleichzeitig regiert er die Millionenstadt bürgernah. In seiner Regierungszeit verbesserte sich das Alltagsleben in Istanbul. Die öffentlichen Verkehrsmittel wurden pünktlicher, das Wasser sauberer, die Luft besser. Hier erwarb er sich einen Vertrauensvorschuss, der ihm später noch sehr helfen sollte. Er zeigte den Gegnern von der kemalistischen Fraktion, dass ein Islamist von ganz unten erfolgreich eine Millionenstadt regieren konnte.

Aber er liebte es auch, seine Gegner zu provozieren. Eine Charaktereigenschaft Erdogans, die später fast krankhafte Züge annehmen sollte. Bei einem Wahlkampfauftritt in Anatolien zeigte der smarte Reformer plötzlich ein ganz anderes Gesicht.

Er zitierte ein islamistisches Kampfgedicht: »Die Demokratie ist nur ein Zug, auf den wir aufsteigen, bis wir am Ziel sind. Die Moscheen sind unsere Kasernen, die Minarette unsere Bajonette, die Kuppeln unsere Helme und die Gläubigen unsere Soldaten.«

Die Justiz reagierte. Erdogan wurde vor Gericht gestellt und zu zehn Monaten Gefängnis verurteilt. Wegen Anstiftung zu religiösem Hass. Er verlor sein Amt als Bürgermeister von Istanbul sowie das Recht, sich politisch zu betätigen. Vier Monate saß er im Knast. Die kemalistische Justiz glaubte, dass damit seine Karriere ein für alle Mal beendet sein würde.

Ein fundamentaler Irrtum: Seine politische Karriere begann jetzt erst richtig. Danach gab er den geläuterten, frommen Konservativen, der den kemalistischen Staat nicht abschaffen, sondern nur verbessern will. Er lobt in einem Interview mit der *ZEIT* die Vorzüge des säkularen Systems, und er fordert, was die kemalistische Elite nicht einmal zu denken wagt: die Aufnahme in die EU. Erdogan, das Chamäleon. Der einstige Straßenhändler, der Ex-Verkäufer von Sesamkringeln im Istanbuler Arbeiterviertel Kasimpasa, ist plötzlich der Held der Arbeiterklasse – und gleichzeitig Star der islamischen Szene. Ein Mann voller Widersprüche. Hoffnungsträger für viele Türken.

2001 gründet er seine eigene »Partei für Entwicklung und Gerechtigkeit«, die AKP. Und 2002 geschieht das Undenkbare: Er gewinnt die Parlamentswahlen mit einem Erdrutschsieg und katapultiert die kemalistische Regierungspartei CHP ins politische Abseits. Die wurde hart abgestraft. Die Quittung für ihre destruktive Politik und ihr egozentrisches Selbstverständnis, Hüter des Kemalismus zu sein.

Erdogan tritt jetzt als Modernisierer auf, der das Land nach Europa führen will. Aber die Europäer zeigen ihm die kalte Schulter, allen voran Angela Merkel, die Erdogan allenfalls eine privilegierte Partnerschaft anbietet. Das versteht der empfindsame Politrabauke medienwirksam als Beleidigung. Dass er die ganze Europanummer nur inszeniert, um innenpolitisch Punkte zu machen, davon sind seine innenpolitischen Opponenten überzeugt. Erdogan, wie er leibt und lebt.

Erst einmal an der Macht, beginnt er sofort, das Land umzubauen. Mit einem Verfassungsreferendum wird die säkulare Justiz entmachtet. Nicht noch einmal wollte er ins Gefängnis. Die AKP setzt ungeniert ihr nahestehende Richter ein. Eine Prozessorgie beginnt. Kemalistische Staatsanwälte, Journalisten, Generäle und Anwälte landen im Gefängnis. Die Armee, das Rückgrat der säkularen Türkei, wird entmachtet und muss gezwungenermaßen die Politik den Politikern überlassen. Dafür gibt es Beifall auch in den liberalen Medien. In Europa wird Erdogan wegen der vielen Gerichtsverfahren als Prozesshansel verspottet, aber seine Methode ist erfolgreich und wird schnell zu einem besonderen Merkmal des »Erdoganismus«: Herrschaft durch eine parteiische Justiz, die politische Gegner ausschaltet.

Es gibt aber auch den ganz anderen Erdogan: den Pragmatiker und Wirtschaftsreformer. In Zentralanatolien entstehen riesige Industriekomplexe. In Istanbul schießen Glaspaläste in die Höhe. Das Land boomt. Statt der ewigen Wirtschaftskrise erlebt die Türkei ein veritables Wirtschaftswunder. Sie wird Exportland. Von 2002 bis 2012 steigt der türkische Export von 36 auf 152 Milliarden Dollar. Auch für die einfachen Türken fällt etwas ab. In zehn Jahren Erdogan-Herrschaft verdreifachen sich die Durchschnittsgehälter fast. Es gibt eine Kranken- und Rentenversicherung. Deshalb halten ihm viele seiner Landsleute die Stange, trotz aller Eskapaden.

Während seiner ersten Dekade an der Macht gewann Erdogan auch außenpolitisch Respekt als Vermittler bei internationalen Problemen. Vor allem aber schien er bereit, das ewige Kurdenproblem lösen zu wollen. Erdogan Superstar.

Aber ihm reicht das alles nicht. Er will sein Land verändern. Immer mehr Erdogan und immer weniger Atatürk. Er will den Erzrivalen übertreffen. Es ist ein zäher Kampf mit dem Übervater. Im selben Geschwindigkeitsrausch, in dem Atatürk die Türkei modernisieren wollte, versucht Erdogan nun, die Entwicklung zurückzudrehen. Das macht er auf seine sehr eigene Weise: Er lobt den Republikgründer öffentlich und unterläuft seine Reformen. Er will, wie er auf einem Kongress seiner Partei verkündet, »eine neue Türkei«.

Diese neue Türkei wird eine andere sein als die des Staatsgründers. Islamischer und konservativer. Fast unmerklich verändert die AKP das öffentliche Leben durch eine schleichende Islamisierung. 2011 wird Alkohol massiv verteuert. 2014 fällt das Kopftuchverbot in Schulen und Universitäten. Ein Lehrer in Ankara wird von der Schulbehörde verwarnt, weil er seinen Schülern Darwins Evolutionstheorie erklärt hatte. Die wollten wissen, ob der Mensch vom Affen abstammt. Eine unziemliche Frage in der Türkei Erdogans. 2016 fordert schließlich der Parlamentspräsident das Ende des Laizismus. Die Türkei sei ein muslimisches Land. Er wurde erst mal zurückgepfiffen. Dafür trifft es die Hagia Sophia. Sie war von Atatürk zum Museum erklärt worden, jetzt soll sie wieder Moschee werden.

Nach drei Amtszeiten darf Erdogan nicht noch einmal zur Wahl des Ministerpräsidenten antreten. Am 10. August 2014 lässt er sich deshalb zum Präsidenten wählen. Geschickt nutzt er die Stimmung in der Bevölkerung. Erstmals darf das Volk in einer Volksabstimmung entscheiden. Es wählt ihn mit absoluter Mehrheit. Trotz Korruptionsvorwürfen und der gewaltsam zerschlagenen Demos auf dem Taksim-Platz.

Aber Erdogan fühlt sich noch immer nicht am Ziel. Er will nicht nur repräsentieren, er will politischen Einfluss. Ein Präsidialsystem soll es richten. Dafür braucht er eine Zweidrittelmehrheit im Parlament. Doch es folgt eine böse Überraschung für Erdogan: Die AKP verliert bei den anstehenden Parlamentswahlen die absolute Mehrheit der Sitze – und die pro-kurdische HDP zieht mit fast 13% der Stimmen ins Parlament ein. Erstmals in seiner Regierungszeit müsste er jetzt eine Koalition mit einer anderen Partei eingehen. Ein Unding für den Egomanen – und sie kommt nach längeren Verhandlungen dann auch wunschgemäß nicht zustande.

Weil ihm das Wahlergebnis nicht gefallen hat, lässt Erdogan neu wählen. Und Wahlkampf versteht er ganz wörtlich. Mit Jet-

Bombern und Artillerie zieht er gegen die PKK in den Krieg. Die Angst ist sein größter Wahlhelfer. Er inszeniert sich als Retter vor dem Chaos und hofft auf diese Weise, die kurdische HDP, die »Demokratische Partei der Völker«, zu erledigen. Er beschuldigt sie, der verlängerte Arm der PKK zu sein. Tagelang wütet ein türkischer Mob gegen die Parteibüros der HDP, gegen alles Kurdische. Ein durchsichtiges Manöver. Aber erfolgreich. Erdogan, ganz gnädiger Sultan, wollte »den Wählern eine Chance geben, den Fehler vom Juni zu korrigieren«.

Er gewinnt die Wahl und holt die absolute Mehrheit zurück. Aber auch die HDP schafft es wieder über die 10-Prozent-Hürde. Zur Zweidrittelmehrheit reicht es nicht. Und damit auch nicht zur Verfassungsreform.

Für den kurzfristigen Erfolg hat er seine vernünftig erscheinende Kurdenpolitik geopfert. Erdogan, der Taktiker. Immer deutlicher wird, dass die Türkei sich in Richtung Autokratie mit plebiszitären Elementen entwickelt. Sultan Erdogan duldet keinen Widerspruch. Er kann nur in Freund-Feind-Kategorien denken, Meinungsfreiheit ist ihm ein Graus. Pressefreiheit ist für ihn das Recht der Journalisten, schreiben zu dürfen, was Erdogan für richtig hält. Wer sich nicht an diese Regel hält, wird vor Gericht gezerrt und von einer abhängigen Justiz in den Knast geschickt. Bei »Reporter ohne Grenzen« rangiert die Pressefreiheit in der Türkei auf Platz 149 von 180 Ländern, zwischen Mexiko und der Demokratischen Republik Kongo. Druck und Einschüchterung gehören gezielt zur »Medienpolitik« Erdogans. Rollkommandos terrorisieren unliebsame Blätter wie *Cumhuriyet* oder *Zaman*. Falls nötig, übernehmen staatliche Kommissare die Zeitung und bringen sie journalistisch auf Vordermann. Statt Information und Kritik gibt es dann Regierungspropaganda.

Doch so lächerlich das alles klingt: Erdogans Prozessieren hat Methode. Es soll helfen, seine Alleinherrschaft zu sichern. Zu seiner Verteidigung stützt er sich auf einen Beleidigungsparagraphen der türkischen Verfassung. Den hat Atatürk eingeführt. Ihn nutzt Erdogan als Waffe. Fast 2.000 Personen, die ihn angeblich beleidigt haben, verklagte er im Laufe der Zeit. Auch Kinder. Denn nach türkischem Recht sind Kinder schon mit dreizehn strafmündig. Ein Zwölf- und ein Dreizehnjähriger wurden verfolgt, weil sie ein Erdogan-Konterfei abgerissen hatten. Ein anderes Mal wurde ein Dreizehnjähriger im Klassenzimmer festgenommen, weil er sich auf Facebook negativ über Erdogan geäußert hatte. Gewerkschafter, Kommunisten, Oppositionelle, eine Schönheitskönigin – in der Türkei kommen viele Menschen wegen Beleidigung ihres Präsidenten in Bedrängnis. Wer Erdogan beleidigt, muss mit einer Gefängnisstrafe rechnen. Mit vier Jahren im schlimmsten Fall.

Aus einer Anklage wegen Beleidigung kann aber auch schnell eine Anklage wegen Terrorismus werden. So geschehen im Falle des Magazins *Nokta*. Das hatte ein nach Ansicht des Präsidenten beleidigendes Titelbild gedruckt: »Erdogan macht ein Selfie vor dem Sarg eines türkischen Soldaten.« Der Staatsanwalt konstruierte daraus eine Anklage wegen der Unterstützung einer Terrororganisation.

Noch grotesker ein anderer Fall: Mehr als 1.000 Akademiker hatten einen Friedensappell unterschrieben und das Vorgehen in den Kurdengebieten kritisiert. Sie forderten die Wiederaufnahme der Friedensgespräche mit den Kurden. Ein Verbrechen in den Augen Erdogans. Er nannte die Unterzeichner abfällig »eine Bande, die sich Akademiker nennt«. Viele wurden verhaftet und einige aus ihren Ämtern gedrängt. Kritik an der Regierungspolitik ist in der Welt des Recep Tayyib Erdogan Landesverrat. Die Antiterrorgesetze machen so etwas möglich.

Auch diese Gesetze hat Erdogan nicht geschaffen – er legt sie aber so großzügig aus wie noch keine Regierung vor ihm. Jeder Artikel, jede Notiz kann im Handumdrehen als »terroristische Propaganda« strafbar sein. Die Entschärfung dieser Gesetze ist der Knackpunkt bei den Verhandlungen mit der EU: ohne eine Veränderung keine Visafreiheit für Türken in Europa.

Die Antiterrorgesetze sind vor allem ein Machtmittel im Kampf gegen innenpolitische Gegner. Viele haben Angst – vor

Durchsuchungen, vor Inhaftierung, vor allem aber Angst davor, angeklagt zu werden. Das Prinzip Angst ist ein wesentlicher Bestandteil von Erdogans Herrschaftssystem.

Machtsicherung durch Angst ist ein jahrhundertealtes Kennzeichen orientalischer Despotie. Wie ein osmanischer Sultan hat er seinen Großwesir abserviert. Kalt und emotionslos. Ministerpräsident Davutoglu war mit der angestrebten Verfassungsreform im Verzug. Und noch schlimmer: Er war von europäischen Politikern als umgänglicher Mann gelobt worden. Zusammen mit Angela Merkel hatte er den Flüchtlingsdeal ausgehandelt und unbedingte Loyalität vermissen lassen – nach Ansicht Erdogans. Das war sein Ende.

Erdogan will die Europäer spüren lassen, dass sie ihn brauchen. Allen voran Angela Merkel. Nach seiner Isolierung im Nahen Osten hat er schnell das Erpressungspotenzial der Flüchtlingskrise erkannt und genutzt. »Wir können die Tore nach Griechenland und Bulgarien jederzeit öffnen und die Flüchtlinge in Busse setzen!«, drohte er EU-Kommissionschef Jean-Claude Juncker im November 2015.

Erdogan war, im Gegensatz zu seinem Ex-Ministerpräsidenten Davutoglu, nie ein Mann des Ausgleichs. Er hat kein Interesse daran, die Menschen in seinem Land zu versöhnen. Er will spalten, provozieren – und den Kampf gewinnen. Auch den Kampf mit den Europäern. Die EU-Option gilt für ihn schon lange nicht mehr. Trotzdem ist der Beitritt zur Union ein Verhandlungsgegenstand bei den Flüchtlingsvereinbarungen. Er weiß, welchen politischen Ärger das in Europa auslöst. Ärger machen und erniedrigen – auch das gehört zu seinen Herrschaftsmethoden. Mal trifft es den eigenen Ministerpräsidenten, mal Angela Merkel, mal »die Deutschen« ganz grundsätzlich.

Der dubiose Abschuss eines russischen Kampfjets signalisiert seinen Fans Entschlossenheit gegen Putin. Das soll Ebenbürtigkeit mit einer Weltmacht suggerieren. Erdogan macht die Türkei größer, als sie in Wirklichkeit ist. Viele Türken beeindruckt dieses Imponiergehabe. Um kurzfristig zu punkten, setzt er im Kampf um die Macht auch seine unbestrittenen Erfolge aufs Spiel.

Wer sich mit dem Präsidenten anlegt, muss mit heftigen Sanktionen rechnen. Zunehmend lebt er in einem sehr eigenen Kosmos. Ständig wittert er Verschwörungen gegen sich und die Türkei. Dazu ist er dünnhäutig und selbstherrlich – und der scheinbar so mächtige Erdogan fürchtet sich vor Spott. »Ein Journalist, der etwas verfasst, was Erdogan nicht passt, sitzt morgen schon im Knast. Erdowie, Erdowo, Erdowahn.« Wegen dieses eher harmlosen »extra 3«-Songs im dritten TV-Programm des NDR lässt er den deutschen Botschafter in Ankara einbestellen. Er dürfte nicht so naiv sein, zu glauben, dass er in Deutschland die Löschung dieses Beitrags diplomatisch oder gerichtlich erzwingen könnte. Er macht es trotzdem. Für den türkischen Hausgebrauch. Sein Prozessieren mag vielen in Europa irre erscheinen. Ein Fall für die Psychiatrie. Aber er will seinen Anhängern zeigen, dass er sich nichts gefallen lässt. Auch von Europäern nicht.

Und dann kam Böhmermann. Mit einem ziemlich suboptimalen Gedicht, das eine Staatsaffäre auslöst. Der Despot vom Bosporus ist sofort beleidigt. Ein bisschen wirkt es so, als habe er nur darauf gewartet. Die Mainzer Staatsanwaltschaft lehnt Erdogans Klage ab. Doch der lässt nicht locker. Nun reicht er auch noch eine Privatklage gegen Böhmermann nach. Beim Landgericht Hamburg. Das verbietet Böhmermann, große Teile des Gedichtes zu wiederholen. Er darf aber zitieren: »Sackdoof, feige und verklemmt ist Erdogan der Präsident!«

Letztlich lässt Erdogan das alles kalt. Er denkt nicht daran, sein Antiterrorgesetz zu ändern, wie es die EU fordert. Es ist das Herzstück seiner Innenpolitik. Ein Gesetz, mit dem er unliebsame Gegner mundtot machen kann. Erdogan trumpft auf. »Wir gehen unseren Weg«, sagt er bei einer Veranstaltung seiner Partei an die EU gewandt. »Geh du deinen Weg, einige dich, mit wem du willst!« Die Masse jubelt und skandiert: »Steh aufrecht und beuge dich nicht!« Punktsieg für Erdogan.

Er ist stark, weil Europa schwach ist. Jetzt zeigt sich, wie falsch es war, in der Flüchtlingspolitik allein auf Erdogan zu setzen. Er soll die Flüchtlinge von Europa fernhalten, dafür treibt er die europäischen Politiker vor sich her und genießt das auch noch. Erdogan der Zyniker.

Sein dreistes Meisterstück: Er nutzt den politischen Schwächeanfall der Europäer und hat die Chuzpe, die Immunität von 138 angeblich prokurdischen Parlamentsabgeordneten aufheben zu lassen – kurz vor dem wichtigen Merkel-Besuch im Mai 2016. Die Parlamentarier verlieren ihre Mandate, wenn sie angeklagt werden. Terroristen nach dem umstrittenen türkischen Gesetz. In den Nachwahlen hofft er, doch noch die Zweidrittelmehrheit herbeizumanipulieren. Für seine Verfassungsänderung. Erdogan, der Autokrat. Er demonstriert, dass er sich von Europäern nichts sagen lässt. Schon gar nicht von einer Frau.

Für ihn hat das ganze Theater sogar einen positiven Effekt: Es lenkt von der schwierigen Lage ab, in der sich das Land befindet. Die Reisebranche ist am Boden. Im Südosten der Türkei tobt der Krieg mit der PKK. In den großen Städten explodieren Bomben. Mal steckt die PKK dahinter, mal sind es die Dschihadisten vom Islamischen Staat. Mit seiner chaotischen Politik setzt er alles aufs Spiel, was er erreicht hat.

Nach dem Putschversuch eines Teils der Streitkräfte am 15. Juli 2016 ist er ganz in seinem Element. Er nennt die Aktion »ein Geschenk Gottes«. Mit dem Handy mischt er sich in der Nacht in den Kampf um die Macht ein. Er fordert seine Anhänger auf, sich den Putschisten in den Weg zu stellen. Die gehen auf die Straßen und verunsichern die einfachen Soldaten, die glauben, im Manöver zu sein.

Er hat Erfolg damit. Der Aufstand bricht zusammen, war überhastet und schlecht geplant, geradezu dilettantisch. Es war kein Putsch, sondern eine Kamikaze-Aktion.

Noch in der Nacht droht Erdogan mit Säuberung. Am Tag danach entlässt er fast 3.000 Richter, die Pläne dafür hatte er in der Schublade. Er ordnet ein Ausreiseverbot für Wissenschaftler an und lässt 15.000 Beamte aus dem Bildungsministerium entfernen. 80.000 Staatsbedienstete verlieren ihren Job. Eine Säuberungsorgie ohnegleichen. Mal zeigt er sich unerbittlich und rachsüchtig, mal generös. 2.000 Anzeigen wegen Präsidentenbeleidigung zieht er zurück. Allerdings nicht die gegen Böhmermann. Die Putschisten haben seine Position unfreiwillig gestärkt. Jeder, der verdächtigt wird, kann jetzt festgenommen werden.

Erdogan ist jetzt noch härter, noch unberechenbarer. Er hält die Türkei in einer Art hypnotischer Raserei. Zu seinem »Märtyrertag« ein Jahr nach dem Putschversuch, am 15. Juli 2017, kamen fast eine Million fanatisierter Anhänger. Eine Welle des Selbstbetrugs. Er verhängt den Ausnahmezustand. Für ihn die Chance, endgültig mit seinen Gegnern aufzuräumen. Es ist nicht ohne Ironie: Obwohl er den nächsten Schritt in Richtung Einmannherrschaft macht, wird er von seinen Anhängern als Retter der Demokratie gefeiert.

Er ist extrem flexibel. Er ist Islamist, mal auch Reformer, ja vielleicht sogar ein bisschen Demokrat. Nach dem gescheiterten Staatsstreich aber ist er vor allem Erdogan. Der Machtmensch. Mit seiner Politik hat er die türkische Verfassung längst außer Kraft gesetzt – und hat auf den Putschversuch mit einem Gegenputsch reagiert. Die Antiterrorgesetze erlauben ihm, festzunehmen, abzusetzen, mundtot zu machen. Auch im Falle der HDP, immerhin die drittstärkste Kraft im Parlament. Unter dem Vorwand, den Terrorismus zu unterstützen, wurde deren Parteispitze kurzerhand ins Gefängnis gesteckt. Die Reaktion des Westens ist Erdogan schnurzegal. Ebenso die immer wieder beschworenen Werte der NATO. Er glaubt, am längeren Hebel zu sitzen. Kritik aus dem Westen hält er für irrelevant. »Mir ist egal, ob sie mich Diktator oder etwas anderes nennen. Das geht zum einen Ohr rein und zum anderen wieder raus. Mich interessiert nur, wie mein Volk mich nennt.«

Aber trotz der starken Sprüche ist die Türkei ein Land, das immer unsicherer wird. Mehr als zwölf Anschläge gab es in den Jahren 2016 und 2017. 39 Tote allein beim Attentat auf den Nachtclub »Reina« in der Silvesternacht 2016. Der Terror hat die Türkei fest im Griff. Die ständige Beschwörung der eigenen Unbesiegbarkeit wirkt nur noch hilflos.

Die Volksabstimmung am 16. April 2017 zur Einführung des Präsidialsystems hat er gewonnen. Ganz knapp. Egal: Hauptsache gewonnen. In der Wahl seiner Mittel war Erdogan noch nie zimperlich.

Er hat mittlerweile aufgehört, sich mit Atatürk zu messen. Dessen Republik hat er hinter sich gelassen. Für ihn Vergangenheit. Jetzt greift er nach Höherem. Angestrengt sucht er seinen Platz in der türkischen Geschichte. Das zeigt sich auch beim Repräsentieren. Osmanische Krieger stehen demonstrativ als Staffage bereit, wenn er die Show-Treppe seines neuen Palastes herabschreitet. Gattin Emine lobt auf bizarre Weise den sittlichen Wert des osmanischen Harems, »in dem sich Frauen auf das Leben vorbereiteten, eine Ausbildung erhielten und wohltätig werden konnten«. Um den türkischen Harem so zu sehen, muss man ganz schön an Amnesie leiden. Verbunden mit einer hohen Dosis »Osmania«.

Erdogan lehnt die 1923 im Vertrag von Lausanne festgeschriebenen türkischen Grenzen ab. Willkür der ehemaligen Kolonialmächte. Sagt er. Selbstverständlich ist auch die gigantische dritte Brücke über den Bosporus einem Osmanen gewidmet. Sie trägt den Namen von Sultan Selim I. Der wiederum ist der Sohn von Suleiman dem Prächtigen.

Der hat es Erdogan ganz besonders angetan. Auffallend oft hat er in den letzten Jahren im Mausoleum von Suleiman dem Prächtigen gebetet. So still und heimlich, dass es die Öffentlichkeit erfahren hat. Ein zarter Hinweis, mit wem er gerne verglichen werden möchte.

Suleiman der Prächtige war der mächtigste Türke aller Zeiten. Unter seiner Herrschaft war das Osmanische Reich so groß wie nie zuvor. Fast hätte Suleiman sogar noch Wien erobert. Er hat es den Europäern gezeigt. Wie Erdogan. Tayyip der Prächtige – das könnte ihm gefallen.

Recep Tayyip Erdogan ist Machtpolitiker und gewiefter Opportunist. Ohne jede Skrupel versöhnte er sich mit Putin, obwohl der die Milizen bombardiert, die Erdogan in Syrien unterstützt.

Für den abgeschossenen Russenjet hat er sich entschuldigt. Um seine selbst verschuldete Isolation zu durchbrechen, nahm er auch wieder diplomatische Beziehungen zu Israel auf. Ein Befreiungsschlag. Vergessen die von Israelis erschossenen Türken, die versucht hatten, die Seeblockade vor dem Gazastreifen zu durchbrechen. Wenn es um seine Macht geht, ist Erdogan zu überraschend rationalen Entscheidungen fähig.

Der Islamist vom Goldenen Horn hat es nach fünfzehn Jahren extremer politischer Auseinandersetzungen geschafft, die säkulare, nach Westen ausgerichtete Republik seines Landes zu beerdigen. Erdogan hat die Türkei verändert. Er regiert jetzt so autoritär wie einst der Gründungsvater der Republik. Wie Kemal Atatürk. »Atatürk, das war das Präsidialsystem in Aktion!« Justizminister Bekir Bozdag vereinnahmt den Gründungsvater der Türkei, um den Rollback der Republik zu rechtfertigen.

Atatürk wollte fast um jeden Preis nach Europa. Erdogan will zu sich selbst: zu einer islamischen Einmannherrschaft. Seine Ankündigung aus dem anatolischen Wahlkampf hat er jedenfalls wahr gemacht: »Die Demokratie ist nur ein Zug, auf den wir aufsteigen, bis wir am Ziel sind.«

Jetzt ist er aus dem Zug ausgestiegen. Sultan Tayyip der Schreckliche.

Can Dündar
Ein Türke
in Deutschland

Die Bilder gingen um die Welt. Ein Mann schießt, vor dem Gericht in Istanbul, aus nächster Nähe auf Can Dündar, den Chefredakteur der Oppositionszeitung *Cumhuriyet*. Dündar hatte brisante Bilder veröffentlicht: Der türkische Geheimdienst liefert schwere Waffen über die syrische Grenze an islamistische Rebellen. An Terroristen. Für die türkische Justiz aber sind die Journalisten Terroristen, die, die den Skandal publiziert haben. Landesverrat. Gefängnis. Als in der Türkei im Sommer 2016 geputscht wurde, war Can Dündar in Spanien, um an einem neuen Buch zu arbeiten. Seine Freunde warnten ihn und forderten ihn auf, nicht in die Türkei zurückzukehren. Seitdem lebt er im Berliner Exil. In wechselnden Wohnungen. Dündar muss vorsichtig sein. Auch im Exil hat er Feinde.

UK: Ich habe die Bilder gesehen, als Sie das Gericht verließen und ein Typ mit einer Pistole sich Ihnen nähert. Der Mann schießt auf Sie. Aus nächster Nähe. Ihre Frau stürzt sich auf ihn und hält ihn fest. Sie verhindert so Schlimmeres. Was haben Sie in diesem Moment gedacht?

CD: Es war eine merkwürdige Situation. Zum ersten Mal in meinem Leben war ich mit einer Waffe konfrontiert. Es war irreal. Ein mir fremdes Geräusch. Der Geruch des Pulvers. Dann rief er: »Verräter!« Das Wort, das Erdogan immer benutzt. So nennt er uns. Mit einem Schlag realisierte ich dieses Wort. Ich habe zunächst gar nicht bemerkt, dass sich meine Frau auf den Attentäter gestürzt hatte und mit ihm rang.

UK: Ihre Frau hat Ihnen das Leben gerettet.

CD: Ja, das ist unglaublich. Sie ist so mutig. Es war wie in einem Actionfilm, nur dass ich derjenige war, den man umzubringen versuchte. Als ich mich umdrehte, sah ich noch zwei andere Typen mit gezückten Pistolen. Ich dachte zuerst, das ist eine Gruppe. Aber es waren Zivilpolizisten.

UK: Was glauben Sie: Wer steckt dahinter? War er ein Einzeltäter?

CD: Das hat man mich gleich nach dem Attentat auch gefragt. Ich habe geantwortet: »Ich kenne ihn nicht. Aber ich weiß, wer ihn dazu inspiriert hat.«

UK: Wer?

CD: Erdogan natürlich. Er hat uns zum Ziel erklärt. Er sagte: »Das sind die Verräter!« Wenn du in der Türkei einen Journalisten als Verräter anklagst, gibt's genügend Leute, die Helden werden wollen in Erdogans Augen – indem sie dich umbringen.

UK: Wissen Sie jetzt wenigstens, wer der Attentäter war?

CD: Er saß danach fünf Monate im Gefängnis. Dann haben sie ihn freigelassen. Ein Mafiaboss gibt damit an: Er hat angedeutet, dass er ihn geschickt hat.

UK: Auch in Berlin sind Sie nicht sicher. Ich habe gehört, dass Sie hier nicht mehr Taxi fahren – weil es zu gefährlich für Sie ist.

CD: Ja, einige der türkischen Taxifahrer sind Erdogan-Fanatiker. Man kennt mein Gesicht. Und das kann dann gefährlich werden. Das Problem ist: Sie kennen dann die Plätze, an die sie mich fahren – die Wohnung, das Büro, die Freunde.

UK: Beim Jahrestag des vereitelten Putsches wurde Erdogan umjubelt und als »Retter der Demokratie« gefeiert. Hält er sich wirklich für den Retter der Demokratie?

CD: Natürlich nicht. Er ist clever. Sonst hätte er sich nicht fünfzehn Jahre lang an der Macht halten und die Europäische Kommission auf die Knie zwingen können. Er weiß, wie er die Leute fangen kann.

UK: Haben Sie das Gefühl, er wird in Deutschland unterschätzt?

CD: Ja, das glaube ich. Er hat eine Strategie. Von Anfang an. Er hat sein Spiel gespielt – mit den Liberalen in der Türkei und mit

Europa. Sein Hauptziel war es, die Armee auszuschalten. Sie war sein einziges wirkliches Problem. Viele Menschen in der Türkei, auch ich, wollen schließlich, dass das Militär sich aus der Politik heraushält.

UK: Sind Sie auf ihn reingefallen?

CD: Er hat den antimilitaristischen Ansatz der Liberalen benutzt. Auch die Verhandlungen mit den Kurden oder den Armeniern: All diese friedlichen Schritte haben unsere Zustimmung gefunden. Aber klar: Er hatte eine Strategie.

UK: Wenn man sich den »Marsch für Gerechtigkeit« vom Juni 2017 anschaut, dann hat man den Eindruck, dass die Demokratie in der Türkei doch noch funktioniert. Es ist erlaubt zu demonstrieren. Ist auch das Taktik?

CD: Nein. Die Türkei ist durchaus ein demokratisches Land. Du kannst demonstrieren. Du kannst schreiben, was du willst – wenn du bereit bist, den Preis dafür zu bezahlen.

UK: Ist dieser Marsch eine Hoffnung für die Türkei?

CD: Auf jeden Fall. Zum ersten Mal seit Jahren bin ich hoffnungsvoll, was die größte Oppositionspartei angeht. Eine Million hat demonstriert. Es war eines der größten Ereignisse, das ich jemals in der Türkei gesehen habe. Über Monate lag eine Wolke der Angst über dem Land. So wurde diese Demonstration zu einem Ventil für die Angst. Heute haben sehr viele Leute die Nase voll von dem Regime.

UK: Mittlerweile ist Erdogan auch im Nahen Osten isoliert.

CD: Anfangs haben ihn viele aus dem Nahen Osten unterstützt – Tunesien, Libanon, Ägypten. Er war ein Held.

UK: Weil die Türkei ein Vorbild ist – als erfolgreiches, demokratisches islamisches Land?

CD: Weil Erdogan den Westen herausfordert. Weil er die ganze christliche Welt herausfordert. 2009 hat er in Davos ein Podium mit dem damaligen israelischen Ministerpräsidenten Peres verlassen. Weil er angeblich weniger Redezeit hatte. Damit hat er die Israelis herausgefordert. So wurde er zum Held für viele Leute im Nahen Osten.

UK: Erdogan will im Jahr 2023, zum 100. Jahrestag der Republik, eine islamische Türkei haben. Wird er das schaffen?

CD: Er nähert sich seinem politischen Ende. Ziemlich bald. Erdogan denkt, dass er seinem Ziel sehr nahe gekommen ist. Aber die Dinge laufen nicht so, wie er es sich vorgestellt hat. Die Präsidentschaftswahlen 2019 werden schwer für ihn werden. Ich kann mir nicht vorstellen, dass Städte wie Istanbul, Izmir, Ankara, Diyarbakir sich in einer islamischen Zukunft sehen. Gerade Istanbul ist sehr wichtig in der Türkei. Wer Istanbul gewinnt, gewinnt die Türkei. Zum ersten Mal seit 1994 hat er bei der letzten Wahl Istanbul verloren. Stellen Sie sich einmal vor: nach 25 Jahren! In Istanbul hat sein Aufstieg begonnen, dort wurde er zum Held. Jetzt hat er die Unterstützung der Jungen verloren. Er steht in grauenvollen Beziehungen zu allen seinen Nachbarn, Iran, Irak, Syrien, Zypern, Armenien, Russland, Bulgarien, Griechenland, ganz Europa. Er hat keine Zukunft. Wir sehen das Licht am Ende des Tunnels. Zum ersten Mal seit fünfzehn Jahren ist die ökonomische Entwicklung rückläufig. Er ist vollkommen abhängig von Europa, besonders von Deutschland.

UK: Das scheint hier niemand zu wissen.

CD: *(Lacht.)* Doch, doch. Das weiß man hier sehr genau. Man vertritt hier nur die Meinung: Eine stabile Diktatur ist besser als eine chaotische Demokratie.

UK: Mit Ihrer Geschichte haben Sie aufgedeckt, dass die Türkei Waffen an islamische syrische Rebellen lieferte. In den USA hätten Sie dafür den Pulitzerpreis bekommen. In der Türkei mussten Sie ins Gefängnis.

CD: Ja, das ist der Pulitzerpreis, den wir in der Türkei haben. Jeden Sommer bitte ich meine Frau um Erlaubnis und reise irgendwohin, um zu schreiben. Vorletztes Jahr war es das Gefängnis. *(Lacht.)*

UK: Erdogans wichtigste politische Waffe sind die Terrorismusgesetze. Jeder, der ihm im Weg steht, ist ein Terrorist. Wie erklären Sie sich das?

Türkei 181

CD: Es gibt 24 Millionen Terroristen in der Türkei. Die Menschen, die gegen die Verfassungsänderung im April 2017 gestimmt haben. Die höchste Population an Terroristen in der Welt. Wer gegen Erdogan ist, ist ein Terrorist. Es ist eine Frage des Verständnisses von Toleranz. Auch mich bezeichnet er als einen Terroristen. Ich habe Nachrichten publiziert.

UK: Viele Freunde hat er nicht mehr. Mit den USA steht er über Kreuz, weil sie Fethullah Gülen, den einflussreichen Islamprediger, nicht ausliefern.

CD: Ich glaube nicht, dass er ernsthaft damit rechnet, ihn ausgeliefert zu bekommen. Auch für ihn ist er dort letztlich gut aufgehoben. Denn wenn er zurückkehrt, könnte er vor Gericht viel über Erdogan erzählen.

UK: Was ist denn eigentlich das Problem zwischen den beiden Herren?

CD: Sie sind nicht bereit, die Macht zu teilen. Zwei islamistische Fraktionen, die sich gegenseitig bekriegen.

UK: Welcher der beiden ist gefährlicher?

CD: Gülen ist gefährlicher. Die Gülen-Bewegung ist unsichtbar. Mit einer Armee von Schulen. Einfluss in der Justiz. Im Staatsapparat. Letztlich kennen wir die AKP, wir kennen Erdogan, wir kennen seine Pläne. Ihn können wir abwählen.

8. Die Kurden
Ziemlich beste Feinde

Ein Traum war endlich Wirklichkeit geworden. Sie hatten eine eigene Armee, ein eigenes Parlament, eine eigene Währung. De facto waren die Kurden unabhängig – im Norden des Iraks hatte sich ihre autonome Teilrepublik nach dem Sturz Saddam Husseins zu einem Hort der Stabilität entwickelt. Sie waren kurz vor dem Ziel. Erbil, die 1,4-Millionen-Metropole im Nord-Irak und Regierungssitz der autonomen Kurden-Region, wurde zur Boom-Town, während der Rest des Landes im Chaos versank. Die Wirtschaft florierte, Sushi-Bars entstanden, Fünf-Sterne-Hotels schossen in die Höhe. Mondäne Autohäuser öffneten, und arabische Touristen machten Urlaub in Kurdistan. Viele Kurden, die noch in der Saddam-Zeit nach Europa geflüchtet waren, kamen aus dem Exil zurück, um beim Aufbau eines neuen Kurdistans dabei zu sein. Eine Erfolgsstory. Die endgültige Unabhängigkeit schien nur noch eine Frage der Zeit.

Ein Traum – zu schön, um wahr zu sein. Denn unversehens kam die Wende. Der Ölpreis fiel ins Bodenlose, die Region stürzte ab, schlitterte wirtschaftlich und politisch in die Krise. Der Strom fällt stundenlang aus, Regierungsbeamte bekommen ihre Gehälter verspätet ausbezahlt. Die Streitkräfte der Autonomen Region Kurdistans, die Peschmerga, müssen oft monatelang auf ihren Sold warten. Was nicht unbedingt ihre Kampfkraft stärkt – die von Deutschland gelieferten G3-Gewehre tauchen deshalb gelegentlich in Basaren auf. Viele Peschmerga kämpfen nicht mehr gegen den IS, sondern ums Überleben. Im Jahr 2015 verzichteten 35.000 Kurden auf diese Unabhängigkeit – und flohen lieber nach Deutschland. Die Unabhängigkeit Kurdistans muss erst mal ausfallen, weil das Geld fehlt. Der gesunkene Ölpreis hat den Traum von einem unabhängigen Staat vorläufig obsolet gemacht.

Zu allem Unglück regt sich Opposition gegen die maßlose Selbstbereicherung des Barzani-Clans, dessen Familienmitglieder wichtige Posten in Politik und Wirtschaft bekleiden. Präsident Masud Barzani ist ein Clanchef alter Schule. Obwohl die kurdische Regionalverfassung nur zwei Amtszeiten vorsieht, hält er im Jahr 2017 noch immer die Stellung – vier Jahre nach dem eigentlichen Ablauf seines Mandats. Es ist deshalb nicht ohne Ironie, dass er die politische Krise ausgerechnet mit einem Referendum über die Unabhängigkeit wieder einfangen wollte. Der Kurdenpräsident spielte politisch va banque.

Die Kurden haben Profil gewonnen in den letzten Jahrzehnten. Sie sind zur Bodentruppe des Westens im Kampf gegen den IS avanciert. Sie sind nicht mehr die romantisierten Parias der nahöstlichen Welt, ein Volk ohne Staat. Sie haben sich politische Anerkennung erkämpft – sehr zum Ärger der Türkei.

Aber es gilt eine alte Regel: zwei Kurden, drei Meinungen, vier Milizen. Mindestens. Die Kurden mögen weltweit das größte Volk ohne eigenen Staat sein. Sie gelten aber auch als Weltmeister im Bruderzwist. In den 90er-Jahren zerfleischten sich die irakischen Kurden im Kampf zwischen der KDP, der »Demokratischen Partei Kurdistans«, und PUK, der »Patriotischen Partei Kurdistans«. Barzani gegen Talabani. Zwei Feudalherren und Clanchefs. Gelegentlich wurde der Kampf um Macht und Einfluss auch mit Waffen ausgetragen. Schließlich wurde Barzani Präsident der kurdischen Regionalregierung, Talabani Staatspräsident des Irak. Was die Lage etwas entschärfte. Freunde sind sie nie geworden. Seither ist die Region in Einflusszonen geteilt: Eine dominiert Barzanis KDP, die andere der Talabani-Clan mit seiner PUK. Demokratie auf Kurdisch. KDP gegen PKK, PUK gegen KDP und KDP gegen PYD. Das übliche kurdische Verwirrspiel. »Wir würden gerne einen Staat für die 40 bis 50 Millionen Kurden haben«, sagte Barzani der amerikanischen Zeitschrift *The Nation*. »Wir müssen aber realistisch sein: Wir sind vier Teile, und jeder hat seine Eigenheiten und muss mit der jeweiligen Zentralregierung eine Lösung finden. «

Eine klare Absage an ein vereintes Groß-Kurdistan – wie es der türkischen PKK lange vorschwebte. Die hat nur Hohn und Spott übrig für dieses feudalistische Irakisch-Kurdistan. Die türkischen Kurden halten ihre irakischen Brüder für rückständig, kleinmütig und korrupt.

Ein schwieriges Volk, die Kurden. Keine einheitliche Nation. Fünfzehn Millionen leben in der Türkei, fünf Millionen in Irakisch-Kurdistan, fünf Millionen im Iran, zweieinhalb Millionen in Syrien, und rund zweieinhalb Millionen sind über die übrigen Staaten des Nahen Ostens verstreut. 30 Millionen also – nicht 40 bis 50, wie Barzani behauptet. Sie haben keine gemeinsame Staatsgrenze, keine gemeinsame Religion – nicht einmal eine gemeinsame Sprache. Nicht leicht zu bestimmen, wer Kurde ist. Es gibt mindestens vier Dialekte, die von Kurden gesprochen werden – Kumandschi, Sorani, Zazaki und Gorani. Sich untereinander zu verstehen, ist für die verschiedenen Kurdenregionen kaum möglich. Dass PKK-Führer Öcalan einem unabhängigen Kurdistan vorübergehend ausgerechnet Türkisch als Amtssprache vorschlug, ist eine der irritierenden Merkwürdigkeiten dieser Geschichte.

Noch erstaunlicher ist allerdings, dass sich trotz all dieser Unterschiede ein gemeinsames kurdisches Nationalbewusstsein herauskristallisiert hat. Das kurdische Paradox. In Kobane kämpften alle verfeindeten Kurdenfraktionen gegen den IS. Der kleinste gemeinsame Nenner.

Die Kurden haben das Pech, in einer strategisch wichtigen Region der Welt zu leben. Hier gibt es Öl und Wasser – und Dauerstreit um diese Ressourcen. Seit mehr als 50 Jahren ist dieser Nahe Osten deshalb Brennpunkt der Weltpolitik.

Nach dem Ende des osmanischen Reiches hatten die Kurden berechtigte Hoffnung auf einen eigenen Staat gehabt. Im Vertrag von Sèvres, einem der Pariser Verträge, die den Ersten Weltkrieg formal beendeten, war ihnen in Artikel 62 Autonomie zugesichert und in Artikel 64 sogar ein eigener Staat versprochen worden. Am Ende aber gingen die Kurden leer aus. Eine tragische

Geschichte. Im Jahr 1927 gründeten sie deshalb im Osten der Türkei die Republik »Ararat«. Eine Trotzreaktion. Das neue türkische Parlament lehnte die kurdische Autonomie aber ab. Atatürk setzte auf einen türkischen Nationalstaat. Wieder war eine kurdische Staatsgründung gescheitert.

Aber sie ließen nicht locker. Der Traum vom eigenen Staat konnte ihnen mit militärischen Mitteln nicht ausgetrieben werden. 1946 waren die iranischen Kurden an der Reihe. Im Norden des Iran gründeten sie die Republik »Kurdistan« – unter wesentlich günstigeren Voraussetzungen. Im Zweiten Weltkrieg hatte die Sowjetunion Teile des mit Nazi-Deutschland sympathisierenden Iran »vorsorglich« besetzt und die dort lebenden Kurden zur Staatsgründung animiert. Am 15. Dezember 1946 wurde die »Volksrepublik Kurdistan« ausgerufen. Mit der Hauptstadt Mahabad. Staatsgebiet war ein langer Streifen auf iranischem Territorium. Aus dem Irak kamen 3.000 Stammeskrieger zu Hilfe, Kämpfer des Barzani-Clans. Mustafa Barzani, Vater des heutigen Clanchefs, wurde zum General ernannt.

Dennoch war die Lage der Kurden militärisch ziemlich hoffnungslos. Nach dem Ende des Zweiten Weltkriegs wird das Schicksal der »Volksrepublik Kurdistan« dann auch schnell besiegelt. Die Iraner hatten den Sowjets im Falle eines Rückzugs Zugriff auf ihre Ölfelder versprochen. Die Russen zogen ab – das iranische Versprechen wurde aber nie eingelöst. Ohne den Schutz der Roten Armee waren die Kurden der iranischen Armee weit unterlegen. Nach nur zwölf Monaten brach der letzte Widerstand zusammen, und Kurdenpräsident Gazi Mohammed wurde in Mahabad öffentlich hingerichtet. Der Iraker Mustafa Barzani floh mit 500 seiner Krieger in die Sowjetunion. Wieder mal das Ende eines kurdischen Traums.

Als im Irak General Kassem 1958 die Monarchie stürzte, kehrte Barzani aus dem sowjetischen Exil zurück. Die Hoffnung war groß, dass es der Diktator in Bagdad mit einer neuen Kurdenpolitik versuchen würde. Aber Kassem spielte das alte Spiel. Er versuchte die Konflikte der kurdischen Stämme für sich zu nutzen und schickte am Ende das Militär, um die aufmüpfigen Kurden zu disziplinieren.

Saddam Hussein war noch radikaler. Schon 1975 hatte er mit Massendeportationen begonnen. In der »Anfal-Operation« wurden zwischen 1988 und 1989 Tausende kurdische Dörfer im Nordirak niedergebrannt, 100.000 Kurden getötet – ein Genozid.

Aber auch Saddams Zwangsarabisierung scheiterte. Die Kurden wollten einfach den Traum vom eigenen Staat nicht aufgeben. Als der irakische Diktator 2003 gestürzt wurde, geschah ein kleines Wunder: Die PUK erzielte fast 26% der Stimmen bei der irakischen Parlamentswahl, der Kurde Dschalal Talabani wurde zum Staatspräsidenten gewählt. Wieder gab es Hoffnung. In der neuen irakischen Verfassung erkämpften sich die Kurden den Autonomiestatus.

Und dann haben sie es noch einmal getan. Diesmal waren es die syrischen Kurden. Als Syrien im Bürgerkrieg immer weiter zerfiel, geschah im Norden des Landes ein kleines Wunder: In den Wirren des Bürgerkriegs, anfangs kaum beachtet, haben die Kurden eine ganze Region unter ihre Kontrolle gebracht und sie für autonom erklärt. »Rojava« nennt sich das neue Land, das aus den drei selbstverwalteten Kantonen Afrin, Kobane und Cisire besteht. Eine Übergangsregierung macht auf Staat. Nach dem irakischen Kurdistan ist Rojava die zweite Kurdenrepublik im Nahen Osten. Zweieinhalb Millionen Einwohner, rund 400 Kilometer lang, ein Landstreifen zwischen der Türkei und Syrien. Das Projekt geht auf die »Demokratische Union Kurdistans« (PYD) zurück, den syrischen Ableger der türkischen PKK.

Aber wie es halt so ist: Die Kurden im nordirakischen Kurdistan und die Kurden im nordsyrischen Rojava können sich auf den Tod nicht ausstehen. Es ist das moderne Gesellschaftssystem in Rojava, das den Traditionalisten aus Kurdistan missfällt. Die syrischen Kurden beteiligen alle religiösen und ethnischen Gruppen an der Selbstverwaltung: Assyrer, Armenier, Jesiden und Alawiten. Freilich unter strikter kurdischer Kontrolle. Es gibt auch eine Frauenquote von 40% in Regierung und Verwaltung.

Ein kühnes und durchaus vernünftiges Projekt im ethnisch und religiös zersplitterten Nahen Osten. Theoretisch ist Rojava auch wirtschaftlich reich. Ganz Syrien könnte es mit Öl versorgen – doch die meisten Raffinerien liegen auf dem Gebiet, das noch immer vom IS kontrolliert wird. Benzin wird deshalb nur in kleinen Behelfsraffinerien produziert. Rojava hat auch eine eigene Armee, die Volksverteidigungs-Einheiten, kurz: SDF, die erfolgreichste Truppe im Kampf gegen den IS. Sie hat viele von den Peschmerga im Stich gelassene Jesiden gerettet – durch einen militärisch gesicherten Korridor nach Syrien. In der Schlacht um Kobane haben die SDF eine entscheidende Rolle gespielt und deshalb ein enormes Selbstbewusstsein entwickelt. Das wird auch weiterhin nötig sein, wenn Rojava überleben will. Denn das Land ist von Feinden umgeben.

Todfeind Nr. 1 ist die Türkei. Sie will mit allen Mitteln verhindern, dass an ihrer Grenze ein Kurdenstaat entsteht. Für die Türken ist die PYD eine gefährliche Terroristenorganisation, die sie lange für gefährlicher hielt als den IS. Deshalb hat die Türkei lange alle Kräfte unterstützt, die gegen Rojava kämpfen – selbst die radikalen Islamisten von der al Nusra-Front. Pikant: die PYD ist ein heimlicher Verbündeter der Amerikaner.

Ein Kurdenstaat ist für die türkische Politik ein Albtraum, die größtmögliche Bedrohung. Fünfzehn Millionen Kurden leben schließlich in der Türkei. Der Widerstand gegen sie eint die Islamisten und die Nationalisten im Land. Dabei ist der alte Traum von PKK-Chef Öcalan, mit Guerillagewalt ein »Groß-Kurdistan« zu schaffen, längst ausgeträumt. Gescheitert an den militärischen Realitäten.

In der Türkei hat seine PKK, die »Partiya Karkerên Kurdistan«, trotz 30-jährigem Kampf nicht allzu viel erreicht. Der türkische Staat hat nur kleine Zugeständnisse zugelassen. So sind die Kurden in der offiziellen Sprachregelung heute keine »Bergtürken« mehr. Sie dürfen öffentlich ihre Sprache sprechen, ohne verhaftet zu werden, wie das früher der Fall war. Es gibt sogar einen kurdischen Fernsehkanal im türkischen Fernsehen.

Die Erziehung in staatlichen Schulen findet aber nach wie vor auf Türkisch statt. Kurdisch ist nur Wahlfach. Viele kurdische Bürgermeister verwalten ihre Gemeinden, sind aber einem türkischen Gouverneur unterstellt. Politische Autonomie und Selbstverwaltung bleiben Wunschträume.

Mit allen Mitteln des Terrorismus hatte Abdullah Öcalan, der Gründer der PKK, jahrzehntelang versucht, ein Kurdistan auf türkischem Boden herbeizubomben. Vergeblich. Die PKK-Guerilla ist nicht stark genug, die türkische Armee aus den Kurdengebieten zu vertreiben. Aber auch die türkische Armee, die zehntstärkste der Welt, ist bisher nicht in der Lage, das Problem militärisch zu entscheiden. Dennoch sind AKP-Islamisten und türkische Nationalisten in der Kurdenfrage einer Meinung: Nachgeben wäre Verrat.

Öcalans Befreiungskampf hatte 1978 im Kandil-Gebirge begonnen, einer schwer zugänglichen Region, ideal für die kurdische Guerilla. Das Ziel war nichts Bescheideneres als eine kommunistische Revolution – und: »Groß-Kurdistan«. Öcalan wollte für alle Kurden sprechen, auch für die in Syrien, im Irak und Iran. Der türkische Staat reagierte 1979 mit einer systematischen Verhaftungswelle. 2.000 Parteikader wurden verhaftet. Damit glaubte man, der PKK den Todesstoß versetzt zu haben. Doch Öcalan entkam und floh nach Syrien. Dort war er hochwillkommen, denn Diktator Hafes al Assad konnte im Streit mit der Türkei um das Wasser des Euphrats die PKK als Druckmittel gut gebrauchen. Öcalan residierte in Damaskus und organisierte von dort den Widerstand neu. Seine Guerillatruppe trainierte in der Bekaa-Ebene den Kampf um Kurdistan. Er führte die PKK brutal und autoritär. Dissidenten und Konkurrenten wurden ohne Zögern liquidiert. Öcalan schrieb Anleitungen zum Guerillakampf. Streng marxistisch-leninistisch, versteht sich. In einer kurdischen Militärakademie im Bekaa-Tal wurden die Schriften des Großen Vorsitzenden in die Wirklichkeit umgesetzt, anfangs nur beim Guerillatraining.

1984 sollte aus der Theorie endlich Praxis werden. Die PKK startete den »Großen Angriff« auf die Türkei. PKK-Kämpfer überfielen am 15. August zwei südosttürkische Dörfer. Eine Stunde lang hielten 40 Aufständische die Dörfer unter ihrer Kontrolle. Dann zogen sie sich über die Grenze zurück. Sie hatten medizinische Teams dabei. Zur Behandlung der Bevölkerung.

Öcalan hatte die Taktik geändert. In den 70er-Jahren hatte die PKK nur kurdische Kollaborateure getötet, vor allem die Kurucu, die von Ankara gut bezahlten Dorfwächter. Jetzt wurden Polizisten und Soldaten das Ziel. Die Brutalität, mit der die PKK angebliche Verräter mitsamt ihren Familien ermordete, versetzte die kurdische Bevölkerung in Angst und Schrecken. Durch Überfälle auf Banken und Juweliergeschäfte verschaffte sich die PKK das notwendige Geld. Das Grenzgebiet Iran, Irak und Syrien eignete sich zudem hervorragend für Waffen- und Rauschgiftschmuggel.

Mit Gewalt versuchte der türkische Staat das Problem zu lösen – die Kurden schlugen mit gleicher Brutalität zurück. Sie stoppten Minibusse und mähten die Passagiere mit Maschinengewehren nieder, sie entführten und ermordeten kurdische Lehrer als Handlanger des Staates, weil sie ihre Kinder nicht in ihrer Muttersprache unterrichteten. Die Spirale der Gewalt drehte sich weiter. Je brutaler der Staat aber zuschlug, desto mehr trieb er die Kurden in die Arme der PKK. Öcalans Rechnung schien aufzugehen. Trotz aller Anstrengungen gelang es ihm jedoch nicht, befreite Zonen in Kurdistan zu erobern. Die überlegene türkische Luftwaffe verhinderte das. Sie zerstörte viele Stützpunkte der PKK im Nordirak. Letztlich fand der in Öcalans Theorie vorgesehene kurdische Volksaufstand genauso wenig statt wie die angepeilte Allianz mit der türkischen Linken. Die schöne marxistische Theorie scheiterte an der Wirklichkeit.

In dieser Situation drohte die Türkei Syrien mit Krieg. Dazu kam massiver Druck aus den USA: Syrien sollte die PKK-Guerilla aus dem Bekaa-Tal vertreiben. Assad war das eigene Schicksal näher als das der PKK – Öcalan musste Syrien verlassen.

Es war der Anfang einer langen Odyssee. Zunächst floh er nach Moskau. Die Russen ließen ihn zwar landen – aber nicht ins Land. Tagelang flog er danach kreuz und quer durch Europa – Amsterdam, Mailand, Zürich, Athen. Alle Versuche, Asyl in Europa zu finden, scheiterten. Schließlich landete er in Rom, wo er mit internationalem Haftbefehl festgenommen wurde. Die Italiener behandelten ihn wie eine heiße Kartoffel. Ein römisches Gericht bewilligte ihm eine auf die Stadt beschränkte Bewegungsfreiheit – der Haftbefehl wurde aufgehoben. Willkommen aber war er auch in Rom nicht wirklich.

Nach langem Hickhack verließ Öcalan Italien heimlich im Januar 1999. Mit einem zypriotischen Pass, der auf den Namen Lazaros Mavros ausgestellt war. Sein Ziel: Kenia.

Dort endete die lange Flucht des Abdullah Öcalan wie ein Agententhriller. Nach dem Verlassen der griechischen Botschaft in Nairobi schnappte ihn der türkische Geheimdienst. Er hatte angeblich einen Tipp vom CIA bekommen, andere sagen, vom israelischen Geheimdienst. Wie auch immer: Die Türken triumphierten. Mit einem Sonderflugzeug wurde Öcalan in die Türkei zurückgeflogen. Die Bilder eines verwirrten und verunsicherten Guerillaführers gingen um die Welt. Flucht und Entführung endeten auf der Gefangeneninsel Imrali im Marmarameer. Dort war er der einzige Häftling. In strenger Isolationshaft.

Im Mai erschien er vor Gericht auf der Insel. Er hatte einige Kilo verloren, berichtete die *Berliner Zeitung* damals, im Juni 1999. Nicht der große Zampano trat da auf, sondern ein reumütiger Angeklagter, der um sein Leben redete. In einem Kasten, der aus kugelsicherem Glas bestand, angeblich so widerstandsfähig, dass er auch die Explosion einer Handgranate aushalten konnte, musste er Platz nehmen. »Ich wurde nicht gefoltert und nicht beschimpft, der türkische Staat hat mich gut behandelt«, versicherte er. Er dreht sich um und wendet sich an die Mütter und Väter gefallener türkischer Soldaten, die im Gerichtssaal sitzen. »Ich teile die Schmerzen der Familien der Märtyrer. Ich bitte um Verzeihung!«, sagt der Mann im Glaskasten. Das klingt taktisch und opportunistisch. Er ist angeklagt wegen terroristischer Aktivitäten und weil er einen Teil der Türkei abspalten wollte. Darauf steht die Todesstrafe. Kaum ein Türke kann sich vorstellen, dass Öcalan mit dem Leben davonkommt. So aufgeheizt ist die politische Stimmung. Amnesty International spricht von einem unfairen Verfahren. Problematisch war es auf jeden Fall: Da richtet ein Staat, der selbst schwerste Menschenrechtsverbrechen begeht, über einen, der als Symbol des kurdischen Freiheitskampfes gilt und vor Morden an Türken und Kurden nicht zurückschreckt. Ein juristisches Dilemma.

Die Richter entschieden sich für die Todesstrafe. Ein Urteil, das der türkische Staatsgerichtshof im Jahr 2002 aufhob und in »Lebenslänglich« korrigierte. Die Türkei wollte EU-Mitglied werden, eine der Bedingungen war die Abschaffung der Todesstrafe.

Öcalan blieb auf seiner Gefangeneninsel. Hier, in der Einsamkeit der Isolationshaft, begann er endgültig über sein Scheitern nachzudenken. Die harte Wirklichkeit hatte ihn bescheidener werden lassen. Mit Marxismus-Leninismus, so seine Erkenntnis, ist kein Blumentopf mehr zu gewinnen, geschweige denn »Groß-Kurdistan«. In seinem Buch *Jenseits von Staat, Macht und Gewalt*, das 2010 erschien, nahm er endgültig Abschied von der Gewalt und entwickelte eine neue politische Philosophie: den demokratischen Föderalismus.

»Groß-Kurdistan« gehörte jetzt nicht mehr zu seinen politischen Zielen. Kommunale Selbstverwaltungen und eine demokratisch-ökologische Zivilgesellschaft mit Gleichberechtigung von Mann und Frau waren ihm wichtiger als Staatsgründungen. Das war ein anderer Öcalan. Einer, der den Stalinisten in sich überwunden hatte und davon träumte, der Nelson Mandela der Kurden zu werden.

Aber würden ihm seine Gegner das abnehmen? Auch seine Freunde waren irritiert. Nach dem Prozess war das Image Öcalans bei den Kurden angekratzt. Der große Führer hatte sich nicht besonders heroisch verhalten und alles versucht, um seinen Kopf zu retten.

Bald aber war er wieder der unumstrittene Held, den kein kurdischer Politiker öffentlich in Frage stellte. Öcalan wurde zum mächtigsten Häftling der Türkei. Der Mann, der vom Militär abgeschirmt auf seiner Insel im Marmarameer sitzt, ist erstaunlich präsent. Dafür sorgen seine Anwälte, die ihn regelmäßig besuchen und seine Direktiven weiterreichen. So gelingt es Öcalan, die Fäden in der Hand zu behalten.

Im Norden Syriens wurde seine neue politische Philosophie nun in die Praxis umgesetzt. Als sich die syrische Armee 2011 aus der Region zurückzog, gründete die PYD die eigenen drei Kantone. Alle ethnischen und religiösen Gruppen wurden an der Selbstverwaltung beteiligt. Öcalan pur. Es ging natürlich nicht ohne Konflikte, aber es ging. Rojava – der erste politische Erfolg des Häftlings auf der Gefangeneninsel Imrali.

Aber auch in der türkischen Politik mischte er mit. Die Gründung der HDP, der »Demokratischen Partei der Völker«, geht auf eine Anregung Öcalans zurück. Die HDP sollte keine reine Kurdenpartei werden, sondern auch linke türkische Gruppen einschließen. Der Anfang des Duells Staatsfeind gegen Staatspräsident.

Heute ist Öcalans Popularität ungebrochen. Dafür sorgt auch der kurdische Sender *ROJ TV*, der aus Dänemark per Schüssel die kurdischen Wohnzimmer erreicht. In der Haft ist Öcalan wieder zur zentralen Figur der kurdischen Politik geworden.

Das blieb auch Ministerpräsident Erdogan nicht ganz verborgen. Erdogan, manchmal unberechenbar pragmatisch, überraschte seine Gegner mit einem kühnen Vorstoß. Er schickte seinen Geheimdienstchef auf die Gefangeneninsel. Der sollte auskundschaften, ob es Öcalan wirklich ernst meint mit seiner Abkehr von Gewalt und »Groß-Kurdistan«. Der Beginn eines erstaunlichen Friedensprozesses. Erdogan wollte den Kurden angeblich sogar Autonomie zugestehen – und PKK-Chef Öcalan rief zum Frieden auf.

Im Jahr 2013, beim traditionellen Newroz-Fest, rief er seine PKK auf, die Waffen niederzulegen und sich in den Nord-Irak zurückzuziehen. »Die Zeit ist gekommen, der Politik den Vorrang zu geben!« Eine politische Sensation. Das Newroz-Fest ist ein von der UNESCO in die Liste der »Meisterwerke des mündlichen Erbes der Menschheit« aufgenommenes Frühlingsfest. Jahr für Jahr wird es von über 300 Millionen Menschen zwischen der Balkanhalbinsel und Zentralasien gefeiert. Für die Kurden wurde es im März 2013 zu einem der fröhlichsten der letzten Jahre. Es herrschte Hochstimmung in Kurdistan.

Auch in westlichen Medien wurde Erdogans großer Kurden-deal gefeiert. Etwas zu früh. Erdogan hatte nämlich nur ein Ziel vor Augen: eine Verfassungsänderung und die Einführung eines Präsidialsystems. Mehr Macht für Erdogan. Dafür war er bereit, Frieden mit den Kurden zu riskieren.

Aber wieder kam alles ganz anders. Die türkische Innenpolitik geriet in Turbulenzen. Die Gülen-Bewegung, lange Unterstützer Erdogans, erklärte ihm den Krieg. Dazu kamen noch die Gezi-Park-Unruhen: Aus dem Widerstand gegen ein Kaufhausprojekt in der Istanbuler Innenstadt wurde ein landesweiter Protest gegen Erdogans systematische Islamisierung des Landes. Der Friedensprozess mit den Kurden geriet in den Hintergrund.

Dann die Wahlen im Juni 2015. Erdogan peilt eine Zweidrittel-mehrheit an. Die ist notwendig, wenn er die Verfassung ändern und ein Präsidialsystem einführen will. Aber die Wahl endet mit einer Pleite für die AKP: Zum ersten Mal seit 2002 verliert sie die absolute Mehrheit. Sie braucht einen Koalitionspartner, kann nicht alleine weiterregieren. Noch schlimmer: Die HDP, die von Öcalan inspirierte »Partei der Völker«, zieht mit 13,1 % ins türkische Parlament ein. Der Staatsfeind Nr. 1 hat aus dem Knast im Marmarameer heraus seinem Widersacher Erdogan eine emp-findliche Niederlage beigebracht. Die HDP hatte vom Friedens-prozess profitiert. Die AKP nicht. Öcalans Rechnung schien auf-zugehen. Der Erfolg der HDP bedeutete eine Bestätigung sei-ner neuen Politphilosophie. Öcalan schlägt Erdogan mit Politik. Nicht mit Gewalt.

Die meisten politischen Beobachter waren sich einig: Dieses Wahlergebnis würde Erdogan niemals akzeptieren. Er ließ zwar seinen Ministerpräsidenten einen Koalitionspartner suchen, das aber war politisches Showbusiness. Erdogan wollte keine Koalition. Er suchte nur noch nach einem Grund, aus dem Friedensprozess auszusteigen und Neuwahlen anzusetzen.

Ein Bombenanschlag in der türkischen Grenzstadt Suruc gab ihm die Gelegenheit dazu. Ein IS-Selbstmordattentäter tötete 30 prokurdische Aktivisten. Viele Kurden aber gaben der Regierung in Ankara eine Mitschuld, weil sie islamistische Terrorgruppen dulde und sogar unterstütze. Aus Rache ermordeten PKK-Anhänger zwei Polizisten. Erdogan erklärte prompt den Friedensprozess für gescheitert: »Es ist nicht möglich, einen Lösungsprozess fortzuführen mit denen, die die Einheit und Integrität der Türkei untergraben.«

Ein Paukenschlag. Jetzt herrschte wieder Krieg zwischen Kurden und Türken. Erdogan setzte einen neuen Wahltermin im November an und machte Wahlkampf mit Kampfjets, Panzern und Artillerie. Sehr unorthodox. Auch für türkische Verhältnisse. Ein Klima der Angst und der Unsicherheit sollte verbreitet werden. Erdogans Propagandisten verkünden deshalb im Wahlkampf: »Das Chaos kann nur von einer mit absoluter Mehrheit regierenden AKP verhindert werden.«

Die Strategie ist erfolgreich. An den Wahlurnen erobert die AKP die absolute Mehrheit zurück. Doch zu welchem Preis? Von Frieden redet keiner mehr. Der Kurdenkonflikt wird wieder mit Waffen ausgetragen. Die Spirale der Gewalt dreht sich weiter. Erdogan, der vermeintliche Friedensfreund, wird zum rabiaten Krieger, der die PKK jetzt mit »Stumpf und Stiel« ausrotten will. »Es gibt kein Kurdenproblem, sondern ein Terrorproblem«, sagt er eiskalt. Vielleicht waren die Friedensgespräche tatsächlich nur ein taktisches Manöver Erdogans gewesen. Dafür spricht, dass nie über konkrete Dinge verhandelt worden war.

Noch aber gibt es die HDP, Öcalans verlängerten Arm im türkischen Parlament. Erdogan erledigt das Thema auf seine Art. Mithilfe der Justiz. Er lässt die Immunität von 138 Abgeordneten aufheben. Wegen »Unterstützung einer terroristischen Organisation«. Hauptziel: der politische Todesstoß für die HDP. Sie hatte auch bei der Wahl 2015 die Zehnprozenthürde übersprungen und den Einzug ins Parlament geschafft. 50 von 59 ihrer Abgeordneten verloren jetzt ihre Immunität. Ein juristisches Massaker. Das endgültige Aus für den Frieden. Eine historische Chance war vertan. Frieden – oder mehr Macht für den Staatspräsidenten? Er hat sich für mehr Macht entschieden. Typisch Erdogan.

In Syrien aber musste Erdogan erkennen, dass seine Politik grandios gescheitert war. Sein Gegner Assad war noch immer Präsident, und die syrischen Kurden waren dabei, die Autonomie zu erkämpfen. Mit Öcalans Ideen.

Der überraschende Putschversuch in der Türkei am 15. Juni 2016 brachte dann alles durcheinander. Während Erdogan noch mit »Säuberungen« beschäftigt war, nutzte das Milizenbündnis der »Syrischen Demokratischen Kräfte« (SDF) das Chaos in der Türkei, um in Syrien die strategisch wichtige Stadt Manbidsch von den IS-Schergen zu befreien. Die Dschihadisten hatten den nahe der türkischen Grenze gelegenen Ort mehr als zweieinhalb Jahre besetzt gehalten.

Frauen reißen sich nach dem Abzug der Gotteskrieger den Niqab vom Leib und verbrennen das verhasste Kleidungsstück. Männer rasieren sich die Bärte und rauchen die erste Zigarette. Die Bilder der Befreiung gehen um die Welt. Überall werden sie mit Freude registriert – nur nicht in Ankara. Denn die Eroberer waren fast ausnahmslos Kurden. Auf dem Papier sind die SDF zwar ein Bündnis, in dem sich kurdische, sunnitisch-arabische, christlich-arabische und turkmenische Kämpfer zusammengeschlossen haben. Eine amerikanische Kreation. Ein Jahr nach der Gründung aber dominieren immer noch die Kurden von der YPG. Sie sind das Rückgrat der SDF. Sie haben ihren Sieg Öcalan gewidmet. Mit der Eroberung von Manbidsch sind sie ihrem Ziel einen Schritt näher gekommen, dem Kurdenstaat Rojava.

Noch fehlt ein Stück Land, das der IS weiter besetzt hält. Es gibt bisher keine Landbrücke zwischen den Kantonen Kobane und Cisire auf der einen und dem Kanton Afrin auf der anderen

Seite. Die »Syrischen Demokratischen Kräfte« wollen auch hier den IS vertreiben. Sie wissen jedoch: Die Türkei wird alles tun, um das zu verhindern. Denn der Staat, der da entsteht, hebt sich ab von den nahöstlichen Staatsmodellen. Ein Staat mit gleichen Rechten für Männer und Frauen. Mit Religionsfreiheit. Mit dem Verbot der Todesstrafe. Werte, von denen sich die Erdogan-Türkei immer weiter entfernt. Es wäre nicht ohne Ironie, wenn Öcalan mit seinen Ideen zum Schluss doch noch seinen Erzfeind Erdogan besiegen würde. In Syrien. Aus dem Hochsicherheitsgefängnis Imrali im Marmarameer heraus.

Doch Erdogan schlägt zurück. Unter dem Vorwand, den IS zu bekämpfen, dringen türkische Panzer auf syrisches Gebiet vor. Zum ersten Mal greift die türkische Armee offen in den syrischen Bürgerkrieg ein. Angeblich geht es gegen den IS – in Wirklichkeit sind die syrischen Kurden das Ziel. Zusammen mit syrischen Rebellen erobern die Türken Dscharablus und befreien die Stadt vom IS.

Dann sind die Kurden dran. Das eigentliche Ziel des Angriffs. Es gibt verstörende Bilder im Internet. Von den USA unterstützte syrische Rebellen misshandeln von den USA unterstützte Kämpfer der kurdischen YPG-Miliz. Bilder aus Absurdistan. Türkische Spezialkräfte posieren in Orten, die sie befreit haben. Es sind Dörfer, die kurdische YPG-Milizen mit amerikanischer Unterstützung vom IS befreit hatten. Der schiere Irrsinn. Erdogan verschafft dem IS so eine Verschnaufpause, denn die enttäuschten Kurden zeigen zunächst keine Lust mehr, zusammen mit amerikanischer Luftunterstützung Raqqa, die Hauptstadt des IS, zu befreien. Die Kurden fühlen sich wieder einmal alleingelassen.

In Manbidsch wird der Irrsinn des syrischen Dramas deutlich wie unter einem Brennglas. Natürlich hat der lokale Konflikt mit dem großen syrischen Konflikt zu tun, aber hier läuft er nach eigenen Regeln ab. Manbidsch war vor der Befreiung vom IS eine mehrheitlich arabische Stadt, jetzt wird sie von der kurdischen Minderheit bestimmt. Beide Parteien, Kurden wie Türken, haben unter dem Vorwand, den IS zu bekämpfen, eigene Interessen verfolgt. Die Kurden wollen einen eigenen Staat gründen, die Türkei will das mit allen Mitteln verhindern. Wegen der Sogwirkung auf die fünfzehn Millionen türkischer Kurden.

Manbidsch kann sich am Ende vor Befreiern gar nicht retten. Nach der Befreiung vom IS wollen die Türken jetzt Manbidsch von Kurden befreien. Die bleiben zunächst stur. Eine Befreiungsgroteske, über die man lachen könnte, wenn sie nicht einen so todernsten Hintergrund hätte. Die Amerikaner verfolgen nämlich auch eigene Interessen. Sie wollen Syrien vom IS befreien. Die Frage ist nur: mit wem? Mit den Kurden oder mit den Türken?

Lange ließen die Amerikaner beide im Unklaren. Dann entschieden sie: Das Milizenbündnis der »Syrischen Demokratischen Kräfte« bekommt den Auftrag, Raqqa zu befreien, die heimliche Hauptstadt des IS. Kein Wunder, dass der türkische Ministerpräsident protestiert. Er lässt die kurdischen Stellungen bombardieren. Ein Sprecher verkündet: »Auch Amerikaner könnten zum Ziel werden.« Das Beispiel zeigt, wie kompliziert die Verhältnisse in Syrien sind und wie mühsam es für die Amerikaner ist ohne eigene Bodentruppen.

Die Entscheidung der Amerikaner für die SDF ist ein herber Schlag für die Türken – und ein kleiner, aber wichtiger Erfolg für die Kurden. Das Fernduell zwischen Erdogan und seinem Gefangenen im Marmarameer geht also weiter. Dabei hat Öcalan einen gefährlichen Gegner im Nacken: Masud Barzani, den Regierungschef des kurdischen Nord-Irak. Der konservative Clanchef unterstützt Erdogan und dessen Sanktionen gegen Rojava. Der Hardliner alter Schule will nicht, dass das linke Experiment Rojava ein Erfolg für Öcalan wird. Solidarität auf Kurdisch. Zugegeben: Schwer zu verstehen, aber es gilt noch immer die alte Binsenweisheit. Ein Kurde, zwei Meinungen. Drei Milizen. Ziemlich beste Feinde eben.

Muhterem Aras
Eine Kurdin
in Deutschland

»Ich bin Alevitin kurdischer Abstammung. Und jetzt bin ich Deutsche«, sagt Muhterem Aras selbstbewusst, die grüne Präsidentin des Landtags von Baden-Württemberg. Ein abenteuerlicher Weg liegt hinter ihr – aus der anatolischen Provinz auf den Stuttgarter Präsidentensessel. In den 1960er-Jahren völlig unvorstellbar, als ich noch Landtagskorrespondent des Südfunks war. Die Wahl von Muhterem Aras zeigt, wie sich Deutschland seitdem durch Einwanderung verändert hat. 1978 war sie als Zwölfjährige mit ihrer Familie aus dem ostanatolischen Dorf Elmaağaç nach Baden-Württemberg gezogen. Sie studierte Wirtschaftswissenschaften, brachte es zum eigenen Steuerberatungsbüro in Stuttgart und ging, nach den rechtsradikalen Anschlägen gegen Ausländer in Rostock und Mölln im Jahr 1992, zu den Grünen. Obwohl Kurdin und Alevitin, wurde sie im schwäbischen Stuttgart zwei Mal direkt in den Landtag gewählt, 2011 mit 42,5%, als grüne Stimmenkönigin, 2016 sogar mit dem besten Ergebnis aller Abgeordneten. Ich treffe sie in ihrem Präsidentenbüro – und sie erzählt.

MA: Das »Foto im Foto« ist in unserem Wohnzimmer aufgenommen worden, 1978, kurz nach unserer Ankunft in Deutschland. In der Türkei hatten wir keinen Fotoapparat. Ein Nachbar hat das Bild gemacht. Das war natürlich eine Sensation für uns – und auch eine Art Familienzusammenführung, weil wir Kinder ein Jahr lang ohne Mutter und Vater bei Verwandten in Anatolien gelebt hatten, bevor wir nach Deutschland nachreisen konnten. Dieses Foto sagt für mich: »Jetzt sind wir zusammen!«

UK: Eine Muslima, Kurdin und Grüne wird 2016 Landtagspräsidentin – wie war denn die Reaktion?

MA: Es gab einige wenige negative Kommentare aus der AfD-Ecke, aber ansonsten waren die Reaktionen zu 95% positiv. Alle haben sich gefreut, wie weltoffen Baden-Württemberg ist. Von der »deutschen Seite« habe ich viele nette Briefe und Karten bekommen. Und auch aus der türkisch-kurdischen Community kam sehr viel Positives. Man ist stolz auf mich, ich bin ein Vorbild. Das Schöne ist, dass auch Italiener oder Griechen, wenn ich ihnen begegne, sagen: »Sie sind ein Vorbild für unsere Kinder, wir sind so stolz auf Sie.«

UK: Wie gehen Sie denn mit den Leuten von der AfD um? Eine der Abgeordneten hat ja gesagt, Ihre Wahl sei ein Beispiel für den »Genozid am Deutschen Volk«.

MA: Als Landtagspräsidentin gehe ich fair und respektvoll mit den Abgeordneten um, auch mit denen der AfD. Ich bin ja nicht die Präsidentin der Grünen oder der Regierungskoalition, sondern repräsentiere alle gewählten Abgeordneten.

UK: Sie sind Alevitin. Es ist ja umstritten, ob die Aleviten überhaupt muslimisch sind.

MA: Ich persönlich würde sagen, dass das Alevitentum eine fortschrittliche Islamrichtung ist, die den Koran und den Islam einfach anders auslegt. Ich bin froh, dass ich zu diesem progressiven Teil gehöre – ohne etwas dazu beigetragen zu haben. Weil es das Leben für mich deutlich einfacher macht. Und angenehmer.

UK: Inwiefern?

MA: In meiner Kindheit habe ich die alevitischen Rituale gelebt, in unserer Familie wurde auch gefastet. Aber als Teenager und als Erwachsene habe ich das nicht mehr gemacht, wir wurden auch nie von unseren Eltern gezwungen. Ich komme zwar aus sehr einfachen Verhältnissen, aber meine Eltern waren sehr offen, da habe ich einfach Glück gehabt. Ich hab das Alevitentum so erlebt, dass Bildung einen hohen Stellenwert hat, dass Gleichberechtigung von Mann und Frau wichtig ist und dass Frauen wirklich etwas zu sagen haben. In der Schule in der Türkei habe ich dann ganz andere Sachen erfahren: Dort wurde der reine sunnitische Religionsunterricht gegeben, und dort haben wir als Kinder immer wieder hören müssen, wie schlimm wir Aleviten sind.

UK: Wurde Ihre Familie verfolgt?

MA: Wir wurden unterdrückt. Es war immer eine ganz schwierige Geschichte – mit meiner ethnischen Herkunft als Kurdin. Und dann auch noch Alevitin. Das waren zwei große »Makel«. Wir lebten in einer Region, in der es neun kleine alevitische Dörfer gab – wie Fremdkörper in einer rein sunnitischen Welt.

UK: Empfinden Sie sich eher als Kurdin oder als Alevitin?

MA: Ich bin Alevitin kurdischer Abstammung aus der Türkei – und jetzt fühle ich mich als Deutsche. Weil ich mich hier zugehörig fühle, weil ich mich hier zu Hause fühle. Deshalb liebe ich dieses Land auch so sehr. Kurdisch ist meine Muttersprache, Türkisch habe ich in der Schule gelernt – und es wurde alles versucht, dass wir unsere Herkunft, unsere Sprache leugnen. Ich erinnere mich noch an meine Schulzeit, als am Anfang des Schuljahres die Lehrer immer einen aus der Klasse ausgewählt haben, der rumlauerte und einen verpetzt hat, wenn man kurdisch gesprochen hat in der Familie.

UK: Das war verboten.

MA: Es war ganz lange verboten, allein das Wort »Kurde« zu verwenden. Wir waren »Bergtürken«. Als wir nach Deutschland gekommen sind, haben wir in einem Dreifamilienhaus gewohnt, unter uns zwei türkischstämmige Familien. Und das Erste, was wir hier von unseren Eltern eingebläut bekommen haben, war: Die Nachbarn sollen nicht wissen, dass wir Kurden sind! Irgendwann kam es natürlich doch raus. Aber wir haben das lange geleugnet. Erst sehr viel später haben wir gelernt, hinzustehen und zu sagen: »Moment mal: Ich spreche Kurdisch!« Umso dankbarer bin ich, dass ich in diesem wunderbaren freien Land lebe, wo ich zu meiner Herkunft stehen kann, wo ich sie nicht leugnen muss. Das ist so ein hohes Gut, das kann man gar nicht beschreiben, wenn man es selber nicht erlebt hat. In den Sommerferien sind wir, ganz klassisch, mit einem Ford Transit mit fünf Kindern in die Türkei zur Familie in die Ferien gefahren. Im Auto haben wir kurdische Kassetten gehört. Kurz vor der türkischen Grenze entsorgten wir immer alle Kassetten. Diese Angst!

UK: Die Kurden sind ja eine schwierige Nation ...

MA: Die Kurden kommen deshalb nicht weiter, weil sie auf verschiedene Länder verteilt sind. Sie sind unkoordiniert. Letztlich hängt die Tragödie der Kurden auch damit zusammen, dass sie bis zum heutigen Tag oft instrumentalisiert werden und am Ende auf keinen grünen Zweig kommen. Sie verfolgen keine gleichen Ziele. Deshalb kann man sie – je nachdem, wofür man sie braucht – mal von der einen, mal von der anderen Seite für seine Interessen einspannen. Und sogar gegeneinander aufbringen. Deshalb ist es ganz schwierig, was hinzukriegen.

UK: Es wird nie einen Kurdenstaat geben?

MA: Ich halte es für entscheidend, dass die Menschen frei leben können. Ihre Sprache, ihre Kultur muss gefördert werden, also nicht nur akzeptiert. Ich hoffe, dass in der Türkei die Kräfte zunehmen, die sagen: »Wir haben es satt, uns gegeneinander ausspielen zu lassen.« Da gewinnt doch keiner! Auf beiden Seiten verlieren Menschen ihr Leben. Sie verlieren alles.

UK: Wie erklären Sie sich, dass in Deutschland die Mehrheit der zur Wahl gegangenen Türken Erdogan gewählt hat?

MA: Zunächst habe ich keinerlei Verständnis dafür! Und trotzdem versuche ich mir zu erklären: Warum schafft er das? Ich glaube, dass es Erdogan aus der Ferne gelingt, den Menschen hier eine Art Stolz zu vermitteln. Das zeigt auf der anderen Seite, dass diese Menschen sich hier offenbar nicht ganz angenommen fühlen. Wenn Menschen mit türkischen Namen sich nachweislich sieben Mal häufiger bewerben müssen, um zu einem Vorstellungsgespräch zu kommen – bei der gleichen Qualifikation – oder bei der Wohnungssuche deutliche Probleme haben, egal wie weit sie integriert sind. Dann kann sich Erdogan als Vaterfigur darstellen. Er gibt ihnen das Gefühl: Ihr seid nicht Menschen zweiter Klasse. Das zu ändern ist auch unsere Aufgabe, hier in unserem Land.

Die Kurden 205

UK: Wenn Sie eine Zwischenbilanz Ihres Lebens ziehen – wie sieht die aus?

MA: Ich bin vor allem meinem Vater unglaublich dankbar, dass er nach Deutschland gegangen ist und uns damit eine Perspektive eröffnet hat. Dieses Land hat uns Chancen gegeben, die wir in der Türkei nie gehabt hätten. Mein Vater sagt manchmal: »Ich hab nichts für euch getan.« Ich sage immer: »Vater, dass du uns nach Deutschland gebracht hast, das ist das größte Geschenk, das du uns machen konntest.« Davor habe ich großen Respekt und empfinde große Dankbarkeit. Dass er damals, unter ganz einfachen Verhältnissen, diesen Mut hatte. Dass wir nicht mehr unsere Herkunft, unsere Ethnie, unsere Sprache leugnen müssen. Das ist so eine Befreiung, das kann man gar nicht in Worten beschreiben. Und deshalb bin ich so froh und dankbar, dass ich in diesem Rechtsstaat, in diesem Land lebe.

9. Libyen
Das Loch nach Europa

Gaddafi lebt, obwohl er oft totgesagt wurde. Er befindet sich an einem sicheren Ort. Versichert sein Anwalt. Seif al Islam, der zweite Sohn Muammar al Gaddafis, ist wieder ein freier Mann. Nach einem Freispruch des Gerichts in Sintan, einer Stadt im Westen Libyens, wurde er aus dem Gefängnis entlassen. Eigentlich hätte er Nachfolger seines Vaters werden sollen. Jetzt denkt er über ein Comeback in die Politik nach. Die Richter in Sintan hatten sich bei seinem Freispruch auf eine Generalamnestie der Regierung in Tripolis berufen.

Andere Richter hatten Gaddafi noch ein Jahr zuvor wegen Mordes und Korruption in Tripolis zum Tode durch ein Erschießungskommando verurteilt. Das Urteil konnte aber nicht vollzogen werden, weil Seif al Islam seit 2011 in den Händen einer Miliz aus Sintan war.

Das Schicksal von Seif al Islam zeigt erschreckend deutlich den Zustand Libyens. Es herrscht totales Chaos. Kurz nach dem Sturz Muammar al Gaddafis im August 2011 und nach den ersten Wahlen hatte es so ausgesehen, als würde Libyen eine Erfolgsgeschichte. Die Ernüchterung kam schnell. Es gab zwei Regierungen, zwei Parlamente – in Tobruk und Tripolis – und zwei völlig unterschiedliche Rechtsauffassungen. Die westliche Militärintervention hat eine politische Katastrophe ausgelöst – wie im Irak. Das Land hat zwar einen »Regime-Change« erlebt, ist aber in vorkoloniale Zustände zurückgefallen, weil es nicht nur kein Regime, sondern auch keinen Staat mehr gibt. Stammesmilizen beherrschen den Alltag.

Man muss wissen: In Libyen existierte vor der Machtübernahme Gaddafis im Jahr 1969 ein funktionierender Staat nie wirklich – im Gegensatz etwa zum benachbarten Ägypten oder

zu Tunesien. Libyens Geschichte verlief anders. Die Kolonialmächte hatten aus drei völlig verschiedenen Regionen einen
neuen Staat gebastelt: aus Tripolitanien, der Cyrenaika und
dem südlichen Fezzan. Ein Kunstprodukt, das nie eine eigene
Identität entwickelte. Der Staat, das war Muammar al Gaddafi. In
Gaddafis Libyen gab es keine Opposition, keine Parteien, keine
Gewerkschaften. In seinem Wüstenstaat hatten die alten Stam-
messtrukturen überlebt. Gaddafi regelte das politische Leben
mit den Stammesführern. Auf kurzem Weg.

Das Rückgrat seiner Herrschaft bilden die Gaddafas, einer der
kleinen, ursprünglich nomadischen Stämme. Geschickt hat er es
verstanden, auch den größten libyschen Stamm, die Warfallas, in
sein Machtgefüge einzubinden. Ein ausgeklügeltes Herrschaftssystem. Gaddafi verteilte Macht, Ölgeld und Posten wie ein mittel-
alterlicher Lehensherr. Dafür erwartete er Loyalität. Feudalismus
pur. Da er sich aber als arabischer Revolutionsheld verstand,
erfand er die *Dschamahirija*, wie er es nannte: die Herrschaft der
Massen. Angeblich die reinste Form der Demokratie. Er versuchte den Libyern allen Ernstes weiszumachen, dass sie sich selbst
regierten – obwohl die »Massen« davon gar nichts merkten. Zum
Beweis dafür verzichtete Gaddafi 1979 demonstrativ auf alle
politischen Ämter. Er wollte nur noch Revolutionsführer sein.
Reine Fantasy, eine Farce. Die pittoresken Revolutionskomitees,
die angeblich das Volk repräsentierten und die Richtung der Politik bestimmten, waren Inszenierungen für die Medien, reines
Showbusiness. Gaddafi tat so, als spielte er keine Rolle mehr.
»Bruder Muammar« redete unentwegt von Volksherrschaft,
behielt aber weiter die Fäden fest in der Hand. Gaddafi ließ politische Gegner foltern und umbringen, wie es ihm beliebte. Statt
funktionierender Institutionen gab es mafiöse Netze.

Im April 1975 hatte ich einen ganz anderen Gaddafi kennengelernt. Bei einem seiner ersten Fernsehinterviews, im später
berühmt gewordenen Beduinenzelt. Lange hatte ich auf das Gespräch im Hotel warten müssen. Fast drei Wochen. Dann endlich
klingelte kurz vor Mitternacht das Telefon. Gaddafi war bereit.

Eine Stunde saß ich dann mit »Bruder Muammar« in seinem Zelt zusammen. Er erwies sich als unkompliziert, fast schüchtern. Gaddafi, mit damals 33 Jahren der jüngste Staatschef der Welt, wirkte bescheiden. Als Vorsitzender des libyschen Revolutionsrats hatte er keinen Fahrer, sondern steuerte seinen Dienstwagen selbst. Einen einfachen Peugeot 504. Für die späte Stunde entschuldigte er sich – er habe seinen Beduinen Traktorfahren beibringen müssen. Den ganzen Tag. Deshalb sei es so spät geworden. Der junge Gaddafi, den ich im Interview erlebt habe, war tatsächlich der Sozialrevolutionär, für den er sich bis zu seinem Ende hielt.

Die Libyer mochten ihn; und sie hatten allen Grund dazu. Mit den sprudelnden Öleinnahmen hatte der junge Gaddafi ein Rentensystem eingeführt und kostenlose medizinische Versorgung. Gaddafi gab sich sozial. Sein »Great-Man-Made-River-Projekt« pumpte fossiles Grundwasser aus tief liegendem Gestein aus der Sahara. Bei der Suche nach neuen Ölfeldern war man zufällig auf das gigantische Wasserreservoir gestoßen. Die weltweit größte Trinkwasserpipeline. Noch heute versorgt sie auch die Großstädte Tripolis und Bengasi mit Wasser. Mit Libyen, lange eines der ärmsten Länder der Region, ging es unter seinem jugendlichen Staatschef aufwärts.

42 Jahre lang funktionierte sein raffiniertes Herrschaftssystem. Nicht immer reibungslos, aber es funktionierte. Gaddafi war eben kein einfacher Irrer, wie westliche Medien manchmal suggerierten. Kein anderer arabischer Staatschef regierte so lange wie er. Das Vermögen, das er in dieser langen Regierungszeit zusammenraffte, wird nach Recherchen der *Süddeutschen Zeitung* auf mehr als 100 Milliarden Dollar geschätzt. Gaddafi war der reichste Staatschef der Welt – und sah sich selbst als Revolutionär. Ein begnadeter Exzentriker. Bei »Bruder Muammar« passte manch Bizarres zusammen. Er war der Freak der Weltpolitik. Raffiniert, unberechenbar, bösartig und schlau. Eine komplizierte Persönlichkeit. Gaddafi war vor allem ein genialer Intrigant, der es immer wieder schaffte, die einflussreichen Stämme gegeneinander auszuspielen.

Aber irgendwann war Schluss. »Wir sagen unserem Bruder, er ist nicht mehr unser Bruder!« Das verkündete Akram Warfalli, der Chef des größten libyschen Stamms, wenige Tage nach dem Ausbruch der libyschen Revolte im Februar 2011 dem Sender *al Dschasira*. Es war der Anfang vom Ende. Gaddafi hatte längst den Bezug zur Realität verloren, er lebte in einer Fantasiewelt. Er hatte sich, enttäuscht von den Arabern, zum »König der Könige Afrikas« ausrufen lassen. Auch den Widerstand gegen sein Regime nahm er nicht ernst. »Es gibt keine Rebellen in Libyen, mein Volk liebt mich!«, protzte Gaddafi nach dem Ausbruch des »Arabischen Frühlings«.

Aber seine Lage wurde immer brenzliger. Besonders nachdem die NATO in den Konflikt eingegriffen hatte. Als es schon zu spät war, versuchte er mit einer letzten Rede sein Schicksal zu wenden. Als Kulisse diente die Ruine seiner ehemaligen Residenz in Tripolis, die US-Kampfjets 1986 zerstört hatten. Er tritt live im libyschen Fernsehen auf. Er schäumt, er tobt, er zetert, er fleht, er keift, er beschwört und er droht. Gaddafi versucht sein unartiges Volk einfach niederzuschreien. Eine Revolte gegen ihn, den ewigen Revolutionär? Lächerlich! Seine Stimme überschlägt sich, als er sich selbst als einzige Bastion gegen Kolonialisten, Imperialisten und Islamisten preist. Seine Gegner würden »wie Ratten verfolgt«, schreit er ins Mikrofon. »Ich werde Libyen nicht verlassen. Lieber werde ich als Märtyrer sterben!«

Am 21. August 2011 flieht er dann doch aus Tripolis. Die letzten Wochen seines Lebens ist er auf der Flucht. In seiner Heimatstadt Sirte verschanzt er sich. Als die Lage aussichtslos wird, versucht er sich auch von dort abzusetzen. NATO-Jets entdecken die fliehende Kolonne und bombardieren sie. Gaddafi wird verletzt und schleppt sich in ein Abwasserrohr, wo ihn Rebellen aufspüren.

Sein Ende ist schrecklich. Es gibt ein Handyvideo von Gaddafis Martyrium. Die Bilder zeigen ihn mit blutüberströmtem Gesicht, fast besinnungslos. Viele Hände greifen nach ihm, wollen ihn quälen. Drei Stunden lang wird Gaddafi von Milizen aus Misrata geschlagen und verhöhnt, gefoltert und vergewaltigt. Sie nehmen

Rache für Gräueltaten, die Gaddafis Soldateska zuvor in Misrata begangen hat. Einer der aufgeputschten Milizionäre rammt ihm ein Bajonett in den Anus. Eine rasende Menge versucht seine Leiden zu verlängern. Sie schlagen ihn ins Gesicht, streuen Sand in seine Wunden. Er soll langsam und qualvoll sterben. Als es mit ihm zu Ende geht, schleppt ein Mob den sterbenden Gaddafi im Blutrausch durch die Straßen seiner Heimatstadt. Ein unwürdiges Ende, auch für einen rücksichtslosen Despoten, und kein Ruhmesblatt für die Rebellen. Diese grauenvolle Lynchaktion ist einer der Geburtsfehler des neuen, angeblich demokratischen Libyen.

Die Rebellen hatten gewonnen. Nicht zuletzt mithilfe der Europäer. Nur vier Jahre zuvor hatte Nicolas Sarkozy, kurz nach seiner Wahl zum französischen Präsidenten, Gaddafi noch mit viel Glamour als Staatsgast in Paris empfangen. Damals wurde Sarkozy in der Presse mit dem Satz zitiert: »Wir sind ziemlich enge Freunde.«

Im Frühjahr 2011 aber waren Sarkozys Umfragewerte im Keller. Seine Wiederwahl akut gefährdet. Mit dem Ausländerthema versuchte er Boden gutzumachen. Die Krise in Libyen kam ihm gelegen, jetzt konnte er sich als starker Mann positionieren. Die angebliche Freundschaft war vergessen. Eine fast schon orientalische Politschmonzette nahm ihren Lauf: Der Nobelphilosoph Bernard-Henri Lévy war im März nach Bengasi gereist. Sein Ziel: Sturz Gaddafis. In maßloser Selbstüberschätzung wollte der Intellektuelle das Weltgeschehen nicht nur ergründen und erklären – jetzt wollte er Schicksal spielen. Nach einem kurzen Kontakt mit den Rebellen riet er Sarkozy in einem Telefongespräch zum Eingreifen. Der, ganz Staatsmann, hatte für den 19. März 2011 zu einem Gipfeltreffen nach Paris geladen. Das Who's who der Weltpolitik gibt ihm die Ehre: von US-Außenministerin Hillary Clinton über NATO-Generalsekretär Stoltenberg zu den meisten europäischen Regierungschefs, auch Cameron und Tusk, Berlusconi und Merkel. Es wirkte so, als wollte er sie in Haftung nehmen.

Um 16:45 Uhr desselben Tags begannen französische Kampfflugzeuge mit dem Angriff auf Gaddafis Stellungen. Fünf Monate später feiern die Aufständischen in Bengasi ihren Sieg.

Schnell wird deutlich, wie kopflos die Militäraktion war, wie ratlos und zerstritten die Sieger sind. Sie haben kein Konzept, wie es mit Libyen weitergehen soll. Der Vorsitzende des Übergangsrats Mustafa abdel Dschalil provoziert auf der Siegesfeier seine westlichen Helfer: Die Scharia soll in Zukunft die Grundlage des Rechts werden. Auch die islamische Vielehe, die Gaddafi abgeschafft hatte, soll wieder eingeführt werden. Nur in diesem Punkt wurde der Rebellenchef konkret. Als ob Libyen keine anderen Probleme hätte.

Der Übergangsrat blieb schwach und hilflos. Es gelang ihm nicht, die vielen Milizen zu entwaffnen, die Gaddafis Waffenarsenale geplündert hatten. Auch die Nachfolgeregierungen blieben machtlos. Abtrünnige Generäle, Stammesmilizen, Dschihadisten und ganz gewöhnliche Banditen kämpften um Macht und Einfluss in Libyen. Es gab keine funktionierenden Institutionen. Das Militär befand sich in Auflösung, auch die Polizei. Das Erbe von Gaddafis Einmannherrschaft war ein Land ohne Staat und ohne Identität. Das sollte sich rächen.

Im Sommer 2012 griffen Islamisten das amerikanische Konsulat in Bengasi an und schossen es in Brand. Botschafter Stevens starb an einer Rauchvergiftung. Der jemenitische Arm von al Kaida behauptete, den Botschafter ermordet zu haben. Aus Rache für den Tod des libyschen Dschihadisten Abu Yahya al Libi. Nach dem Tod Osama bin Ladens war der zur Nummer zwei in der Hierarchie von al Kaida aufgestiegen. Von einer amerikanischen Drohne war er getötet worden.

Danach waren Diplomaten in Libyen nicht mehr sicher. Das Land taumelte ins Chaos. Daran änderte sich auch nach der ersten Wahl 2012 nichts – und das, obwohl eine liberale Allianz Wahlsieger wurde. Anders als in Ägypten und Tunesien hatten in Libyen nicht die Islamisten die Mehrheit gewonnen. Im Westen atmete man schon erleichtert auf. Die Islamisten aber gaben sich nicht geschlagen. Mit politischen Tricks und Gewalt schafften sie es doch noch, die Oberhand im neu gewählten, chaotischen Nationalkongress zu erobern.

Im Mai 2013 gelang es ihnen, ein Gesetz zur »politischen Isolierung« durchzusetzen, das Sprengwirkung hatte. Alle, die unter Gaddafi ein politisches Amt hatten, werden von der Politik ausgeschlossen. Das hätte Berufsverbot für viele Politiker aus dem nationalistischen Lager bedeutet. Bei der Abstimmung hatten bewaffnete Milizen das Parlament in Tripolis umstellt, um den Parlamentariern Druck zu machen.

Dann passierte, was Pessimisten schon lange befürchtet hatten: 2014 eskalierte der Konflikt zwischen Islamisten und Nationalisten. Ein Grund ist sicher Ex-General Khalifa Haftar. Er erscheint überraschend auf der politischen Bühne, stilisiert sich als Retter Libyens und startet seine »Operation Würde«. Haftar war 1987 während des Tschadkriegs aus der libyschen Armee desertiert und hatte sich in die USA abgesetzt. Ein Mann mit einer nicht ganz durchsichtigen Vergangenheit. Er hatte Kontakte zum CIA. Jetzt stellte sich Haftar an die Spitze der Antimilizenbewegung. Mit den Marodeuren, das versprach er den Libyern, werde er aufräumen. Im Mai 2014 stürmten Haftars Verbündete den Nationalkongress in Tripolis und erklärten ihn für abgesetzt. Demokratie auf Libysch.

Ein erstaunlicher Kampf um Legitimität folgt. Mit Waffen und Wahlen. Überraschend werden Neuwahlen angesetzt, schon das gleicht einem Wunder. Für die Islamisten ist das Wahlergebnis verheerend. Sie erobern gerade einmal 30 von 200 Sitzen.

Wieder greifen sie zu den Waffen. Mit der Parole »Morgenröte« beginnt die Rückeroberung von Tripolis – Maschinenpistolen und Stimmzettel, eine sehr eigenwillige Form demokratischer Willensbildung. Das frisch gewählte Parlament flieht und tritt im 1.200 Kilometer entfernten Tobruk zusammen, im Ostteil des Landes. Es wählt einen neuen Ministerpräsidenten. Die islamistischen Abgeordneten boykottieren das neue Parlament. Sie bleiben in Tripolis. Dort wird der alte Nationalkongress wiederbelebt. Das Land ist endgültig gespalten.

Libyen hat jetzt zwei Parlamente, zwei Regierungen und ein Problem: Wer ist der legitime Vertreter des libyschen Volkes? Eine komplizierte verfassungsrechtliche Konstellation. International anerkannt wird aber nur das Parlament in Tobruk.

Die Bilanz nach zwei Jahren libyscher Revolution ist verheerend. Bürgerkrieg und Machtkämpfe haben das Land verwüstet. Fast die Hälfte aller libyschen Schulen ist zerstört, viele Universitäten sind geschlossen. Ihre Büros und Computerräume wurden ausgeraubt. Es fehlen Ärzte und Pflegepersonal, das zu Gaddafis Zeiten aus dem Ausland kam. Das Gesundheitssystem ist zusammengebrochen. Strom gibt es nur noch stundenweise, das Internet funktioniert nur selten. Die Erdölförderung sinkt von 1,5 Millionen auf 300.000 Barrel. Viele Flughäfen sind verwüstet. Lebensmittel werden fast alle aus dem Ausland importiert. Die Preise sind in astronomische Höhen gestiegen. Mehr als eine Million Libyer sind in die Nachbarländer Ägypten und Tunesien geflüchtet. Terror, Chaos und Milizenwillkür. Die Lage in Libyen wird immer unübersichtlicher.

Ein fruchtbarer Boden für den Islamischen Staat. Der nutzt das entstandene Machtvakuum. Wie im Irak und in Syrien. Ausgerechnet in Sirte, der Heimatstadt Gaddafis, errichtet er ein drakonisches Regime. Anfang November 2014 tauchen die Bärtigen in der Stadt am Mittelmeer auf. Weniger als 100 Kämpfer. Scheinbar nicht der Rede wert. Wie üblich kundschaften sie zuerst die Lage aus. Sie sammeln Informationen und schmieden Allianzen mit lokalen Dschihadisten. Nach drei Monaten wagen sie den offenen Kampf. Eine Revolte der Einwohner schlagen sie blutig nieder. Seit August 2015 haben sie die Stadt fest im Griff. Es war, als würden die Dschihadisten nach einem Drehbuch handeln. In Hunderten anderer Fälle war die Machtübernahme genau so geschehen. In Syrien und im Irak. Danach bauen sie Sirte zu einer Hochburg des IS aus. Zwei Dritteln der 80.000 Bewohner gelingt es zu fliehen, der Rest muss mit den neuen Regeln leben. Im August 2015 verkündet der IS eine Stadtcharta: Alkohol, Rauchen, öffentliche Versammlungen – alles verboten. Männer müssen ihre Bärte wachsen lassen und Hosen tragen, die über dem Knöchel enden. Frauen sich in schwarze Gewänder hüllen. Der Niqab wird Kleidervorschrift für die Frauen von Sirte. Parfum verboten. Frauen sollen sich um den Haushalt kümmern. Sie sollten das Haus nur verlassen, wenn es dringend notwendig ist. Ladenbesitzern ist es verboten, Frauen zu bedienen, die ein Geschäft ohne männliche Begleitung betreten. Verstöße gegen die Charta werden mit drakonischen Strafen verfolgt. Selbst ernannte Schura-Richter verurteilen die Delinquenten im Schnellverfahren. Auf dem Platz der Märtyrer, im Stadtzentrum, werden sie öffentlich ausgepeitscht oder enthauptet. Je nach Schwere des Vergehens. Zur Abschreckung werden die Leichen an verkehrsstarken Kreuzungen aufgehängt. Der ganz normale IS-Terror. Wie in Syrien und im Irak.

Dann schockt ein IS-Video die Weltöffentlichkeit. 21 koptische Christen werden geköpft. Gastarbeiter aus einer der ärmsten Regionen Ägyptens. Es ist das erste Mordvideo des IS aus Libyen. Am Mittelmeerstrand werden sie mit Messern simultan enthauptet. Das Markenzeichen des IS. Am Ende des Videos ist Meerwasser zu sehen, wie es sich mit Blut vermischt. Dschihadisten-kitsch. Einer der Mörder droht auf Englisch in die Kamera: »Oh, ihr Kreuzfahrer, Sicherheit ist für euch nur noch ein Wunschtraum!« Dann zeigt er mit dem Dolch auf das offene Meer: »Wir werden Rom erobern, wenn Allah das will!« Vorerst setzt sich der IS aber in Sirte und Umgebung fest. Mit 4.000 bis 5.000 Kämpfern. Eine neue Filiale des Islamischen Staates.

Jetzt existieren drei bis auf die Zähne bewaffnete Lager in Libyen. Das macht die ohnehin prekäre Lage noch komplizierter. In dieser scheinbar unentwirrbaren Situation zaubert Ban Ki Moon, der UNO-Generalsekretär, einen Architekten aus dem Hut: Fayiz as Sarradsch, Mitglied einer in Libyen anerkannten Familie und Parlamentsabgeordneter. Ihm überträgt er eine heikle Mission: Er soll die beiden feindlichen libyschen Lager zusammenbringen, den IS vertreiben und als Ministerpräsident einer nationalen Versöhnungsregierung die Macht in Libyen übernehmen. Ein Himmelfahrtskommando.

Das Land bekommt also einen dritten Ministerpräsidenten. Als ob es nicht schon genug Ministerpräsidenten hätte. Der neue

Mann ist weder bei den Nationalisten in Tobruk willkommen noch bei den Islamisten in Tripolis. Die verwehren ihm, mit dem Flugzeug nach Tripolis zu reisen.

Sarradsch gibt aber nicht auf. Er nimmt ein Schiff im Nachbarland Tunesien und schippert zu einer Marinebasis in der Nähe der libyschen Hauptstadt. Von dort aus will er das Land einigen. Eine aberwitzige Idee. Sarradsch hat kein Militär und keine Miliz, die seine politischen Bemühungen unterstützen könnten. Er kann nur überzeugen und verhandeln. Und hoffen, auf diesem Weg die Fronten zu klären. Er weiß: Jenseits aller Ideologien haben die Stämme und die Städte Interessen. Die will er nutzen, um politisch voranzukommen. Überraschenderweise gibt es zudem ein paar Institutionen, die im libyschen Chaos erhalten geblieben sind: die Zentralbank, das Ölministerium und das Büro des Ministerpräsidenten. Eine bescheidene Machtbasis.

Irgendwann gelingt Sarradsch das scheinbar Unmögliche. Er schafft es per Auto nach Tripolis, mit zwei Dritteln seines Kabinetts. Guerilladiplomatie. Es gelingt ihm, die Miliz von Misrata für sich zu gewinnen, eine Stadt zwischen Tripolis und Bengasi gelegen. Hier dominieren Muslimbrüder. Unterstützt von der Türkei und Katar. Ein geschickter Schachzug, aber die Machthaber in Tobruk misstrauen der Miliz von Misrata bei der geplanten Befreiung Sirtes vom IS.

Sarradsch ordert US-Luftschläge. Mithilfe der Amerikaner gelingt es den Milizionären von Misrata, die jetzt »Regierungstruppen« sind, tatsächlich, den IS in Sirte zu besiegen. Nach einem langen und blutigen Kampf von Haus zu Haus. Der erste Erfolg für Sarradsch. Aber angesichts der libyschen Probleme nur ein kleiner Schritt. Eigentlich müsste Libyen ohne Hilfe von außen in der Lage sein, seine Probleme zu lösen. Besser jedenfalls als die anderen gestrauchelten arabischen Staaten. Mit sechs Millionen Einwohnern hat das Land eine überschaubare Größe. Und eine relativ unkomplizierte religiöse Struktur – 95% der Libyer sind sunnitische Muslime. Außerdem ist das Land reich, es verfügt über genügend Ölreserven.

Sarradsch ist die letzte Hoffnung der Libyer – aber auch der Europäer. Nach Schließung der Balkanroute ist das Land das größte Loch nach Europa. 150.000 Flüchtlinge kamen allein 2015 über die zentrale Mittelmeerroute. Libyen ist zu einem Schlüsselland für Deutschland und Europa geworden und ein Paradies für Schlepper. Viele Tausende Flüchtlinge aus Afrika warten auf eine Flucht nach Europa. Unter unmenschlichen Bedingungen.

Libyen ist noch immer gesetzlos, ein Land ohne Staat. Es ist einfach, unentdeckt aus- und einzureisen. Es gibt keine staatlichen Grenzkontrollen mehr. Im Süden sind es vor allem Tubu- und Tuareg-Milizen, die die Region beherrschen. Die libysche Küstenwache existiert nur noch auf dem Papier. Mit den wenigen noch einsatzfähigen Schiffen ist es unmöglich, die 1.700 Kilometer Küste zu überwachen.

Das ist der Grund, weshalb Tausende von Flüchtlingen in Libyen ihre Chance wittern und auf die rettende Überfahrt nach Europa warten. Die Zahlen klingen bedrohlich. Von einer Million ist bei Schwarzmalern die Rede. Eigentlich ein Ding der Unmöglichkeit. Andere nennen 800.000. Wieder andere schätzen die Flüchtlinge auf 500.000. Der Spiegel schreibt, dass es Zehntausende sind. Wohl eine realistische Schätzung.

Es ist das eingetreten, was Gaddafi im Februar 2011 den Europäern angedroht hatte. »Wenn ihr mich von der Macht vertreibt, wird euch eine Immigrantenwelle aus Afrika überrollen.« Gaddafi war zwar ein Schurke, aber die Europäer konnten sich gelegentlich auf ihn verlassen. Er hatte je nach Lust und Laune Flüchtlinge zurückgehalten oder aufs Meer geschickt. Um europäische Politiker zu erpressen.

Die meisten Flüchtlinge kommen tatsächlich aus Afrika. Sie haben meist eine lange Leidensgeschichte hinter sich. Von Europa träumen sie wie von einem Paradies. In Libyen gibt es dann ein böses Erwachen. Sie werden in ehemaligen Fabriken oder Schulen eingesperrt, wie in Gefängnissen, und sind der Willkür und der Gewalt der Milizen ausgesetzt. Die nehmen ihnen oft alles ab: Geld, Handy und Pass. KZ-ähnliche Zustände. Manche Milizen finanzieren sich durch Menschenhandel. Zwischen 1.000 und 1.500 Euro kostet die Reise nach Europa – ein Milliardengeschäft. Der *Stern* zitiert einen Flüchtling, der es auf die italienische Mittelmeerinsel Lampedusa geschafft hat: »Libyen ist gefährlicher als das Meer und schlimmer als der Tod.« Wenn die Flüchtlinge nach einer langen und gefährlichen Reise durch die Sahara das Mittelmeer lebend erreicht haben, gibt es kein Zurück mehr. Die Schleuser kennen nur eine Richtung. Rückschleusung gibt es nicht. Zu wenig lukrativ. Es beginnt eine Reise auf Leben und Tod. Die Strecke zwischen der libyschen Küste und Lampedusa ist zum gefährlichsten Seeweg der Welt geworden. Nirgendwo ertrinken so viele Menschen wie im Mittelmeer. Eine Horrorgeschichte. 24.000 sind es nach Schätzung von Experten seit dem Jahr 2000.

Die schrecklichste Tragödie passierte 2015. 700 Flüchtlinge ertranken in dem Augenblick, als sich ein rettendes Schiff dem Seelenverkäufer näherte. Voller Aufregung hatten sich die Verzweifelten auf eine Bordseite gestürzt, das Schiff kenterte und ging unter.

Trotz solcher Katastrophen riskieren immer mehr Menschen die gefährliche Reise auf vollgestopften Schlauchbooten und ausrangierten Seelenverkäufern. Die Flüchtlinge kommen aus brutalen Diktaturen. Wer scheitert, versucht es wieder, bis er es nach Europa schafft oder ertrinkt.

Libyen lebt vom Menschenschmuggel. Viele Libyer beuten die Flüchtlinge aus. Als Tagelöhner und als Mieter. Am schlimmsten aber sind die sogenannten »Schakale«, Banditen, die in der libyschen Zwölfmeilenzone den Flüchtlingsbooten auflauern. Aasgeier der Migration. Wenn die vollbesetzten Schlauchboote kentern, sind sie zur Stelle. Sie sammeln alles Verwertbare auf und schleppen die Schlauchboote wieder zurück an die Küste. Ein gutes Geschäft, weil den Schleppern Boote fehlen. Die pferchen immer mehr Flüchtlinge in immer untauglichere Fischer- und Gummiboote, weil sie wissen: Sie müssen es nur aus der Zwölfmeilenzone schaffen. Dahinter operieren Schiffe der europäischen Grenzbehörde Frontex und privater Helfer in internationalen Gewässern. Das führt zu dem absurden Ergebnis, dass die Helfer das Geschäft der Schlepper erleichtern und sozusagen subventionieren. Von der libyschen Küstenwache werden die Schlepper nur ganz selten belästigt. Das Chaos hat Libyen fest im Griff. Es gibt keine Armee, die für Ordnung sorgen könnte, wie im benachbarten Ägypten. Keine Polizei, die den Namen verdient. Nur Milizen.

Im August 2017 dann eine überraschende Wende: Plötzlich kommen kaum mehr Flüchtlinge in Italien an. Die Medien spekulieren über die Gründe. Die EU verkauft die Entwicklung als Erfolg ihrer neuen Flüchtlingspolitik: enge Zusammenarbeit mit der schwachen Regierung der Nationalen Einheit und Stärkung der libyschen Küstenwache. In Wahrheit hat eine Schleuserbande die Seiten gewechselt. Die *Neue Zürcher Zeitung* nennt auch Namen: Offensichtlich ist es die Miliz des mächtigen Dabashi-Clans. Seit August verhindert sie das Ablegen von Flüchtlingsbooten. Gegen Bezahlung, versteht sich. Der Deal war von italienischen Geheimdienstleuten eingefädelt worden. Auch die Mafia hat laut *NZZ* die Hände im Spiel. Ein zynischer Milliardenhandel mit Flüchtlingen und libyschem Öl. Ein schmutziges Geschäft, bei dem die Unterwelt die Regeln mitbestimmt und die Regierungen regelrecht vorführt. Alles andere als eine ernst zu nehmende Flüchtlingspolitik. Aber kurzzeitig effektiv.

Trotzdem gibt es ein wenig Hoffnung. Glaubt zumindest Martin Kobler, der deutsche Diplomat und UN-Vermittler für Libyen. Ein unverbesserlicher Optimist. Er hatte es immerhin geschafft, die verfeindeten Lager zusammenzubringen – im fernen Marokko. Dort konnten sie sich tatsächlich auf eine Einheitsregierung verständigen und auf einen Ministerpräsidenten Sarradsch. Ein diplomatischer Erfolg.

Seitdem bewegt sich Kobler auf vermintem Gelände. Mit Diplomatie, Zähigkeit und Geduld versucht er, die neue Regierung Sarradsch funktionsfähig und den gegnerischen Fraktionen schmackhaft zu machen. Der Erfolg hält sich in Grenzen. Der UN-

Beauftragte hat sein Büro noch in Tunesien. Nach Libyen fliegt er, wenn es die Sicherheitslage zulässt. Seine UNO-Mission ist ein kühner Versuch, die hochgerüsteten feindlichen Parteien in Ost- und Westlibyen zum freiwilligen Verzicht ihrer Macht zu überreden. Kobler soll reparieren, was ein unüberlegter NATO-Angriff mit angerichtet hat. Die Intervention im Jahr 2011 war unter dem Label »Schutzverantwortung« gelaufen. Eine Leer-formel, wie sich herausgestellt hat. Nach Gaddafis Ende ließen die NATO-Alliierten Libyen im Stich.

Die Entwicklung Libyens ist die aberwitzige Geschichte eines geltungssüchtigen Philosophie-Dandys und eines von der Abwahl bedrohten französischen Staatspräsidenten. Beide haben die Vereinten Nationen und die NATO benutzt, um Gaddafi zu stür-zen. Der eine versprach sich Ruhm, der andere einen Wahlsieg. Beide interessierten sich nicht für das Land und seine Proble-me. Sie suchten Aufmerksamkeit. Schlagzeilen. Der larmoyante Philosoph Lévy ist danach in der intellektuellen Versenkung verschwunden. Sarkozy wurde abgewählt. Die Libyer aber zahlen die Rechnung.

Der Regimewechsel in Tripolis hat ein Land hinterlassen, in dem es zwar kein Regime mehr gibt, dafür aber die Herrschaft von Milizen. Chaos, Terror und Willkür. Im Sommer 2017 geht Kobler, der Friedensstifter, in Rente. Libyen ist noch immer drei-geteilt.

Das libysche Chaos ist zu einer viel größeren Bedrohung für Europa geworden, als Gaddafi es je war. Immer mehr Flüchtlinge aus Afrika drängen nach Europa, das hilflos reagiert. Libyen, ein Paradebeispiel für das Versagen westlicher Politik. Ein Pulverfass am Mittelmeer. Direkt vor den Toren Europas.

Fauzia Tushani
Eine Libyerin in Deutschland

Sie redet sich in Rage. Der Grund: die libysche Revolution. 2013 ist Fauzia Tushani mit ihrer Familie nach Berlin geflohen. Es war brenzlig geworden für sie. Als ehemalige Pressesprecherin des Gesundheitsministeriums war sie gefährdet – obwohl sie nicht zum engen Gaddafi-Lager gehört hatte. Eine besonders bittere Ironie des Schicksals: Im Westen hatte sie das Kopftuch bereits abgelegt, nun ist sie gezwungen, es wieder zu tragen. Nicht aus religiösen Gründen – in Berlin ist sie vor Kurzem an Krebs erkrankt und muss regelmäßig zur Chemotherapie in die Charité. Jetzt sitze ich mit ihr im al Nadi, einem Treff für arabische Frauen. Zur Begrüßung gibt es Mandelmilch – und Geschichten aus Libyen.

UK: Warum sind Sie weggegangen?

FT: Alle Libyer, die das Land verlassen, haben einen Grund – in der Regel Armut, Arbeitslosigkeit, oder sie haben sich politisch betätigt und werden verfolgt. Für mich trifft nichts davon zu. Ich habe mir in meinem Leben nie vorstellen können, das Land einmal zu verlassen. Ich war Beamtin, hatte ein gesichertes Einkommen und habe mich aus der Politik herausgehalten.

UK: Und wer hat Sie gezwungen?

FT: Durch das, was in Libyen passiert ist, wurde ich gezwungen. Am Anfang haben wir gedacht, das ist eine Revolution. Und jetzt können wir nur sagen: Es ist eine Katastrophe.

UK: Warum?

FT: Weil diese Gruppen, die mit dieser angeblichen Revolution nach Libyen gekommen sind, mit Demokratie nichts am Hut

haben. Das sind Muslimbrüder. Sie haben behauptet, sie wollten Demokratie. Uns geht es wie den Irakern. Die sagen:»Früher hatten wir nur einen Saddam. Jetzt haben wir tausend.«

UK: Die Muslimbrüder haben den Westen getäuscht?

FT: Vor allem die Libyer haben sie getäuscht. Der Westen wusste doch von Anfang an Bescheid. Wenn Sie sich die Entwicklungen im Irak und in anderen Ländern anschauen: Überall wurden laizistische Systeme vom Westen abgeschafft, stattdessen kamen religiöse Fundamentalisten an die Macht. Das kann doch kein Zufall sein. Die besten Freunde des Westens sind die Religiösen: Saudi-Arabien und Katar. Viele Menschen bei uns glauben, dass der Westen mit den Religiösen unter einer Decke steckt.

UK: Die Libyer sind vom Westen enttäuscht. Deshalb entstehen solche Verschwörungstheorien.

FT: In den 1970er-Jahren war Libyen schon erheblich weiter entwickelt als zum Beispiel Katar. In Städten wie Tripolis gab es ein durch die Kolonialisierung westlich geprägtes Bürgertum. Es gab Universitäten, Frauen wie ich konnten studieren. Unsere Gesellschaft war erheblich näher an Europa dran als die Länder am Golf – und trotzdem kooperiert der Westen mit Saudi-Arabien und den anderen Golfstaaten.

UK: Zurück zu Ihnen: Anfangs hatte das libysche Parlament doch eine Amnestie verkündet für alle, die mit Gaddafi zusammengearbeitet haben. Die galt auch für Sie. Warum sind Sie trotzdem weggegangen?

FT: Niemand hat daran geglaubt. Die Stimmung war so, dass alle, die in der Gaddafi-Administration gearbeitet haben, rausgeschmissen und bedroht wurden.

UK: Warum kamen Sie gerade nach Deutschland – und gingen nicht zum Beispiel nach Italien oder Frankreich?

FT: Vor dem Krieg war ich im Ministerium unter anderem auch für die Kooperation im Gesundheitsbereich zwischen Deutschland und Libyen zuständig. Wir standen im Austausch. Viele Kranke wurden hier in Deutschland behandelt. Ich habe

Libyen 225

die Kooperationsverträge gemacht. Deshalb habe ich schon seit Langem eine Beziehung zu Deutschland.

UK: Haben Sie Gaddafi persönlich kennengelernt?

FT: Nein. Persönlich nie. Ich gehörte nicht zum Gaddafi-Lager. Ich habe für den Staat gearbeitet, nicht für Gaddafi. Ich war Beamtin.

UK: Gaddafi hatte ja schon in den 1970ern die *dschamahirija*, die Herrschaft der Massen, verkündet. Gleichzeitig war er einer der reichsten Männer der Welt – mit 100 Milliarden Dollar Privatvermögen, die er aus dem Ölgeschäft abgezweigt hat. Ist das in der Bevölkerung bekannt gewesen?

FT: Er war der größte Lügner. Die Libyer wussten, dass er nicht die Wahrheit sagt. Deshalb sind ja so viele auf die Straße gegangen für die Revolution. Sie wussten schon, dass der ganze Reichtum des Landes nur an eine bestimmte Clique fließt. Die Leute wollten eine gerechte und transparente Verteilung. Ein besseres Leben.

UK: Wie war das Leben in Libyen vor der Revolution?

FT: Einerseits hatten wir vor der Revolution eine Art von »normalem Leben«. Wir haben studiert. Wir haben gearbeitet. So gesehen ging es uns gut. Aber es gab keine Meinungsfreiheit. Der Bruder meines Mannes landete als Student im Gefängnis, weil er eine Gaddafi-Karikatur gemalt hatte. An der Uni wurden Studenten gehängt, denen Umsturzpläne vorgeworfen wurden. Deshalb war Gaddafi so lange an der Macht. Sein Regime war eine Herrschaft der Angst. Man lebte in Libyen in ständiger Angst. Es gab auch verschiedene Attentate gegen ihn.

UK: Diese westliche Intervention – wie ist das auf libyscher Seite verstanden worden?

FT: Am Anfang waren wir froh über Partner, um Gaddafi loszuwerden. Wir wollten nicht mehr diese Cliquenwirtschaft. Wir wollten Demokratie. Und Freiheit. Wir wollten eine Zukunft haben.

UK: Und was haben Sie jetzt?

FT: Die Muslimbrüder. Und die Türkei und Katar. Das haben wir jetzt.

UK: Heute ist Libyen faktisch dreigeteilt. Das Land ist dabei, sich als Staat aufzulösen. Wer kann diese drei Parteien zusammenführen?

FT: Deshalb hat man plötzlich Seif al Gaddafi rausgelassen. Das ist die letzte Karte. Seif ist der Sohn von Gaddafi. Er hat viele Fans.

UK: Welche Rolle spielt er?

FT: Er wartet ab. Wenn Seif al Islam kandidiert, wird er gewinnen.

UK: Würden Sie denn eines Tages, wenn diese kriegerischen Auseinandersetzungen vorbei sind, wieder nach Libyen zurückkehren?

FT: Das ist mein Traum. Wir fühlen uns schon wohl in Deutschland. Die Menschen sind sehr nett. Wir haben versucht, uns zu integrieren. Unsere Kinder gehen hier in die Schule. Sie haben jetzt Freunde. Und sie können sich ihre Zukunft nur hier vorstellen. Und trotzdem kann ich es nicht vermeiden, zu träumen, dass ich nach Libyen zurückkehre, wenn alles wieder in Ordnung ist.

10. Tunesien
Demokratie kann man nicht essen

Es ist ein Tag wie jeder andere in Sidi Bouzid. Das Leben geht seinen gewohnten Gang. Einige junge, arbeitslose Männer sitzen schon morgens in den Cafés rechts und links der Hauptstraße. Sie trinken Tee und schlagen die Zeit tot. Wie immer. Die Kleinstadt im Zentrum Tunesiens hat keine Sehenswürdigkeit. Sie wirkt ärmlich und heruntergekommen. Die Arbeitslosigkeit ist bedrückend, die Wut auf die Regierung groß. Deshalb haben die Salafisten großen Zulauf.

Eine unbedeutende Stadt. Das wird sich aber schlagartig ändern. Von Sidi Bouzid wird an diesem Tag ein politisches Beben ausgehen, das die arabische Welt erschüttert.

Am Morgen des 17. Dezember 2010 ist es kalt. Nur wenige Grad über Null. Die fliegenden Händler haben ihre Stände aufgebaut, wie jeden Morgen. Sie verkaufen billige Kleider, heißen Tee, Plastikuhren. Auch Mohammed Bouazizi hat seinen Holzkarren neben der Moschee am großen Boulevard abgestellt. Er handelt mit Obst und Gemüse, aber er hat keine Genehmigung. Als eine Frau vom Ordnungsamt ihn kontrolliert, gibt es Streit. Die Frau beschlagnahmt seine Waage. Es ist nicht das erste Mal. Er wehrt sich. Was danach geschieht, ist unklar. Man sagt, er habe auf die Frau eingeprügelt. Man sagt, sie habe Schmiergeld verlangt. Genaues weiß man nicht. Die Frau ruft die Polizei, die ihn mitnimmt, misshandelt und demütigt, wie schon so oft. Feststeht: Die Polizei lässt ihn wieder frei. Bouazizi läuft zum Ordnungsamt, nur wenige Hundert Meter entfernt, und fordert seine Waage zurück. Ohne sie kann er kein Obst verkaufen. Vergeblich. Er ist verzweifelt. Aber er gibt nicht auf. Er geht die wenigen Schritte den Boulevard hinauf zum Gouverneurssitz. Er will sich beschweren, wird aber gar nicht erst vorgelassen.

Danach bahnt sich eine Tragödie an, die die arabische Welt verändern wird. Bouazizi kauft einen Kanister Lösungsmittel an der Tankstelle, die am Boulevard liegt, er holt seine Holzkarre, geht zurück zum Gouverneursgebäude, übergießt sich mit dem Lösungsmittel und zündet sich an. Er brennt lichterloh, eine menschliche Fackel. Kein Schrei, keine Parolen, keine Botschaft. Passanten versuchen, die Flammen zu ersticken, andere filmen die Tragödie mit ihren Handys. Sie filmen, wie Bouazizi auf einer Trage in einen Krankenwagen geschoben wird. Ein Funktionär der oppositionellen Progressiven Partei ruft beim Sender *al Dschasira* an, der die Aufnahmen später in die ganze arabische Welt ausstrahlt. Bouazizi wird zum Märtyrer, zum Fanal des Widerstands.

Mohammed Bouazizi war kein arbeitsloser Akademiker, der sich mit Gelegenheitsjobs über Wasser halten musste, wie später zu lesen war. Eine Legende. Er war ein einfacher Gemüsehändler, und seine Verzweiflungstat löst eine Welle der Wut aus. Zuerst in Sidi Bouzid. Dann schwappt sie von Ort zu Ort und erreicht schließlich die Hauptstadt Tunis. Die Demonstranten fordern den Rücktritt von Präsident Ben Ali.

Die Polizei bekommt die Unruhen nicht in den Griff. Sie ist überfordert und schießt auf Demonstranten. 66 Gegner von Tunesiens Machthaber werden in den ersten Januarwochen getötet. Die Lage spitzt sich zu. Es ist, als ob das ganze Land auf diesen Augenblick gewartet hätte.

Jetzt entschließt sich der strauchelnde Diktator zu einem überraschenden Schritt. Er besucht den lebensgefährlich verletzten Bouazizi im Ben-Arous-Krankenhaus in Tunis. Eine berechnende Geste. Gespieltes Mitleid, der Versuch der politischen Beschwichtigung. Er verspricht der Mutter gönnerhaft 20.000 Dinar (ungefähr 10.000 Euro) und der Schwester einen Job. Hilflos stehen der Tross des Präsidenten und der Ärzte am Bett des Sterbenden. Ein Gespräch ist nicht mehr möglich.

Ben Ali hat kein Gespür für die explosive Lage in Tunesien. Sein Überraschungsbesuch beruhigt die Lage im Land keineswegs. In der Aktion sehen seine Gegner nur einen wohlkalkulierten Schritt zur Machterhaltung. Sie demonstrieren weiter. Jetzt steht es Spitz auf Knopf. Ben Ali unternimmt einen letzten Versuch, seine Herrschaft zu sichern, ruft den Stabschef des Heeres zu sich. Er soll die Demonstrationen mit militärischer Gewalt beenden. Der aber weigert sich, dem Befehl nachzukommen – und wird auf der Stelle entlassen. Ab jetzt überschlagen sich die Ereignisse. Am nächsten Abend erscheint Ben Ali auf dem Bildschirm. Er sei von seiner Umgebung getäuscht worden, jammert er, es habe genug Gewalt gegeben. Er verspricht, bei den nächsten Wahlen nicht mehr zu kandidieren und auch andere Parteien zuzulassen.

»Es lebe der Präsident! Er hat uns verstanden!«, steht auf den Plakaten eines Autokorsos, den die Regierungspartei organisiert hat. Ein kläglicher Versuch, die politische Stimmung zugunsten Ben Alis doch noch zu kippen.

In diesem entscheidenden Moment rufen die Gewerkschaften einen Generalstreik aus. Mehr als 10.000 Demonstranten ziehen über die Avenue Bourgiba und fordern den Rücktritt des Diktators. »Ben Ali, Mörder!«, steht auf den Transparenten. »Hau ab!« – »Danke, es reicht!« – »Leila, gib uns unser Geld zurück!«

Leila Trabelsi – das ist die machthungrige zweite Gattin des Präsidenten. Sie ist besonders verhasst bei der Bevölkerung. Ihre Prunksucht, ihre Vetternwirtschaft und ihre Vulgarität sind Legende. Sie hat zehn Geschwister, die ihr helfen, die tunesische Wirtschaft zu kontrollieren. Zusammen mit der Verwandtschaft Ben Alis. Sie besitzen Banken, Supermarktketten, Hotels. »Transparency International« hat schwindelerregende Zahlen veröffentlicht: Ein Drittel des kompletten tunesischen Bruttoinlandprodukts wurde Jahr für Jahr vom Ben-Ali-Trabelsi-Clan abkassiert.

Der 4. Januar 2011 wird zu einem der dramatischsten Tage in der jüngeren Geschichte Tunesiens. Mohammed Bouazizi stirbt an den Folgen seiner Verbrennungen. Um 16 Uhr verkündet die Regierung das Kriegsrecht. Ben Ali begreift, dass er die Macht verloren hat. Er ist auf der Flucht. In Frankreich fragt der Pilot der Präsidentenmaschine um Landeerlaubnis. Aber der französische Präsident Nicolas Sarkozy, der wenige Wochen zuvor auf Einladung Ben Alis noch Urlaub in Tunesien gemacht hatte, verweigert die Landung.

Um 18:40 Uhr erklärt Premier Ghannouchi, der Präsident »sei vorübergehend nicht mehr in der Lage, sein Amt auszuüben«. Zu diesem Zeitpunkt hat die Maschine des Ben Ali-Clans bereits Richtung Saudi-Arabien abgedreht. Kurz nach Mitternacht landet sie in Dschidda. Der Schweizer Jurist Mark Pieth, ein anerkannter Antikorruptionsexperte, hat ermittelt, dass Ben Ali und seine Frau vor ihrer Flucht mehr als 20 Milliarden Dollar ins Ausland geschafft hatten.

Das bisher Undenkbare ist geschehen. Ein arabischer Autokrat ist im ersten Anlauf gestürzt worden. Nicht durch einen Militärputsch – sondern buchstäblich durch das Volk.

Der Diktator ist weg, nach 23 Jahren Willkürherrschaft. Die Stunde null für Tunesien. Völlig unklar ist aber, wie es weitergehen soll. Der Kopf fehlt – doch die alten Cliquen sind noch da. Die wollen die Macht nicht kampflos abgeben. Ministerpräsident Ghannouchi macht den Versuch, zumindest einen Rest der Macht zu sichern. In solchen Fällen hilft eine »Regierung der Nationalen Einheit«. Da lassen sich die eigenen Absichten am besten verbergen. In der neuen Regierung Ghannouchi bleiben die Schlüsselressorts fest in der Hand der alten Regierungspartei. Das kommt in der aufgeregten Öffentlichkeit gar nicht gut an. Die Demos gehen weiter. Es droht Chaos. Armee und Palastwache schießen aufeinander. Banken, Rathäuser, Polizeiwachen und Einkaufszentren werden überfallen. Die Gewerkschaften gründen Bürgerwehren gegen Plünderer, sie wollen sich die Revolution nicht von marodierenden Banden klauen lassen. Nichts ist sicher. Die Bürger reagieren sehr unterschiedlich. Die einen melden sich freiwillig, um mit anzupacken – andere nutzen die bürokratische Anarchie, um Schwarzbauten zu errichten. Cafébesitzer sehen die Chance, ihre Terrassen auf den Boulevards ein bisschen zu vergrößern. Die Amtsgewalt hat abgedankt.

Manche Protagonisten des alten Systems hoffen auf eine Rückkehr des Despoten. Doch der bleibt lieber im sicheren saudischen Exil, ein Diktator in Rente, der fürstlich von seinem geraubten Vermögen lebt. In Tunis würde ihn ein unsicheres Schicksal erwarten – das Mindeste wäre Gefängnis. Sein Ex-Ministerpräsident, Mohammed Ghannouchi, kämpft indes mit seiner Übergangsregierung auf verlorenem Posten. Am 27. Februar 2011 gibt er entnervt auf. Wieder einmal hatte es Straßenschlachten in Tunis gegeben, hatten Demonstranten Fensterscheiben eingeworfen, Barrikaden errichtet und die Rückkehr zum Alltag blockiert. Der Versuch, wenigstens einen Teil der Macht zu retten, ist gescheitert.

Die Lage sollte aber noch fragiler und komplizierter werden. Nur einige Tage nach der Flucht Ben Alis landet einer seiner erbittertsten Widersacher auf dem Flughafen in Tunis: Raschid Ghannouchi, nicht zu verwechseln mit Ex-Premier Mohammed Ghannouchi. Der Führer der Ennahda-Partei kommt aus dem Londoner Exil zurück. Von vielen Tausend Anhängern wird er ekstatisch empfangen – wie einst Khomeini in Teheran. Seine Ennahda-Partei ist der tunesische Zweig der Muslimbrüder. Aber im Gegensatz zum iranischen Revolutionsführer wirkt Ghannouchi nicht so entrückt und düster. Er tritt als gütiger, stets lächelnder älterer Herr mit weißem Bart auf. Ein moderater Islamist, der von Demokratie redet. Er genießt seinen Triumph. Noch nie hatte man ihn und seine »Partei der arabischen Wiedergeburt« so stark gesehen. Jahrzehntelang hatten die Mächtigen ihn verfolgt und eingesperrt. Jetzt sah er die Chance, selbst nach der Macht zu greifen.

Tunesien ist das liberalste Land der arabischen Welt. Die Gleichberechtigung der Frau steht schon in der Verfassung, Frauen haben Rechte wie in keinem anderen islamischen Land. Touristen können sich hier bewegen wie auf der europäischen

Mittelmeerseite – Alkohol gibt es überall zu kaufen, selbst Frauen, die barbusig am Strand liegen, werden toleriert.

Der Mann, der diese Weltlichkeit begründet hat, war Tunesiens erster Präsident – Habib Bourgiba. Nach dem Abzug der französischen Kolonialherren im Jahr 1956 hat er einen Staat nach französischem Vorbild aufgebaut. Er war Nationalist, kein gläubiger Muslim. Er ließ sich sogar filmen, wie er während des Ramadan das Fastengebot bricht und Orangensaft trinkt. Das Kopftuch der Frauen nannte er einen »erbärmlichen Fetzen«. Er enteignete den Grundbesitz islamischer Einrichtungen und führte ein säkulares Rechtssystem ein – Bourgiba war die maghrebinische Ausgabe Atatürks. Religion behinderte nach seiner Ansicht den Fortschritt. Er kämpfte gegen die Unterentwicklung des Landes – mit diktatorischen Mitteln und Gewalt. Wie einst Atatürk.

Sein Nachfolger Ben Ali führte diese Politik der Modernisierung in seinen ersten Amtsjahren fort. Er baute Schulen, stellte Lehrer ein, kämpfte für die Alphabetisierung des Landes. Ein Sozialversicherungssystem wurde eingeführt, die Position der Frauen gestärkt. Er orientierte sich am Westen. Gleichzeitig entwickelte er ein Unterdrückungssystem, das noch brutaler war als das seines Vorgängers. Der Diktator machte den gleichen Fehler wie der Schah von Persien und die kemalistische Militärelite in der Türkei: Er ignorierte die einfachen Leute und ihren naiven Glauben. Khomeini zuerst, später Erdogan und Ghannouchi entdeckten den Islam als Waffe gegen die Herrschenden. Die Wut der Menschen hat das »System Ben Ali« gestützt – mit der Rückkehr Ghannouchis drohten die tunesischen Islamisten den Aufstand des Volkes zu kapern.

Sein Erscheinen auf der politischen Bühne verändert den politischen Kampf, der jetzt zu einem Kulturkampf ausartet. Würde sich das westliche Modell der Demokratie durchsetzen oder das islamische, von der Scharia geprägte Staatsmodell? Alles war möglich. Auch die Salafisten sind plötzlich auf der Straße. Sie wüten gegen alles, was nicht in ihr Weltbild passt. Sie demonstrieren gegen eine Kunstausstellung, in der ein Bild ausgestellt wird, auf dem Ameisen das Wort »Allah« bilden. Sie zünden Autoreifen an und werfen Brandsätze auf Polizisten. Noch stand kein Wahltermin fest, aber der Wahlkampf hatte längst begonnen. Ghannouchi reist durchs Land. Er verachtet die Elite und ihre Werte, und er sagt das bei jeder seiner Veranstaltungen. »Die Franzosen haben in diesem Land eine Elite geschaffen, die sein will wie sie. Die sich unwohl fühlt mit ihrer arabischen Identität und dies überträgt auf ihr Volk!« Seine Ennahda wolle aber ein modernes Tunesien – im Einklang mit der tunesischen Kultur. Das kommt an. Er gibt sich harmlos. Ennahda sei eine Partei wie die AKP in der Türkei und die CDU in Deutschland. Zuverlässig, modern, religiös.

Im Wahlkampf geht es turbulent zu. Die Diktatur ist über Nacht verschwunden, und die plötzliche Freiheit trifft die Wähler mit voller Wucht. Die Presse, die jahrzehntelang am Gängelband der Zensur gearbeitet hat, durchlebt einen schwierigen Anpassungsprozess. Nun soll es Informationen geben statt Gerüchte, Fakten statt Meinungen. Anfang Oktober hat der Wahlkampf offiziell begonnen. Die Presse darf in der Schlussphase keine Kandidaten mehr interviewen. Jede Partei und jede Liste soll die gleichen Chancen haben.

Die politische Landschaft ist völlig zersplittert. Mehr als hundert Parteien wollen ins Parlament. Am besten organisiert sind die Anhänger von Ennahda und die Gewerkschaften. Neun Monate nach der Flucht Ben Alis wird gewählt. Am 23. Oktober 2011. Der Ansturm auf die Wahllokale übertrifft alle Erwartungen. 90% der eingetragenen Wähler gehen an die Urnen. Zu einem Zwischenfall kommt es, als Ghannouchi seine Stimme in Tunis abgibt. Wütende Demonstranten beschimpfen den Islamisten als Terroristen und Mörder und empfehlen ihm: »Hau ab!« Das Misstrauen gegen den Favoriten bei den Wahlen ist groß. Weitere erwähnenswerte Vorkommnisse aber gibt es nicht. Der Pionierstaat des »Arabischen Frühlings« hat seinen ersten Demokratietest bestanden. Ennahda erringt 37% der Stimmen in der »Verfassunggebenden Versammlung«. Die Islamisten sind somit haushohe Gewinner.

Die zweitstärkste Partei, der »Kongress für Demokratie«, erreicht gerade mal 8,7%. Aber viele Liberale misstrauen Ghannouchi und seiner Ennahda, denn die Partei hat es vermieden, konkret zu werden. Überdies wird sie verdächtigt, Geld aus Katar bekommen zu haben. Das klingt plausibel. Denn die Partei ist ein Zweig der ägyptischen Muslimbrüder, die ganz offen vom Emir von Katar unterstützt werden.

Um Zweifel zu zerstreuen, schlägt Ghannouchi zur Wahl des Interimspräsidenten Moncef Marsouki von der Partei »Kongress für Demokratie« vor. Ein linker Bürgerrechtler. Generalsekretär Hamadi Jebali von der Ennahda soll Ministerpräsident werden. Ein cleverer Schachzug. Scheinbar kompromissbereit, demokratisch. Die Lage bleibt aber weiterhin labil. Bei der Verteidigung der Errungenschaften der Revolution vertraut die neue Regierung nicht nur auf die Polizei. Im Umkreis des Präsidentenpalastes und an strategisch wichtigen Punkten der Stadt stehen Schützenpanzer der Streitkräfte. Die haben sich im Januar geweigert, auf die Revolutionäre zu schießen. Dafür genießen sie bei der Bevölkerung hohes Ansehen. Im Westen ist man mit der Entwicklung in Tunesien zufrieden.

Aber Tunesien hat ein Dschihadistenproblem. Mit der Flucht von Ben Ali begann eine neue Zeitrechnung, auch für Islamisten. Gruppen, die früher nur im Untergrund existierten, agitierten jetzt ganz offen für die Scharia. Sie propagierten das Kalifat, das nur durch den Dschihad zu erkämpfen sei. Kairouan, eine 120.000-Einwohner-Stadt südwestlich von Tunis, wird zur Hochburg der Salafisten. Vor der Großen Moschee treten sie öffentlich auf und fordern den Kampf gegen die Ungläubigen. Kairouan ist die viertheiligste Stadt des Islam. Im Jahr 670 gegründet, hatten von hier aus die islamischen Eroberer den Rest der Mittelmeerküste missioniert. Jahrhundertelang ein spirituelles Zentrum des Islam im Maghreb.

»Tunis ist nicht Kairouan!«, skandierten wütende Demonstranten in der Hauptstadt. Die zentrale Frage im neuen Tunesien wird mit harten Bandagen ausgefochten: säkularer Staat oder islamische Republik?

Der Konflikt verlagert sich jetzt von der Straße in die Verfassunggebende Versammlung. Aber statt die Grundsatzfrage anzugehen, üben sich die neuen Abgeordneten in Selbstdarstellung. Die beiden Lager, die Weltlichen und die Religiösen, blockieren sich gegenseitig. Es gab keine Debatten. Es gab keine Kompromissbereitschaft, es gab kein Ergebnis. Es sah ganz so aus, als würden die Volksvertreter die Chance verspielen, ein Grundgesetz für das demokratische Tunesien zustande zu bringen. Schließlich war ihr Mandat auf ein Jahr begrenzt. Die Zeit verstrich ungenutzt.

In dieser schwierigen Lage geschieht ein Mord, der die politische Entwicklung entscheidend beeinflussen sollte. Am 25. Juli 2013 wird der Abgeordnete Mohammed Brahmi vor seinem Haus im Norden der Hauptstadt erschossen. Er ist Generalsekretär einer kleinen, linken Partei, und er ist zurückgetreten, weil sie angeblich von Islamisten unterwandert wird.

Das Attentat geschieht am helllichten Tag. Am Jahrestag der Gründung der Tunesischen Republik. Ein professioneller Mord und ein symbolischer noch dazu. Die Schüsse galten der Demokratie. Die Mörder entkommen auf einem Motorrad. Es ist bereits der zweite politische Mord innerhalb eines halben Jahres. Das erste Opfer war Chokri Belaid, ein anderer linker Oppositionspolitiker, der konsequent für die Trennung von Staat und Religion eingetreten war – kaltblütig erschossen. Ebenfalls vor seinem Haus. Jetzt glaubt niemand mehr an einen Einzeltäter. Die Stimmung droht in diesem Sommer 2013 endgültig zu kippen. Wütende Demonstranten gehen in Sidi Bouzid auf die Straße und rufen: »Ghannouchi – Mörder!« Im zentral gelegenen Merzel zünden sie das Parteibüro der Ennahda an. Auch in Tunis kocht die Wut hoch, die Menschen machen auch hier Ghannouchi und seine Partei für die Morde verantwortlich. Ghannouchi weist die Vorwürfe zurück und warnt vor einem Bürgerkrieg. Vergeblich. Die Gemüter lassen sich nicht mehr beruhigen.

In dieser aufgeheizten Stimmung passiert etwas Ungewöhnliches. Ein »Dialog-Quartett« mischt sich in die Politik ein: die Gewerkschaft UGTT, der Industrieverband, die Anwaltskammer und die Liga für Menschenrechte. Sie fordern einen Dialog zwischen den zerstrittenen Parteien. Ein ums andere Mal holen sie die Politiker wieder an den Verhandlungstisch. Sie machen Vorschläge, sie mahnen zu Kompromissen, sie setzen die Termine für die Wahlen durch und die Verabschiedung der Verfassung.

Eine Zeit großer politischer Turbulenzen. Die Regierung geriet in immer größere Schwierigkeiten, der Tourismus brach ein, die Wirtschaft lahmte. Regierungschef Jebali schlug eine Expertenregierung vor, aber seine eigene Ennahda-Partei war dagegen. Er trat zurück, und Ali Larajedh übernahm seinen Posten. Das Quartett aber gab nicht auf. Alle Beteiligten hatten das ägyptische Beispiel vor Augen, wo die immer autoritärer werdenden Muslimbrüder das Land in die Katastrophe regiert und einen massiven Volksaufstand gegen die Regierung Mursi provoziert hatten. Die politische Stimmung in Tunesien unterschied sich kaum von der in Ägypten. Auch hier stritten sich die Parteien darüber, wie islamisch das neue Grundgesetz werden sollte. Die Bevölkerung hatte ganz andere Probleme: Arbeitslosigkeit und wirtschaftliche Stagnation. Das blutige Ende der Muslimbrüder in Ägypten aber verunsicherte die Ennahda-Regierung und ließ sie ein ähnliches Schicksal fürchten. Das Dialog-Quartett nutzte diese Schwäche konstruktiv. Hinter den Kulissen brachte es noch einmal die Idee einer Expertenregierung ins Spiel.

Was dann geschah, grenzt an ein Wunder: Die sich bisher befehdenden Lager kamen – unter tätiger Hilfe des Dialog-Quartetts – doch noch überein, es mit einer Expertenregierung zu versuchen. Anders als die Muslimbrüder in Ägypten, klammerte sich Ennahda nicht an die Macht, sondern verzichtete freiwillig auf die Regierung.

Der Weg war frei für den neuen Ministerpräsidenten, den parteilosen Industrieminister Mehdi Jomaa. Ein wichtiger Schritt aus der Krise. Die 21-köpfige Übergangsregierung sollte vor allem Neuwahlen vorbereiten. Und die Verfassung über die letzten Hürden bringen. Nach den ausgehandelten Regeln des nationalen Dialogs. Das politische Klima entspannte sich, die Blockade war plötzlich weg. Die Abgeordneten rissen sich zusammen und beendeten die dreijährige Redeschlacht. Nur wenige Wochen später, am 26. Januar 2014, wurde die neue Verfassung verabschiedet. 200 von 216 Abgeordneten stimmten für das neue tunesische Grundgesetz. Sie feierten mit typisch arabischem Pathos: »Wir opfern unsere Seele und unser Blut für dich, Tunesien!«, skandierten sie. Mit dieser historischen Leistung ging ein langer Albtraum zu Ende. Es gab jetzt ein Grundgesetz, das die weitere politische Entwicklung regeln sollte. Staatsreligion ist laut Verfassung der Islam – es gilt aber nicht die Scharia, wie von radikalen Islamisten gefordert. Die Verfassung verspricht Glaubens- und Gewissensfreiheit und Gleichheit zwischen Mann und Frau. Erstaunlich nach den jahrelangen Querelen.

Aber nicht alle Tunesier waren mit dem Ergebnis zufrieden. Es gibt nämlich Artikel 6. Der setzt den Freiheiten deutliche Grenzen. Er besagt: Der Staat ist der Beschützer der Religion und des »Heiligen«. Artikel 6 verbietet Angriffe auf die »heiligen Werte« – ohne zu definieren, was diese Werte sind. Er klärt auch nicht, wann diese als angegriffen gelten. Ein Gummiparagraf, der auch Kunst- und Gewissensfreiheit einschränken kann, wenn islamistische Politik umgesetzt werden soll. Die Verfassung ist widersprüchlich, mit zahlreichen unklaren Artikeln, deshalb ist sie für den tunesischen Verfassungsrechtler Habib Sayah »ein leerer Sieg für die säkulare Opposition«. Sie bietet den Islamisten eine Hintertür.

Im Oktober 2014 wird schon wieder gewählt. Und es gibt eine faustdicke Überraschung. Nicht die favorisierten Islamisten von Ennahda gewinnen die Parlamentswahl, sondern eine neu gegründete laizistische Sammlungspartei: »Nidaa Tounes«. Unter ihren Abgeordneten sind auch ehemalige Anhänger Ben Alis. Die junge Partei erobert 85 der 217 Sitze, Ennahda nur 69. Wenige Wochen später wird ein neuer Präsident gewählt. Wahlen, so scheint es, funktionieren in Tunesien – während andere arabische Länder in Chaos und Bürgerkrieg versinken. Tunesien bekommt eine Atempause.

Aber der Weg in die Demokratie gleicht einem Ritt auf der Rasierklinge. Die politische Grundkonstellation hat sich nicht geändert. Die radikalen Islamisten geben nicht klein bei. Während das neue Tunesien sich auf die Zukunft vorbereitet, planen sie neue Anschläge. Der Terror ist nicht gebändigt. Es ist nur eine Frage der Zeit, bis sie wieder zuschlagen. Bislang haben sie die Entwicklung Tunesiens nicht entscheidend beeinflussen können.

Wenige Monate nach der Wahl des Präsidenten ist es wieder so weit. Diesmal greifen die Terroristen im Zentrum von Tunis an. Auf dem Platz vor dem Parlament ballern sie wild um sich, verfolgen Touristen ins Nationalmuseum und nehmen Geiseln. Die Sicherheitskräfte beenden schließlich die blutige Geiselnahme gewaltsam. 21 Menschen sterben, die meisten sind Touristen. Es ist der schwerste Anschlag seit der Revolution, und er hat verheerende Folgen. Die Reiseveranstalter reagieren sofort. Sie stoppen Reisen nach Tunesien – ein schwerer Schlag für die Regierung, denn viele Tunesier leben vom Tourismus.

Nach der Verabschiedung der Verfassung schien Tunesien endlich auf einem guten Weg zu sein – jetzt herrschen wieder Angst und Unsicherheit. Würde es den Dschihadisten doch noch gelingen, mit brutaler Gewalt den Weg in die Demokratie zu verhindern? Sie töten jetzt nicht mehr Politiker, die ihnen im Weg stehen. Jetzt töten sie gezielt Touristen. Die ohnehin schwierige wirtschaftliche Lage wollen sie verschärfen. Chaos stiften. Das ist die Handschrift des Islamischen Staates.

Und es sollte noch schlimmer kommen. Am 26. Juni 2015 stürmt ein als Tourist verkleideter Attentäter das Gelände des Hotels Riu Marhaba Imperial bei Sousse. Er zieht eine Kalaschnikow aus seinem Sonnenschirm und knallt erbarmungslos die in der Sonne liegenden Badegäste ab. Ein blutiges Massaker im Urlaubsparadies. Dutzende Touristen sterben, sie verbluten auf ihren Sonnenliegen. Die Sicherheitsleute flüchten. Der endgültige Todesstoß für den tunesischen Tourismus.

Über Twitter übernimmt der IS die Verantwortung. »Ein Soldat des Kalifats hat den Hort der Prostitution, des Lasters und des

Unglaubens angegriffen.« Die Mehrheit der überlebenden Gäste entscheidet sich spontan zur Abreise. Tunesien steht wieder mal am Scheideweg. Die Reaktion der Regierung: mehr Sicherheit für Touristen. 80 radikale Moscheen werden endlich geschlossen – und der Ausnahmezustand verkündet. Eine Maßnahme, die zu spät kommt.

Für viele junge Tunesier herrscht immer Ausnahmezustand. Sie haben nicht die geringste Chance, einen Job zu ergattern. Sosehr sie sich auch anstrengen. Der Islamismus ist deshalb auch hausgemacht. Mehr als 3.000 junge Tunesier sind aus Verzweiflung oder Überzeugung in den Dschihad gezogen. Nach Syrien, in den Irak und ins Nachbarland Libyen. Nach dem Attentat gewinnen radikale Ideologen immer mehr Einfluss. Wieder einmal ist die Demokratie in Gefahr. Tunesien erlebt die wohl härteste Bewährungsprobe. Der Ruf nach einem starken Mann wird immer lauter. Das Risiko ist plötzlich groß, dass das alte System zurückkommen könnte, dass der Antiterrorkampf von den Ben Ali-Leuten missbraucht würde, um die alten Verhältnisse wieder herzustellen. In Internetforen wünschten sich die ersten Tunesier den alten Machthaber zurück, der lange mit roher Gewalt für Ruhe und Ordnung gesorgt hatte. Es sind schwierige Monate. Voller Unsicherheit und Angst, das Erreichte wieder zu verlieren.

In diese labile Lage platzt die Meldung, dass das »Dialog-Quartett« den Friedensnobelpreis erhalten würde. Eine gute Nachricht für das gebeutelte Land. Die erste seit langer Zeit. Eine Meldung, die die Stimmung wieder bessert. Sie kam im richtigen Augenblick. Für kurze Zeit gab es Entspannung. Viele freuten sich und waren ganz einfach stolz auf ihr Land, das mit seiner »Jasmin-Revolution« doch noch die gebührende Anerkennung der Weltöffentlichkeit bekommen hatte.

Aber die Freude währte nicht allzu lange. Es gab neue Terrorakte. IS-Schergen köpfen einen Schafhirten als Verräter und zwingen seinen Cousin, den abgetrennten Kopf der Familie zu überbringen. Ein Mann mit Mantel, Rucksack und Kopfhörer steigt in einen Bus der Präsidentengarde und sprengt sich in die

Luft. Zwölf Sicherheitsleute sind tot. Der Tatort liegt nur wenige Hundert Meter vom Innenministerium entfernt, so, als wollte der IS signalisieren: Wir können überall zuschlagen, auch im Zentrum eurer Macht. Damit zeigen die Mörder vom Islamischen Staat auf ihre Weise, was sie vom Friedensnobelpreis halten.

Die Reaktion der Regierung ist eher hilflos. Wieder einmal wird am 25. November 2015 der Ausnahmezustand ausgerufen. Wieder einmal bittet der Präsident um Geduld. Aber viele Tunesier sind mit ihrer Geduld am Ende. Sie wollen Taten sehen. Sie wollen Arbeitsplätze. Die kurze Atempause für Tunesien ist schnell vorbei. Selbst die hoch gelobten Nobelpreisträger sind bei der offiziellen Preisübergabe in Oslo zerstritten. Die Gewerkschaft streikt für höhere Löhne. Die Arbeitgeber weigern sich zu zahlen. Streit, Misstrauen, Unzufriedenheit und allgemeine Verbitterung gewinnen wieder die Oberhand.

Und dennoch hat Tunesien in den letzten Jahren Großes geleistet: den Umbruch von einer brutalen Diktatur in eine leidlich funktionierende, fragile Demokratie. Als einziges Land in der arabischen Welt, häufig am Rande des Bürgerkriegs und des wirtschaftlichen Zusammenbruchs. Was bleibt, ist ein Gefühl der Unsicherheit. Den Tourismus haben die Terroristen weggebombt. Niemand hat ein Konzept, wie es weitergehen soll. Kein gutes Omen für den fünften Jahrestag der Revolution.

Der 17. Dezember 2015 wird dann auch zu einem Tag des Aufruhrs. Bei einer Demonstration in Kasserine, im Innern Tunesiens, kommt es zu Unruhen. Ein junger Arbeitsloser klettert vor dem Gouverneurssitz auf einen Baum, um zu protestieren. Er war von der Einstellungsliste zum Öffentlichen Dienst gestrichen worden. Er hatte geglaubt, endlich ganz nah an einem festen Job zu sein. Vergebens. Jetzt berührt er eine Stromleitung und stirbt. Eine Verzweiflungstat – wie fünf Jahre zuvor in Sidi Bouzid. Aufgebrachte Demonstranten zünden Polizeiautos an, sie bauen Barrikaden. Wie vor fünf Jahren in Sidi Bouzid. Der Aufruhr breitet sich über das ganze Land aus. Die Regierung verhängt eine Ausgangssperre. Wie vor fünf Jahren.

Irgendwie aber geht es weiter mit dem geschundenen Land. Wie schon seit Jahren. Die Lage ist ernst, aber nicht ganz hoffnungslos. Gelegentlich gibt es positive Signale. Am 9. Mai 2016, bei einem Parteikongress der Ennahda-Partei, verkündet Parteichef Ghannouchi die Abkehr von einem Urprinzip des politischen Islam: der Einheit von Religion und Politik. Eine kleine Sensation. Ob das ernst gemeint ist, wird sich spätestens nach den nächsten Wahlen zeigen.

Das Hauptproblem Tunesiens bleibt die hohe Arbeitslosigkeit: Jeder siebte Tunesier ist ohne Arbeit, jeder dritte Arbeitslose ist Akademiker. Die traurige Bilanz nach mehr als fünf Jahren Revolution. Die Mutter Mohammed Bouazizis ist längst nach Kanada ausgewandert. Sie sah keine Zukunft mehr für sich im neuen Tunesien. Ein fruchtbarer Boden für Wut, Terror und Korruption. Die Islamisten bieten schnelle Lösungen: Waffen, Geld und ein Gruppengefühl, das stark macht. In der Dschihadistenszene werden »Märtyrer« wie Popstars verehrt. Dieser Todeskult hat eine faszinierende Wirkung auf verunsicherte junge Leute. Mit Mord kann man schnell vom Nobody zum Helden werden. Wie zum Beispiel Anis Amri, der Mörder vom Berliner Weihnachtsmarkt, der aus der tunesischen Provinz kam und in Europa zum Terroristen wurde. 4.000 bis 5.000 junge Männer sind inzwischen beim IS gelandet. Die Tunesier wollen sie nicht zurück haben, weil sie ihre labile Demokratie gefährden.

Der Traum von einem besseren Leben in der Demokratie ist für viele Tunesier ausgeträumt. Sechs Jahre nach der Revolution hat sich an den Arbeitslosenzahlen kaum etwas geändert. Die Frustrierten ziehen entweder in den Dschihad – oder sie hauen ab in Richtung Europa. Nach seiner Flucht nach Lampedusa hat ein junger Tunesier dieses Gefühl der Hoffnungslosigkeit auf den Punkt gebracht: »Demokratie kann man nicht essen!«

Najet Adouani
Eine Tunesierin in Deutschland

Ich gehe,
schleppe meine Leiche –
weiß nicht, wohin.

Zeilen aus einem arabischen Gedichtband. Er ist nur in Deutschland erschienen. Es sind Verse von Najet Adouani. Die tunesische Dichterin ist 2012 von Tunis nach Berlin geflohen. Mit Ben Alis Diktatur war sie irgendwie zurechtgekommen. Immer wieder wurde sie verhaftet – wegen ihrer aufrührerischen Gedichte und ihrer journalistischen Arbeit. Der »Arabische Frühling« aber wurde für sie zum Horrortrip. In der neuen Freiheit konnten auch die Islamisten frei agieren – und ihre Gegner terrorisieren. Najet Adouanis Wohnung wurde von Schlägertrupps verwüstet, man drohte ihr, sie und ihre drei erwachsenen Söhne umzubringen. Mit Gewalt zwang man sie, sich schriftlich zu verpflichten, den Schleier zu tragen.

UK: Wie wird man Dichterin in Tunesien?

NA: Ich habe schon mit acht Jahren angefangen, Gedichte zu schreiben. Anfangs nur über die Natur. Mit vierzehn habe ich dann begonnen, politisch zu schreiben. Das hatte mit einem Leseabend in einem Armenviertel von Tunis zu tun. Meine Familie lebte in La Marsa, einer vornehmen, schönen Gegend am Meer, in der Nähe der alten Hauptstadt Karthago, heute eine Vorstadt von Tunis.

Die armen Gegenden kannte ich nicht. Als ich dort einmal meine Gedichte vortrug, die von der Natur, dem Meer, den Blumen und der Schönheit erzählten – da stand auf einmal ein ziemlich riesiger Mensch auf, mit zerrissenen Kleidern. Er hat mich gefragt: »Was erzählst du da? Wo ist die Schönheit? Wo sind die Blumen? Wo ist das alles, von dem du sprichst?«

Als ich nach Hause kam, habe ich geweint und meiner Mutter erzählt, was passiert ist. Da hat sie gesagt: »Na ja, dann musst du dich ändern.« Und ich habe geantwortet: »Ich werde mich nicht ändern. Ich fange von vorne an.«

Nach diesem Abend habe ich angefangen, an die Leute ranzugehen, sie kennenzulernen, gerade diese armen Leute, die Arbeiter, die Bauern. Mein Vater hat das gar nicht gut gefunden. Er hat mich sogar geschlagen und versucht, mir zu verbieten, darüber zu schreiben. Aber ich habe weitergemacht. Ich habe trotzdem solche Gedichte geschrieben.

UK: Politische Gedichte?

NA: Vor allem politische Gedichte. Ich habe bei Veranstaltungen der Linken gelesen und bin sogar in die Kommunistische Partei eingetreten. Manche meiner Gedichte wurden von Musikgruppen vertont. Bei irgendeiner Veranstaltung kam die Polizei und hat mich festgenommen. Keiner meiner Genossen hat sich damals um mich gekümmert. Nur mein Vater. Ab diesem Punkt hab ich gedacht: Diese Partei ist nicht so, wie sie sein sollte. Ich bin dann wieder ausgetreten.

Damals gab es heftige Auseinandersetzungen zwischen mir als Linke und meinen Eltern. Meine Mutter war arabische Nationalistin, und mein Vater war Bourgiba-Anhänger. Es gab heiße Diskussionen zu Hause. 1982 habe ich meinen ersten Gedichtband herausgebracht. Der wurde gleich von der Polizei konfisziert und in allen Bibliotheken und Buchhandlungen beschlagnahmt.

UK: Was hat man Ihnen vorgeworfen?

NA: Mir wurde vorgeworfen, dass ich provoziere, dass ich die Leute aufhetze.

UK: Gegen die Regierung?

NA: Gegen Bourgiba. Das stimmte schon. Ich habe ja auch gehetzt und provoziert und mich auf die Seite der Arbeiter gestellt.

Wir haben viele Veranstaltungen gemacht, viele Vereinigungen gegründet. Literaturfeste, Lyrikfestivals.

UK: Hatten Sie keine Angst?

NA: Ich war sehr euphorisch. Obwohl ich einige Male verhaftet worden bin und verhört wurde. Aber es ging immer irgendwie weiter. Dann sind sie zu meiner Mutter gegangen und haben versucht, ihr zu drohen. Sie solle mich doch überzeugen, aufzuhören damit.

UK: Haben Sie aufgehört?

NA: Nein. Irgendwann haben sie sogar jemanden geschickt, der mich verfolgte und versuchte, mich zu vergewaltigen.

UK: Der tunesische Geheimdienst, der Muchabarat?

NA: Der Muchabarat. Ja. Ich habe trotzdem weitergemacht. Aber es wurde immer schlimmer. 1983 habe ich dann einen Syrer kennengelernt. Jedes Mal, wenn ich irgendwo aufgetreten bin, kam er und hat wild geklatscht. Für ihn war ich ein Superstar. Wir sind dann in ein Café in der Nähe gegangen, das Café hieß »Afrika«. Wir haben viel diskutiert. Das hat mir gefallen an ihm. Nach kurzer Zeit hat er mir einen Heiratsantrag gemacht. Ich war völlig baff und habe einfach Ja gesagt. *(Lacht.)* Er hat mich von vorneherein gewarnt: »Ich hab keinen Job, ich habe keine Wohnung, ich hab kein Geld. Ich hab nichts.« Ich habe damals Che Guevara sehr geliebt. Und er hat auch immer von ihm geschwärmt. Das hat ihn mir noch sympathischer gemacht – das war wichtiger als Geld. Er hat auch Pfeife geraucht und hatte lange Haare. Ein echter Linker der damaligen Zeit. Aber alles geht einmal zu Ende. Wir sind schon lange getrennt.

UK: Erzählen Sie, wie Sie nach Deutschland gekommen sind.

NA: 2012 wurden alle meine Veröffentlichungen vom Markt genommen. Kein Radio mehr, keine Zeitschriften, keine Veranstaltungen. Das war die Zeit, als sie anfingen, die Mädchen zu verschleiern. Die Freiheiten und Errungenschaften, die die tunesischen Frauen sich erkämpft hatten, wurden abgeschafft. Deswegen fand ich mich in der Pflicht, mich dagegen zu wehren und dagegen zu schreiben und die Leute aufmerksam zu machen. Deshalb hat man mich bedroht.

Tunesien 249

UK: Immer noch der Muchabarat?

NA: Der hat sich nicht geändert. Gar nichts hat sich geändert. Ich bin wieder auf der schwarzen Liste gelandet. Der Diktator ist verschwunden, aber das System ist nach wie vor da. Das sieht man an den momentanen Protesten im Süden. Diese jungen Leute protestieren gegen die Macht, gegen Ghannouchi ...

UK: Ghannouchi spielt eine wichtige Rolle.

NA: Ghannouchi ist ein Muslimbruder. Und der Islam hat mit Demokratie nichts am Hut. Der Islam ist eine Glaubenssache und damit eine persönliche Angelegenheit und hat nichts in der Politik zu suchen. Gerade in Tunesien muss man die Religion von der Politik trennen.

UK: Das ist ja genau das, was Ghannouchi im Mai 2016 auf der Parteikonferenz beschließen ließ.

NA: Er kann beschließen, was er will – er bleibt ein Muslimbruder. Das haben wir im Ramadan gesehen, als er junge Leute ins Gefängnis stecken ließ, weil sie im Café saßen und nicht gefastet haben. Die Demokratie ist ein fernes Ziel in Tunesien. Es gibt viele junge Leute, die Widerstand leisten. Aber das braucht sehr viel Zeit.

UK: Gibt es für Sie irgendwann ein Zurück?

NA: Es ist für mich nicht einfach, hier zu leben – wo meine Kinder dort sind und meine Mutter und mein Haus. Es ist aber auch nicht leicht zurückzukehren. In Tunesien gibt es keine Freiheit, es gibt keine Meinungsfreiheit. Niemand nennt mehr meinen Namen. Sie haben es geschafft, mich auszuradieren. Ich habe vor Kurzem bei Facebook geschrieben, dass ich Sehnsucht habe nach Tunesien. Eine alte Freundin hat mich kontaktiert und mich gefragt: »Du hast noch immer Sehnsucht? Die haben dich doch zunichte gemacht! Warum hast du noch Sehnsucht?«

UK: Was haben Sie ihr geantwortet?

NA: Ich habe Sehnsucht nach bestimmten Menschen. Nach bestimmten Orten. Jedes Mal, wenn ich dieses »Foto im Foto« sehe, erinnert es mich an eine bestimmte Phase in meinem Leben. Ich liebe diesen Ort und ich habe viel darüber geschrieben.

Ein kleines Dorf in der Nähe von Nabeul, einer Küstenstadt am Meer. Dorthin habe ich mich oft zurückgezogen. Da ist ein Berg und ein Wald und darunter das Meer. Dort konnte ich schreiben und war ungestört. Das Bild wurde aufgenommen, als ich zum allerersten Mal dort war – und meine Beziehung zu diesem Ort begonnen hat.

UK: Es bleibt ein Traum?

NA: Alles verändert sich. Auch wenn ich zurückkehren könnte, würde ich nicht das finden, was ich einmal verlassen habe.

11. Marokko
King Cool

Es war ein qualvoller Tod. Verzweifelt hatte Mouhcine Fikri versucht, seinen Tagesfang von 500 Kilo Schwertfisch zu retten. Der war von der Polizei konfisziert und in den Müllwagen gekippt worden, weil Schwertfisch im Herbst nicht gefangen werden darf – so die Version der Behörden. Fikri war nicht bereit, Schmiergelder zu zahlen – das glauben die Demonstranten. Verzweifelt und wütend war er in den Müllwagen gesprungen und hatte versucht, seinen Fisch wieder herauszuholen. Dabei wurde er von der Presse des Müllwagens zu Tode gequetscht. Augenzeugen berichten, ein Polizist habe den Befehl gegeben, die Presse zu starten – die Polizei spricht von einem Versehen. Das Foto des toten Fischhändlers wird ins Internet gestellt. Ein Arm ragt aus der Öffnung des Müllwagens und ein kahl rasierter Schädel. Ein Horrorfoto mit Folgen.

Dies geschah am Freitag, dem 28. Oktober 2016. Noch am Todestag protestieren wütende Bürger in Fikris Heimatstadt Al Hoceima. Die Demonstrationen greifen über auf die ganze Region des Rif, eine von Berbern bewohnte, bitterarme Berggegend an der Mittelmeerküste im Norden Marokkos. Rasend schnell verbreitet sich die Nachricht übers Wochenende im Netz. Aus dem Fischhändler wird ein Märtyrer, seine Beerdigung zur Großkundgebung. Und die Wut schwappt auch nach Casablanca, Fez und Marrakesch. Das ganze Land ist in Aufruhr, es sind Proteste gegen die weitverbreitete Behördenwillkür. Die Marokkaner haben einen eigenen Namen dafür: *hogra* – die Verachtung von Polizei und Behörden gegenüber der einfachen Bevölkerung.

Der Vorgang erinnert an den Tod des Obsthändlers Mohammed Bouazizi in Tunesien, dessen Selbstmord im Dezember 2010 die Initialzündung für den »Arabischen Frühling« war. Aus einem

Protest gegen Behördenwillkür war damals ein Flächenbrand geworden. Mohammed VI., der marokkanische König, hatte seinerzeit cool reagiert: Er versprach Reformen und nahm so dem Protest in seinem Land die Spitze. Eine Verfassungsreform war sein Zugeständnis an die Proteste. Er gab ein bisschen von seiner Allmacht ab. Das war clever. Die stärkste Partei im Parlament darf seitdem den Ministerpräsidenten stellen. Sprache und Kultur der Berber bekamen Verfassungsrang. Die neue Familiengesetzgebung gesteht Mann und Frau die gleichen Rechte zu. Ungewöhnlich in der arabischen Welt.

Aber es ist die Lightversion einer konstitutionellen Monarchie – in Wirklichkeit ist der König noch immer allmächtig. Noch immer ist er Vorsitzender des Ministerrats. Immer hat er das letzte Wort. Aber seine Berater haben es geschafft, ihn als Reformer zu verkaufen. Eine grandiose PR-Leistung. Zu den Beratern gehört übrigens ein marokkanischer Jude.

Auch auf den Tod von Mouhcine Fikri reagierte der König wieder clever und cool. Er ließ die Demos nicht einfach von der Polizei niederknüppeln – er ließ der Familie des toten Fischers sein Beileid aussprechen. Durch den Innenminister des Landes. Und er kündigte eine Untersuchung des Falles an. Die Demos verebbten, es kam zu keinem zweiten »Arabischen Frühling«. Die Machthaber in Rabat konnten aufatmen: Nur wenige Tage danach begann die Weltklimakonferenz in Marrakesch, eine Hochglanzveranstaltung, die weltweit für positive Schlagzeilen sorgen sollte.

Der König ist nämlich ein Fan von Solar- und Windenergie. In Ouarzazate, einem Städtchen drei Autostunden nördlich von Marrakesch, entsteht das größte Solarkraftwerk der Welt. Seit Februar 2016 liefert es Strom für 350.000 Menschen. Im Jahr 2018, wenn der gigantische Energiepark fertiggestellt ist, sollen von dort aus 1,3 Millionen Marokkaner mit Strom versorgt werden. Selbst nachts kann die Anlage bis zu sieben Stunden lang Strom erzeugen.

Nach einer Studie des World Energy Council ist Marokko auch im Bereich der Windenergie führend. Bis 2020 sollen 52% des marokkanischen Energieverbrauchs durch Sonne und Wind gedeckt werden.

Marokko ist neben Ägypten das einzige Land der arabischen Welt mit einem Schienennetz. Schon im Jahr 1888 fuhr die erste Eisenbahn, ab 1911 hat man das Streckennetz systematisch ausgebaut. Seit einigen Jahren werden viele Strecken erneuert und begradigt, mittlerweile sind sogar zwei TGV-Strecken im Bau – für Geschwindigkeiten bis zu 320 km/h. Der König, ein Modernisierer. Marokko, ein Musterschüler der Energiewende.

Es war ein heißer Tag, als ich im April 2017 am Flughafen von Marrakesch ankam. 39° Celsius – selbst für marokkanische Verhältnisse eher ungewöhnlich im Frühling. Aber der moderne Flughafen ist klimatisiert – mit Sonnenenergie. Glas, Marmor, Stahl. Er ist für neun Millionen Passagiere im Jahr ausgelegt, und er entspricht den neuesten Sicherheitsanforderungen. Terroristen haben hier keine Chance.

Was als Erstes auffällt: Marrakesch ist eine ungewöhnlich saubere Stadt. Mehrspurige Boulevards, überall Baustellen. Immer mehr Europäer zieht es nach Marrakesch. Die einen kommen wegen der Magie der alten Karawanenstadt. Die anderen wegen der billigen Bodenpreise. Ausländische Investoren lockt der König mit günstigen Grundstücken. In den ersten drei Jahren bleiben Gewinne für Anleger steuerfrei.

Marrakesch boomt. Ein Wettlauf um die Kunden hat begonnen. Immer neue Fünfsternehotels schießen aus dem Boden, und Baulöwen haben einen ganzen Stadtteil mit Luxusvillen in den Wüstensand gesetzt. Villen für Millionäre. Kaufpreis zwischen zwei und fünfzehn Millionen Dollar. Aber auch die Billigheimer Ryanair und McDonalds sind in Marrakesch angekommen. Und seit einigen Jahren gibt es einen Club Mediterrané in der Medina von Marrakesch, direkt am legendären Djemaa el Fna, dem Marktplatz in der Altstadt. Ein Schock für die Alt-Hippies. Fasziniert von der »roten Stadt« waren sie in den 1960er-Jahren hierher gepilgert. Auf YouTube gibt es ein Video, das den Geist dieser Zeit widerspiegelt: die beiden Led-Zeppelin-Frontmänner Jimmy Page und Robert Plant bei einem spontanen Auftritt auf dem Djemaa el Fna.

Heute will König Mohammed VI. aus Marrakesch einen Hotspot für Superreiche machen, Ersatz für das einst mondäne Saint-Tropez oder das schrille Marbella. Eine Luxusoase für Millionäre. Mit sehr viel orientalischer Romantik.

Zentrum der Marrakesch-Renaissance ist das legendäre Palasthotel La Mamounia. Das schönste Hotel Marokkos. Eine Stilikone aus den 20er-Jahren des letzten Jahrhunderts. Selbstverständlich ist der König auch hier Miteigentümer. Das Prunkhotel am Fuße des Atlas hat viele prominente Besucher gesehen, Künstler, Politiker, Modemacher, sein Gästebuch liest sich wie ein Who's who aus Hollywood. Der legendäre Alfred Hitchcock hat hier gewohnt, als er einen seiner berühmtesten Filme in Marrakesch drehte: *Der Mann, der zu viel wusste*. Mit James Stewart in der Hauptrolle. Marlene Dietrich, aber auch de Gaulle und Nelson Mandela übernachteten im Mamounia. Und Winston Churchill hat hier einen Teil seiner Memoiren geschrieben. Später kamen Stars und Steinreiche aus aller Welt, und Marrakesch wurde ein beliebtes Ziel für Zivilisationsflüchtlinge. Frivoler westlicher Hedonismus, manchmal auch Drogen und alte Berbertraditionen koexistieren in Marrakesch bis heute friedlich nebeneinander – was manche mit Liberalität verwechseln.

Wenn es Nacht wird in der Medina, sind die Einheimischen unter sich. Dann zieht es sie auf den Djemaa el Fna. Die Stadt hat eine 1.000-jährige Geschichte, als Endstation der Karawanen, die aus Zentralafrika und Timbuktu kamen. Immer schon war sie ein Ort für Schlangenbeschwörer und Feuerschlucker. Auf dem Platz führen Straßentheater-Compagnien in Kostümen komplette Theaterstücke auf – vor zahlreichen, fast ausschließlich einheimischen Zuschauern. Nur wenige Meter entfernt unterhält eine Bauchtanzgruppe die flanierenden Besucher – Bauchtanz ist inzwischen selbst in der Türkei völlig unvorstellbar. Ein zahnloser Alter gibt mit seiner Geige den Takt. Unter den begeisterten Zuschauern viele Frauen mit Kopftüchern, sogar mit Niqab.

Traditionelle Berberbands mit atemberaubenden Rhythmen in einer anderen Ecke. Einige Schritte weiter moderne Rai-Musik. Und die Geschichtenerzähler. Sie sitzen auf ihren Kisten und machen nichts anderes als – erzählen. Dutzende von Menschen jeden Alters sitzen und stehen dicht gedrängt in Kreisen um sie herum und hören zu. Oft lassen die Männer das Ende ihrer Geschichten offen. Dann treffen sich Erzähler und Zuhörer am nächsten Abend aufs Neue. Der Djemaa el Fna – ein Kulturevent, von keinem organisiert, von niemandem subventioniert. Tausend-undeine Nacht.

Mit einem milliardenschweren Förderprogramm ist der König dabei, sein Land zu modernisieren. Wo das enden wird, ist unklar. Viele fürchten schon um die alte Romantik. Aber »M6«, wie ihn die Marokkaner nennen, ist gut vorbereitet. 1993 hat er seine Dissertation über die »Allianz zwischen dem Maghreb und Europa« geschrieben. Bislang scheint sein Weg erfolgreich zu sein. Marokko ist in den letzten Jahren vom Chaos der arabischen Welt verschont geblieben.

Zuletzt war am 28. April 2011 eine Bombe im Zentrum von Marrakesch explodiert. Es war eine gewaltige Detonation. Terroristen hatten das Café Argana, ein beliebtes Touristenziel, in die Luft gejagt. Das obere Stockwerk war total zerstört. Die brutalste Variante des »Arabischen Frühlings« war in Marokko angekommen. Siebzehn Menschen starben sofort. Am Platz der Gaukler, dem Djemaa el Fna, herrschte Chaos. Blutüberströmte Verletzte lagen am Boden und riefen nach Hilfe. Augenzeugen berichteten später, ein als Hippie verkleideter Terrorist habe die Bombe in einer Gitarre versteckt ins Café Argana geschmuggelt. Das Innenministerium erklärte, die Bombe sei mit dem Handy gezündet worden. Zwei Attentäter wurden zum Tode verurteilt, der Hintergrund des Bombenanschlags nie geklärt. Die al Kaida im Maghreb jedenfalls dementierte. Es war der schwerste Anschlag seit acht Jahren. 2003 hatten Selbstmordattentäter in Casablanca bei Anschlägen auf westliche und jüdische Einrichtungen 45 Menschen getötet. Jetzt war der Terror zurück in Marokko.

Eine Gefahr für den Tourismus, vor allem aber für den König. Der behielt kühlen Kopf.

Im April 2017, sechs Jahre nach dem Anschlag, sitze ich im Argana. Es ist wieder aufgebaut. Moderner, nicht unbedingt schöner. Viel Beton. Man kommt ins Café nur noch durch eine Sicherheitsschleuse. Vom Restaurant aus habe ich einen wunderbaren Blick auf den Platz. Für Ruhe und Ordnung sorgen die »Forces Auxiliaires«, eine Art uniformierte Hilfspolizei, die auf dem Djemaa el Fna patrouilliert. Tagsüber herrscht ganz normaler Alltagsbetrieb. Es gibt alles. Zum Beispiel Minze für den berühmten marokkanischen Tee. Die Auswahl ist riesig. Ganz in der Nähe lässt eine ältere Frau ihre Hände tätowieren – von einer Tiefverschleierten. Die Tische der Garküche nebenan sind voll besetzt. Touristen und Einheimische. Die meisten sind wegen der niedrigen Preise und der typisch marokkanischen Gerichte gekommen. Hier gibt es Couscous oder in der Tajine geschmortes Hähnchen. Auf den ersten Blick ein Bild der Harmonie. Während rundum der Untergang des Nahen Ostens zu besichtigen ist und Staaten unregierbar werden, herrscht in Marokko Ruhe und Ordnung. Zumindest oberflächlich.

Aber unter der Oberfläche rumort es. Marokko ist noch immer das ärmste Land im Maghreb. Mit 3.000 Dollar Durchschnittseinkommen pro Jahr liegt es nur knapp vor Ägypten. Das Hauptproblem des Landes ist die Jugendarbeitslosigkeit. Ein Drittel der 15- bis 29-Jährigen hat keinen Job. Die Cleversten von ihnen kaufen sich Billigflugtickets nach Istanbul, um der Armut zu entkommen. Dort verwandeln sie sich in Syrer und landen schließlich als Kriegsflüchtlinge in Deutschland.

Ein Fünftel der Bevölkerung lebt unter der Armutsgrenze. Abseits der Boom-Towns wie Marrakesch mit ihren herausgeputzten Souks herrscht oft bittere Armut. Noch 1982 konnten nur knapp 30% der Marokkaner lesen und schreiben. Doch auch hier hat der König Zeichen gesetzt: Heute liegt die Alphabetisierungsrate schon bei 75%.

Ein wichtiges Propagandainstrument für ihn ist die »Nationale Initiative für menschliche Entwicklung«. Sie verteilt Geld. An Tausende Kleinprojekte. Vereinslokale, Krankenstationen, Jugendtreffs – ein medienwirksamer Kampf gegen die Armut. Wie viel Geld wirklich verteilt wird, erfährt die Öffentlichkeit nicht. Diese Geldgeschenke liefern aber jedes Mal positive Schlagzeilen.

So ist das Bild vom »König der Armen« entstanden, ein raffinierter PR-Erfolg der Hofpropaganda – obwohl Majestät gelegentlich einen Mantel für 40.000 Euro in der Londoner Savile Row ersteht und jede Menge Luxusautos fährt, darunter einen Aston Martin. Darüber schreibt die servile Presse selbstverständlich nichts. Kritik am König ist verboten. In der Rangliste der Pressefreiheit von »Reporter ohne Grenzen« belegte Marokko im Jahr 2016 Platz 131 von 180 Ländern. Der »König der Armen« ist in Wirklichkeit einer der reichsten Potentaten der Welt. Die Forbes-Liste taxiert ihn auf 2,5 Milliarden Dollar. Noch immer lebt er wie Gott in Marokko.

Mohammed VI. gehört zum sunnitischen Herrschergeschlecht der Alawiden, nicht zu verwechseln mit den schiitischen Alawiten in Syrien. Seine Stellung ist auch deshalb so unangreifbar, weil er von der Familie des Propheten abstammt. Er ist ein »Sherife«. Das ist mehr als ein stolzer Titel, ein religiöses Mysterium. Seine Familie geht angeblich auf Hussein ibn Ali zurück, den Schwiegersohn des Propheten. Der hat im Kampf um die Nachfolge des Propheten sein Leben verloren. Ein Märtyrer.

Jenseits der Verfassung gibt es in Marokko eine weitere traditionelle Form der Herrschaftssicherung. Die »Baya«, deutsch »Huldigung«, ein Ritual der Unterwerfung. Die Baya-Zeremonie wird beim jährlichen Thronfest begangen. Hoch zu Roß nimmt der König dann den Treueeid der Würdenträger entgegen, zur Erinnerung an den Gefolgschaftsschwur, den die Urgemeinde von Medina dem Propheten Mohammed geleistet hat. Auch hier hat M6 ein bisschen reformiert. Bei seiner Inthronisierung hat er auf den traditionellen Handkuss verzichtet. Reform auf Marokkanisch.

Diese Abstammung vom Propheten ist einer der Gründe, warum M6 über der Verfassung steht. Er ist zwar nicht mehr »heilig« wie noch sein Vater, der das Land mit eiserner Faust regiert hatte. M6 ist, laut Verfassung, nur noch »unantastbar«.

Was immer das heißen mag. Er lässt nicht wie sein Vater dauernd den Polizeiknüppel schwingen, er bevorzugt die sanfte Repression. Da er unantastbar ist, zahlt er wie selbstverständlich keine Steuern. Den rabiaten Innenminister seines Vaters hat er in die Wüste geschickt und den königlichen Harem aufgelöst. Er ist sogar mit einer Bürgerlichen verheiratet, einer Ingenieurin. Das alles macht ihn sympathisch, aber es kann nicht darüber hinwegtäuschen, dass Marokko noch weit von einer konstitutionellen Monarchie entfernt ist. Der König bleibt der »Amir al Mu'minin«, der Befehlshaber der Gläubigen, also die höchste religiöse Autorität des Landes. Letztlich verantwortet er allein die Politik. Der Ministerpräsident hat nicht viel zu sagen, wird aber von der Bevölkerung für die Missstände im Land verantwortlich gemacht. Kritik am König gibt es deshalb kaum. Auch das ein cleverer politischer Schachzug.

Mohammed VI. ist auch der erfolgreichste marokkanische Geschäftsmann. Seine Firmen bestreiten mehr als 5% des Bruttoinlandprodukts. Er ist der führende Banker, Versicherer, Exporteur und Agrarproduzent des Landes. Er ist Bauunternehmer, ihm gehört die größte Brauerei des Landes und eines der teuersten Hotels, das Royal Mansour in Marrakesch, wo eine Übernachtung mehr als 1.000 Dollar kostet – eine Summe, mit der arme Marokkaner fast zwei Jahre auskommen müssen. Viele haben nur kärgliche ein oder zwei Dollar am Tag zum Leben. M6 hat alle Schlüsselsektoren der Wirtschaft im Griff. Alles hat er unter Kontrolle: die Religion, die Politik und die Wirtschaft. Mehr Kontrolle geht nicht.

Für den Rest sorgt *makhzen*, die marokkanische Spielart feudalistischer Günstlingswirtschaft. Was nicht auf Anhieb gelingt, wird geschmiert. *Makhzen* hilft weiter. Korruption hat eine lange Tradition in Marokko. Korruption und Bereicherung gehören zum marokkanischen *way of life*. Ein Netzwerk einer königstreuen Elite begünstigt sich gegenseitig – Mitglieder der Königsfamilie, hohe Generäle, Geheimdienstleute, aber auch Partei- und Gewerkschaftsführer. Sie alle sind verbunden durch *makhzen*, ein Schatten-Marokko jenseits der politischen Institutionen. Marokko ist in vielen Dingen Spitze in Afrika. Leider auch in Korruption.

Der König hat Marokko fest in der Hand, er allein bestimmt die Geschicke des Landes. Die Parteien haben sich längst seinem Machtanspruch gebeugt. Wahlen in Marokko sind denn auch alles andere als repräsentativ. Von den 34 Millionen Marokkanern sind nur knapp sechzehn Millionen als Wähler registriert. Die Wahlbeteiligung lag bei der letzten Wahl im Oktober 2016, der zweiten nach der Verfassungsreform, bei 43%. Das heißt, dass nur etwas mehr als sieben Millionen Marokkaner ihre Stimme abgegeben haben, und nur 27% davon haben die Partei des Ministerpräsidenten gewählt. Eine sehr schmale politische Repräsentanz von etwas mehr als zwei von 34 Millionen Marokkanern. Ein demokratischer Vertrauensbeweis sieht anders aus.

Auch die »Vereinigte Sozialistische Partei«, einst die königskritischste Partei des Landes, ist auf Kuschelkurs mit dem König. Sie fordert schon lange nicht mehr die Abschaffung der Monarchie, sondern die Demokratisierung der Institutionen, eine parlamentarische Monarchie also – mit einem König, der repräsentiert, aber nicht mehr regiert. Davon ist Marokko aber noch Lichtjahre entfernt.

Am mutigsten sind die Vertreter der islamistischen Jamaa, der verbotenen »Partei für Gerechtigkeit und Wohltätigkeit«. Sie kümmern sich um die Ärmsten der Armen. Unter seinem Vater war die Partei verfolgt, von Mohammed VI. wird sie, obwohl offiziell verboten, zähneknirschend toleriert. Gegründet wurde die Bewegung im Jahr 1973 von dem verstorbenen Islamgelehrten Abdessalam Yassine. Der lehnte den König und die Monarchie strikt ab. Er akzeptierte ihn auch nicht als höchste religiöse Autorität. Fundamental-Opposition. Gegen seine politisch aktive Tochter Nadia Yassine gab es 2011 eine Rufmordkampagne, wegen einer angeblichen Liebschaft. Im Machtapparat des Hofs sitzen Medienprofis. Sie benutzen solche Rufmordkampagnen erfolgreich, um den politischen Gegner zu diskreditieren. Die Berater des Königs haben eine ungewöhnliche Fantasie entwickelt, wenn es um Machtsicherung geht.

So gelingt Mohammed VI. der Spagat – einerseits pflegt er das Image der Liberalität, andererseits verteidigt er raffiniert seine Macht. Es bleibt dabei: Marokko ist eine demokratisch kostümierte Einmannherrschaft. Mit kleinen Zugeständnissen an die Demokraten – aber auch klaren Ansagen gegen die Dschihadisten. Zuletzt hat das Verbot, Burkas und Niqabs in Marrokko herzustellen und ins Land zu importieren, in der internationalen Presse große Resonanz gefunden. Was im Westen übersehen wurde: Das Dekret ist kein Verschleierungsverbot. Ein kleiner, aber feiner Unterschied. Der König will die Traditionalisten nicht zu sehr vor den Kopf stoßen – und baut auf die biologische Lösung. Bei meinem Besuch im April 2017 habe ich noch viele ältere Frauen verschleiert gesehen. Ein weiterer schlauer Schachzug des Königs.

Doch trotz aller Schläue: Bei einem Problem versagt das königliche Krisenmanagement. Die Unruhen in den benachteiligten Berberregionen schwelen weiter. Im Sommer 2017 gingen Demonstranten in der Region Al Hoceima erneut auf die Straße. Sie demonstrierten gegen Korruption und Arbeitslosigkeit. Die abgehängte Berberregion kommt nicht zur Ruhe.

Das kratzt am Image des Königs. Und doch steht er für gesunden Menschenverstand und wohlverstandenes Selbstinteresse in einer Region, die zunehmend von Irrationalität, blutigen Massakern, brutalen Machtkämpfen und religiösem Wahn bestimmt wird. Der König ist Politiker und Geschäftsmann. Und er ist Modernisierer. Er ist vor allem aber König. Und als solcher ist er der »Amir al Mu'minin«, der Anführer der Gläubigen. In seiner Person verkörpert er die marokkanisch-muslimische Identität. Die Marokkaner sind allesamt Sunniten. Aber das Sunnitentum steckt in einer tiefen Krise. Viele Sunniten akzeptieren die jahrhundertealte Autorität der ehrwürdigen al Ahzar-Universität in Kairo nicht mehr. Allen voran die Radikalen vom Islamischen Staat. Al Ahzar hat mehr als 1.000 Jahre mit ihren Fatwas das Leben der Sunniten bestimmt – die Dschihadisten setzen ihre eigene Mythologie dagegen. Sie haben das Kalifat ausgerufen, mit dem Anspruch, dass alle Sunniten ihnen Gefolgschaft zu leisten hätten.

Auch gegen die blutige Apokalypse des Islamischen Staates hat Mohammed VI. klar Position bezogen, bei einer Rede im September 2016: »Erlaubt es die Vernunft zu glauben, dass der Dschihad durch den Genuss einer bestimmten Zahl himmlischer Jungfrauen belohnt wird? Erlaubt es der gesunde Menschenverstand anzunehmen, dass, wer Musik hört, von den Eingeweiden der Erde verschlungen wird?« Gesunder Menschenverstand gegen religiöse Raserei.

King Cool – eine Stimme der Vernunft im arabischen Chaos.

Rachid El Mellah
Ein Marokkaner
in Deutschland

Nach der Kölner Silvesternacht war er traurig. Sehr traurig sogar. Marokkanische Landsleute hatten in der »Nacht der Grabscher« auf der Domplatte mitgemacht. Eine Katastrophe für das marokkanische Image in Deutschland. Viele der Jugendlichen kamen aus dem Düsseldorfer Stadtteil Oberbilk, im Volksmund »Klein-Marokko«. Deshalb bin ich dorthin gefahren und habe mich mit Rachid El Mellah in einem arabischen Restaurant getroffen. Seit fast 30 Jahren lebt er in Düsseldorf. Er hat den Aufstieg geschafft. Er hat das Abitur gemacht, studiert und arbeitet heute bei der IHK als »Willkommenslotse«. Mit zwölf Jahren ist er 1986 nach Deutschland gekommen. Über das Anwerbeabkommen war sein Vater schon einige Jahre zuvor in Düsseldorf gelandet und hatte im Bergbau gearbeitet. Das »Foto im Foto« zeigt Rachid El Mellah als Kind am Tag vor seiner Abreise nach Deutschland. Das einzige Bild aus seiner Kindheit, das er besitzt.

UK: Die Marokkaner haben ja ein ziemlich schlechtes Image in Deutschland. Seit der Silvesternacht in Köln.

RM: Ja, im Augenblick ist das wohl so. Es gab mal eine Zeit, da hatte man mit Marokko andere Assoziationen. Marrakesch, Fes, Tausendundeine Nacht.

UK: War das typisch marokkanisch, was sich da in Köln abgespielt hat?

RM: Überhaupt nicht! Es geziemt sich nicht, derart zu feiern. Es gehört sich nicht, Alkohol zu trinken. Man begrabscht Frauen nicht, man achtet sie, man respektiert sie. Gerade in Marokko. Gerade in Marokko haben Frauen einen ganz hohen Stand.

UK: Können Sie sich das erklären?

RM: Es gibt eine Gruppe, die hat es auch schon vorher gegeben. Hoffnungslose Kleinkriminelle aus Nordafrika, die sich in den letzten Jahren im europäischen Ausland ausgetobt haben. Ohne jegliche Perspektive. Diese Gruppe ist bekannt in Düsseldorf. Seit Jahren.

UK: Die sogenannten »Antänzer«.

RM: Das ist von städtischer Seite einfach ignoriert worden. Ich bin aktiv im Kreis der Düsseldorfer Muslime. Wir haben schon vor Jahren gesagt, dass wir versuchen sollten, die Menschen, die da sind, in irgendeiner Weise ernst zu nehmen, sie zu qualifizieren. Auch wenn sie keine Anerkennung als Asylbewerber erwarten können. Um die Zeit ihres Aufenthaltes in Deutschland wenigstens sinnvoll zu nutzen.

UK: Kann man es den jungen Leuten zum Vorwurf machen, dass sie hierherkommen? Sie haben keine Arbeit in Marokko.

RM: Ich fahre jedes Jahr nach Marokko und spreche dort auch mit vielen Jugendlichen darüber. Die sagen mir: »Schau dich doch mal um. In dem Stadtteil, in dem du aufgewachsen bist!« Ganz viele haben sich auf den Weg gemacht, über die Türkei, haben ihre Pässe vernichtet und haben sich dann als Syrer ausgegeben – um irgendwo in Europa eine Zukunft zu finden.

UK: Würden Sie denn sagen, Marokko ist ein sicheres Land, wo man leben kann, ohne politisch verfolgt zu werden?

RM: Ich denke, Marokko ist ein sicheres Land.

UK: Aber Abweichler werden bestraft.

RM: Es hängt immer davon ab, welche Abweichung man äußert. Entscheidend ist ein ganz bestimmter Bereich: Der König gilt als unantastbar.

UK: Finden Sie das in Ordnung?

RM: Das ist eine gute Frage, Herr Kienzle. Der König gilt eben auch als Modernisierer, der viele soziale Projekte umsetzt. Die Baracken am Rande von Casablanca beispielsweise sind größtenteils abgerissen worden. Aus diesem Elendsviertel stammten die Selbstmordattentäter von 2003. Dort sind Sozialwohnungen errichtet worden. Aber grundsätzlich muss man sagen, dass die Demokratie in Marokko noch in den Kinderschuhen steckt. Die Demonstrationen in den letzten Tagen im Norden, in al Hoceima, resultieren aus einer sozialen Ungleichheit, die schon seit Jahrzehnten herrscht.

UK: Und das bekommt der König nicht in den Griff?

RM: Das Hauptproblem ist die mangelhafte Infrastruktur. Zum Beispiel die Schulen: Es gibt Kinder, die müssen stundenlang laufen, bis sie die nächste Schule erreichen. Oder die medizinische Versorgung: Anfang der 1920er-Jahre haben die Spanier im »Rif-Krieg« gegen die Berber Nervengas eingesetzt. Hunderte von Tonnen. Die Auswirkungen belasten die Rif-Region bis heute. Dort erkranken erheblich mehr Menschen an Krebs als in anderen Teilen des Landes. Es ist geradezu eine Schande, dass es dort kein einziges Krankenhaus mit einer Onkologie gibt! Diese Zustände sind, neben der chronischen Arbeitslosigkeit, erdrückend.

UK: Welche Erfahrungen haben Sie mit diesen jungen Leuten aus Marokko hier in Düsseldorf gemacht?

RM: Ich hatte Marokkaner, die waren ehrgeizig und qualifiziert, haben aber trotzdem im Düsseldorfer Ausbildungsmarkt keine Stelle gefunden. Was natürlich hochdramatisch ist. Es liegt daran, dass in unserer Gesellschaft Jugendliche mit arabischem oder türkischem Hintergrund immer noch stark diskriminiert werden. Wir haben eine Ausbildungs-Anfängerquote, die liegt bei gerade mal 26%. Das ist ein Zustand, der langfristig für uns alle schädlich ist.

UK: Wie kann man das überwinden?

RM: Indem man auch in den Personalabteilungen Menschen mit Migrationshintergrund einstellt. Ich kenne Firmen, da sind die Teams multikulturell zusammengesetzt.

UK: Es gibt eineinhalb Milliarden Muslime. Eine verschwindend kleine Minderheit hat sich der Gewalt verschrieben. Die Mehrheit reagiert darauf irritierend hilflos. Wie erklären Sie sich das?

Marokko 269

RM: Diese Hilflosigkeit resultiert meines Erachtens daraus, dass in der arabischen Gesellschaft keine wirkliche Auseinandersetzung stattfindet. Schauen Sie sich die Familien an: Es gibt ein Familienoberhaupt als Autoritätsperson, das geradezu heilig ist! Der Großvater. Oder der Vater, der bestimmt. Das ist kulturell bedingt. Ein ganz wichtiger Punkt!

UK: Der Clanführer ...

RM: Damit wären wir wieder beim König. Die anderen haben zu gehorchen.

UK: Ein patriarchalisches System.

RM: Die arabische Gesellschaft lässt wenig Raum für Reflexion. Wenn ich mir zum Beispiel die Moscheen anschaue, auch hier in Düsseldorf! Da ist es immer noch so, dass die Freitagspredigten an der Realität vorbei gehalten werden. Die haben mit den Belangen der Menschen überhaupt nichts zu tun! Das Bewusstsein dafür, etwas konkret zu verändern, ist in der arabischen Gesellschaft leider nur bedingt vorhanden. Die Araber sind immer noch in ihrer Tradition gefangen.

UK: Sie sind unmündig?

RM: Darauf will ich hinaus. Diese Unmündigkeit, die finden Sie nicht nur im Atlas, sondern teilweise auch in den Städten.

UK: Bedrückt Sie die Selbstzerstörung der arabischen Welt?

RM: Es bedrückt mich nicht nur, es macht mich traurig. Denn die arabische Kultur, so, wie sie mal existierte, ist eine wunderbare Kultur. Mitanzusehen, dass die Araber immer noch nicht ihre Identität gefunden haben aufgrund der massenweisen Anhäufung von nicht erledigten Hausaufgaben in den letzten Jahrhunderten – klar, das macht mich traurig. Ich hätte mir gewünscht, dass die zivile Gesellschaft sich einen Ruck gibt und die Dinge selbst in die Hand nimmt. Mehr Eigeninitiative. Das ist genau das, was den Arabern fehlt.

UK: Woran liegt das?

RM: Solange die marokkanische Regierung es nicht schafft, das Bildungssystem von Grund auf zu reformieren, wird sich da wenig ändern. Es gibt immer noch das Prinzip des Auswendiglernens – damit kann man keine mündige Gesellschaft aufbauen.

12.
Die Selbstzerstörung der arabischen Welt

Es war ein Schock. Ein Schlüsselerlebnis. Ziemlich verstörend. 1975, ein lauer Frühlingsabend in Beirut. Eine leichte Brise weht vom Mittelmeer. Die Luft riecht nach Thymian und Jasmin. Ab und zu pflügt ein illuminiertes Kreuzfahrtschiff durchs Mittelmeer. Es wird schnell dunkel im Nahen Osten. Friedliche Feierabendstimmung. Unsere Wohnung im Christenviertel Hazmieh ist eine Art Logenplatz – mit Blick über die libanesische Hauptstadt und aufs Mittelmeer.

Plötzlich fallen Schüsse. Ganz nah, direkt vor unserem Haus. Meine Frau und ich schrecken hoch und stürzen auf den Balkon. Unten auf der Straße rennt ein Mann um sein Leben. Im Zickzack. Ein dunkler Schatten, nur zu erkennen, wenn das Mündungsfeuer einer Kalaschnikow aufleuchtet. Eigentlich müsste der Mann längst tot sein. Meine Frau ruft: »Please come in!« Ich werfe mich auf den Boden.

Tatsächlich schafft er es. Nur Sekunden später sitzt ein von Krämpfen geschüttelter Mann auf unserer Treppe, aus mehreren Wunden blutend. Ein Palästinenser. Er hat den Angriff aus dem Hinterhalt überlebt. Zufällig gibt es einen Arzt im Haus, der ihn verbindet und in ein Krankenhaus einweist. Der Beginn des libanesischen Bürgerkriegs. Am Ende – nach fünfzehn Jahren – zählt man 150.000 Tote. Bei damals vier Millionen Einwohnern im Libanon. Eine Gewaltorgie. Und der Anfang der arabischen Selbstzerstörung.

Wo sind wir da hingeraten? Eines wird mir nach diesem Abend schnell klar: Der scheinbar fortschrittliche Libanon lebt in einer anderen Welt. Mit anderen, ungeschriebenen Gesetzen. Korruption ist gelebter Alltag. Für einen Telefonanschluss hatte ich umgerechnet 1.000 DM an den Telekommunikationsminister zahlen müssen. Der ist ganz zufällig der Sohn des Präsidenten. Bereicherung, Korruption und Gewalt dominieren die Politik. Intrigen und Verschwörungstheorien. Der Clan und die achtzehn Religionen bestimmen noch immer das Leben der Menschen. Sie sind zuerst Maroniten, Sunniten, Schiiten, Alawiten, Melkiten, Drusen – und dann erst Libanesen.

Die arabische Welt erlebe ich in den 1970er-Jahren als völlig paralysiert. Die syrische und irakische Baath-Partei, die »Partei der arabischen Wiedergeburt«, steht vor einem politischen Scherbenhaufen. Im Sechstagekrieg 1967 hat das kleine Israel die scheinbar übermächtigen Heere der Araber vernichtend geschlagen. Nassers Nationalismus ist am Ende. Es war nichts geworden mit der Renaissance der arabischen Welt.

Die Einheit Arabiens hatte ohnehin nur in den Liedern von Umm Kulthum existiert. Wenn die Sängerin in Kairo auftrat, saßen Millionen Araber am Radio und gerieten in Ekstase. Dann glaubten sie fest an die Wiedergeburt Arabiens. An die goldenen Zeiten der Kalifen. Umm Kulthum, die erfolgreichste arabische Sängerin aller Zeiten, verkörperte mit ihren Liedern die arabische Nation. Aber die war eine politische Fata Morgana. Der Versuch eines staatlichen Zusammenschlusses von Syrien und Ägypten zu einer »Vereinigten Arabischen Republik« war 1961 jämmerlich gescheitert.

Nach der schmählichen Niederlage des Arabischen Nationalismus tauchten zum ersten Mal Islamisten auf und verkündeten: »Der Islam ist die Lösung! Zurück zu den Wurzeln!«

Den ersten Islamisten lernte ich, nach den Brotunruhen 1977, im Sommerpalast des Ägyptischen Präsidenten kennen. Sadat hatte diverse Delegationen eingeladen, um die Lage nach den Massenprotesten zu entschärfen. Ich entschied mich für die Veranstaltung mit den Studenten. Die ersten Minuten verliefen ziemlich manierlich. Die Studenten fragten – und der Präsident antwortete nicht. Er verlor sich in Plattitüden und lächelte überlegen. Dann aber geschah etwas Unerhörtes. Ein junger Mann meldete sich zu Wort. Langer Bart, weiße Dschallabija. Er tritt ans Mikrofon, aber er stellt keine Frage. Er formuliert eine Anklage: »Präsident, du bist ein Kretin! Du trägst italienische Anzüge und Maßschuhe, und dein Volk leidet.« Weiter kommt er nicht. Sadat springt erregt auf und verliert die Fassung. So etwas ist ihm in seiner ganzen Laufbahn noch nicht passiert. Dann bricht es förmlich aus ihm heraus: »*Ante kharia*. Du bist Scheiße!« Pause. Dann korrigiert er sich. »Du bist kleine Scheiße!«

Nicht gerade präsidial. Schockstarre im Saal. Der rebellische Student wird abgeführt. Wie sich herausstellt: ein Muslimbruder. Nach diesem Auftritt wird er zu einem ägyptischen Volkshelden.

Damals tauchten die Muslimbrüder aus dem Untergrund auf. Ein neuer Ton vergiftete die ägyptische Politik. Kompromisslos, aggressiv, radikal. Die importierten westlichen Ideologien waren gescheitert – plötzlich war vom Dschihad die Rede. Vom heiligen Krieg. Die meisten politischen Beobachter begriffen nicht, was sich in Ägypten abspielte. Das war doch Mittelalter! Der Islam, der in den 1960er- und 70er-Jahren überhaupt keine Rolle gespielt hatte, begann die Politik zu dominieren. Dass diese Entwicklung eines Tages im Terror enden würde, konnte damals noch niemand voraussehen.

Dann gab es noch einmal Hoffnung, 2011, als der »Arabische Frühling« losbrach. Überraschend für viele Beobachter. Angeblich ein demokratischer Urknall. Viele Korrespondenten schwärmten von der ersten Internet-Revolution. Eine grobe Fehleinschätzung. Der Begriff »Arabischer Frühling« vernebelte und verstellte den Blick auf die wirklichen Ereignisse. Es war kein Orientalist, es war ein französischer Soziologe, Emmanuel Todd, der den Aufstand vorausgesagt hatte. Nach seiner Theorie waren es vor allem junge Leute, die noch bei ihren Eltern wohnen mussten, weil sie keinen Job bekamen. Da hatte sich Wut angestaut, die im »Arabischen Frühling« explodierte. Zwar gab es am Anfang einige wenige Intellektuelle, die von Demokratie träumten. Die meisten dieser jungen Leute aber wollten keine Demokratie. Sie wollten ihre Lebensverhältnisse verbessern. Die Rebellion hatte zuallererst demografische und keine politischen Gründe. Bald wurde klar, dass die Muslimbrüder besser organisiert waren. Sie redeten nicht von Demokratie, sondern hatten jahrzehntelang Netzwerke aufgebaut. Mit Suppenküchen, Sozial- und Krankenstationen. So köderten sie die Menschen.

Diktatoren verschwanden. Ben Ali in Tunesien, Mubarak in Ägypten, Saleh im Jemen, Gaddafi in Libyen. Der sogenannte »Arabische Frühling« aber brachte keine neue Ordnung. Er vergrößerte nur das Chaos im Nahen Osten und die Selbstzerstörung der arabischen Welt. Die alten Kolonialgrenzen beginnen obsolet zu werden. Eine neue Ordnung ist nicht in Sicht. Ob es Syrien, so wie wir es kennen, auch in Zukunft geben wird, ist unklar. Das irakische Kurdistan will sich endgültig vom Irak trennen. Libyen hat drei Regierungen. Im Jemen herrschen Chaos und Cholera. Ägypten ist eine schlimmere Diktatur als unter Mubarak. Die Ursachen des Aufstands von 2011, die verheerende Jugendarbeitslosigkeit sind nicht verschwunden – und das katastrophale Bevölkerungswachstum wird nicht einmal thematisiert. Als ich in den 70er-Jahren Korrespondent im Nahen Osten war, rechnete man in Ägypten mit 40 Millionen Einwohnern. Wie viele es wirklich waren, wusste schon damals niemand so genau. Seit Mubarak 2011 gestürzt wurde, sind circa acht Millionen dazugekommen. Mehr als der Libanon Einwohner hat. Heute sind es geschätzte 90 oder 100 Millionen. 2050 sollen es sogar 150 Millionen Menschen sein. Für sie Jobs zu organisieren, ist ein Ding der Unmöglichkeit. Die Begrenzung des Bevölkerungswachstums wäre also eine der dringlichsten Aufgaben. Aber Ägypten wächst und wächst. Das hat Sprengkraft.

Viele Länder im Nahen Osten haben ähnliche Probleme. Ihnen fehlen fundamentale Voraussetzungen für eine freie und offene Gesellschaft. Ägypten und Saudi-Arabien werden deshalb härter regiert als je zuvor. Algerien vegetiert nach dem Krieg gegen die Islamisten im politischen Dämmerzustand. Tunesien ist die

Ausnahme von der Regel. Es hat ein bisschen Mittelstand, der die Idee der Demokratie trägt. Ende offen. Weitere Unruhen nicht ausgeschlossen.

Hinzukommt, dass der Islam einen blutigen Vernichtungsfeldzug gegen sich selbst führt. Ohne Rücksicht auf Verluste. Sunniten gegen Schiiten. Vor allem aber kämpfen Sunniten gegen Sunniten. Es geht um die Deutungshoheit im sunnitischen Islam. Religion wird gnadenlos zu politischen Zwecken missbraucht. Das ist eine weitere Ursache für das Chaos im Nahen Osten. Es gibt nur wenige Stimmen in der arabischen Welt, die diesen mörderischen Islam klar und deutlich kritisieren. Eine davon ist der jordanische Theologe Achmad Nofal. Er nennt die Dinge beim Namen. In einem Interview mit der *Frankfurter Allgemeinen Zeitung* beklagt er die Selbstzerstörung der arabischen Welt und das Zurückdrängen des gemäßigten Islam. Die Schuld sieht er bei den vielen unfähigen Diktatoren, die ihren Bürgern keine Lebensperspektive bieten. »Sie sind die eigentlichen Radikalen, nicht die Religiösen. Sie treiben die Menschen durch Korruption und Misswirtschaft in den Extremismus.« Und er traut sich, den Verursacher beim Namen zu nennen: Saudi-Arabien mit seinem »abstoßenden, salafistischen Islam«. Der Wahhabismus unterdrücke den gemäßigten Islam, der in Koexistenz mit anderen Religionen leben wolle. Das hat zu einer tiefen Krise des sunnitischen Islam geführt, die das allgemeine Chaos verstärkt. Die Saudis haben mit ihrem Steinzeitislam und ihrem Ölgeld die Welt des sunnitischen Islam in Afrika, Indien und Indonesien missioniert. Mit ihrem verlängerten Arm, der »Islamischen Weltliga«, haben sie den gemäßigten Islam auf konservativen Kurs gebracht. Religion als Waffe.

Ein anderer Grund für das orientalische Chaos: der Kampf um die Vormachtstellung in der Region. Lange war Ägypten die größte, die führende Nation, das Vorbild der arabischen Welt. Unter Nasser galt das wie selbstverständlich. Schon unter seinem Nachfolger Sadat hatte Ägypten an Macht und Ansehen eingebüßt. Seit al Sisi Präsident ist, spielt Ägypten keine Rolle mehr. Das Land ist mit sich selbst beschäftigt. Es führt einen brutalen Krieg gegen Terroristen. Auge um Auge, Zahn um Zahn.

Saudi-Arabien versucht, das Machtvakuum zu füllen und Ägyptens Rolle zu übernehmen. Misstrauisch beobachtet von vielen arabischen Staaten – nicht zuletzt wegen des menschenfeindlichen Wahhabismus und des blutigen Krieges im Jemen. Saudi-Arabien kämpft auch um die Vorherrschaft am Golf. Gegen Iran. Dieser Konflikt wird stellvertretend in Syrien ausgetragen. Ohne die massive Hilfe aus Saudi-Arabien, Katar und der Türkei hätten die sunnitischen »Rebellen«, meist Salafisten, den Bürgerkrieg gegen den vom Iran unterstützten Präsidenten Assad nicht überleben können – und ohne russische und iranische Unterstützung hätte Assad nicht Aleppo erobern können. Ein Teufelskreis. Manchen Beobachter erinnert dieses Gemetzel an die Glaubenskriege des Dreißigjährigen Krieges. Aber die Analogie hinkt. Damals kämpften Katholiken und Protestanten gegeneinander. Die Fronten waren klar. Im untergehenden Nahen Osten sind sie komplizierter. Oft geht es gar nicht um Religion – sondern um Macht und Einfluss.

Beispiel Syrien. Es ist der komplizierteste Konflikt der Weltpolitik. Amerikaner, Russen, Iraner, Saudis, Kataris, Türken, Kurden, Iraker, Libanesen und natürlich Syrer bekämpfen sich hier. Syrien ist der Ort, an dem die Selbstzerstörung der arabischen Welt besonders sichtbar wird. Vom Ausgang dieses Krieges dürfte es entscheidend abhängen, wie die Zukunft der Region einmal aussehen wird. »Bis 2027 bleibt die Region in einem Kreislauf von Chaos und Terrorismus«, prophezeit der Islamwissenschaftler Wilfried Buchta.

Doch Vorsicht! Der Nahe Osten war immer wieder für Überraschungen gut. Den gescheiterten »Arabischen Frühling« hat kein Geheimdienst und kein Politiker kommen sehen – und doch hat die »Arabellion« den Nahen Osten verändert. Selbst die Golfregion mit ihren absolutistischen Wohlstandsdiktaturen. Noch reichen in den meisten Ländern die Petrodollars, um die Bevölkerung ruhig zu halten, aber zur Sicherheit wurden schon mal die Gesetze verschärft. Jeder, der die angeblich von Allah gegebene Herrschaft der Ölpotentaten in Zweifel zieht, kann vor einen

Terrorgerichtshof gezerrt werden. Nur der Emir von Abu Dhabi, Chalifa bin Zayed al Nahyan, hat gemerkt, dass purer Absolutismus schlecht fürs Image ist – deshalb hat er eine Staatssekretärin für Glück und eine Ministerin für Toleranz in seine Regierung geholt. Eine Politfarce am Rande einer Region, die vom Untergang bedroht ist.

Der Zerfall geht also weiter im Nahen Osten. Das Chaos wächst. Ein halbes Jahr vor Ausbruch der Kämpfe war ich ein letztes Mal in Syrien. Der Souk al Madina in Aleppo war der schönste überdachte Markt zwischen Istanbul und Isfahan. Eine letzte Erinnerung an Tausendundeine Nacht. Ein Gewirr von Gassen mit altem Steinpflaster, hölzernen Arkaden und geschnitzten Geschäftsfassaden. Dreizehn Kilometer lang. Ein Weltkulturerbe. In der Nacht vom 29. September 2012 ist er völlig ausgebrannt. Ein Opfer des syrischen Bürgerkriegs. Der Souk, eigentlich ein gigantischer Supermarkt mit einem überwältigenden Angebot, war beeindruckend. Säcke voll Reis, Kümmel, Pfeffer, getrocknete Rosenblüten. Datteln, Safran, aber auch Stoffe, Kleider, Parfums und Teppiche. Silber-, Gold- und Kupferschmuck. Lebendige Kulturgeschichte. Aber die Billigwaren aus Asien waren schon bei meinem Besuch nicht zu übersehen. Sie trieben viele Handwerker und Händler in den Ruin. Der Souk steckte schon vor dem Feuerinferno in der Krise. Nicht alle Geschäfte würden überleben. Das war schon damals klar.

Eine Branche aber war voller Hoffnung: die Seifensieder. Seit 3.000 Jahren das Aushängeschild der Stadt. So lange wird in Aleppo schon Seife hergestellt, nach einem alten Rezept. Aus Asche, Oliven- und Lorbeeröl. Keine Chemie. Die Bioseife aus Aleppo war gerade dabei, ein Exportschlager nach Europa zu werden, als im verheerenden Bürgerkrieg der Souk ein Raub der Flammen wurde.

Seither sind viele historische Sehenswürdigkeiten zerstört worden. Der Krak des Chevaliers, Syriens berühmte Kreuzritterburg, zum Beispiel. Sie hielt Saladins Truppen im 12. Jahrhundert stand – nicht aber den Geschützen und Flugzeugen der syrischen

Armee. In der einzigartigen Wüstenstadt Palmyra sprengte der IS den antiken Baal-Tempel in die Luft. Als ob man Geschichte einfach wegbomben könnte. Besonders heftig wüteten sie auch in Mesopotamien, der Wiege der Menschheit. In den assyrischen Königsstädten Nimrud und Hatra, aber auch in den Museen von Mossul. Das berühmte Mausoleum des Propheten Jonas zerbombten sie, weil es jahrhundertelang als Symbol für religiöse und kulturelle Zusammengehörigkeit gegolten hatte. Dieser Vernichtungsfeldzug gegen die Vergangenheit hat ein bedrohliches Ausmaß erreicht. Der barbarische Kampf ist zu einer Art Kernschmelze geworden – für die arabische Kultur.

Überraschenderweise gibt es in diesem orientalischen Hexenkessel nicht nur Verlierer, sondern auch Gewinner: die Kurden zum Beispiel, die Iraner, die Russen und die Israelis. Die irakischen Kurden haben zum ersten Mal in ihrer Geschichte die Chance, im Nord-Irak einen eigenen Staat zu gründen, der dauerhaft auf eigenen Beinen stehen kann. Die syrischen Kurden, deren Volksverteidigungseinheiten als amerikanische Bodentruppen agieren, konnten im Laufe des Bürgerkriegs im Norden Syriens ein eigenes Staatsgebilde erobern, das sie »Rojava« nennen. Ein zweiter Kurdenstaat. Die Russen, die für Obama nur noch eine Regionalmacht waren, sind durch den Syrienkrieg heute auf Augenhöhe mit den Amerikanern. Sie sind wieder eine Weltmacht, ohne die es keine Lösung im Nahen Osten gibt. Die Iraner haben ihren Einfluss in der Region dramatisch ausgebaut, er reicht jetzt bis in den Libanon. Bei meinem letzten Beirut-Besuch erlebte ich eine völlig veränderte Stadt. Verschleierte Frauen auf der Hamra, der ehemaligen Prachtstraße, wo einst die *Jeunesse dorée* des Libanon ihre allabendlichen Autokorsos veranstaltete und wilde Partys feierte. Längst vorbei. Das muslimische West-Beirut, früher von der PLO beherrscht, ist fest in der Hand der schiitischen Hisbollah. Ein Staat im Staat. Mit eigener Armee und eigenem TV-Sender. Inzwischen die stärkste politische Kraft im Libanon.

Der Islam hat in den letzten Jahrzehnten im Nahen Osten dramatisch an Einfluss gewonnen. Auch der schiitische. Das wird besonders deutlich, wenn man eines der Aussichtsrestaurants mit Blick über die pittoresken Klippen von Beirut besucht. Früher der Höhepunkt jeder Touristenrundreise. Heute nicht wiederzuerkennen. Hier sitzen jetzt bärtige Hisbollah-Kämpfer mit ihren verschleierten Frauen und schlürfen ihren Nachmittagskaffee. Schiiten. Die neue Hisbollah-Elite. In den 1970er-Jahren waren sie noch die verachteten und von der sunnitisch dominierten Regierung in Beirut vernachlässigten Underdogs der libanesischen Politik. Heute demonstrieren sie selbstbewusst, dass sie die neuen Herren von West-Beirut sind. Mit Irans und Allahs Hilfe.

Hauptgewinner aber ist Israel. Im Windschatten der arabischen Krise hat das Land die Siedlungen im Palästinensergebiet weiter ausgebaut. Mehr als 600.000 Israelis leben auf palästinensischem Gebiet. Die Zweistaatenlösung ist längst kein Thema mehr. Das Westjordanland gleicht einem Schweizer Käse. Ein unabhängiger Palästinenserstaat kann hier nicht mehr entstehen. Die Regierung Netanjahu will das auch gar nicht. Die rechten Israelis sind dabei, den Traum von Groß-Israel zu verwirklichen. Wie Ariel Scharon es wollte. Dazu gehört eben das palästinensische Westjordanland, das biblische Judäa und Samaria. Die Hardliner verfolgen stur ihr Ziel. Trotz gelegentlicher Unruhen am Tempelberg. Die Israelis reden nicht viel. Sie schaffen Fakten. Und niemand hindert sie daran.

Der Nahe Osten ist seit Jahrzehnten Brennpunkt der Weltpolitik. Ein Unruheherd voller ungelöster Probleme, ein Pulverfass, das ab und zu explodiert. In den letzten 100 Jahren gab es 80 Kriege und Krisen. Schätzungen zufolge sind dabei sechseinhalb Millionen Menschen ums Leben gekommen. Wahrscheinlich waren es mehr. Angestachelt durch religiösen Furor. Eine fiebrige Region, in der drei Weltreligionen entstanden sind und viele Sekten. Zu viele Völker, zu viele Konfessionen auf engstem Raum. Schon im 11. Jahrhundert setzten die Assassinen die damalige Welt in Angst und Schrecken. Die Mördersekte tötete im Haschrausch politische Gegner, daher der Name »Haschaschini«, aus dem später der Begriff »Assassinen« wurde. Der schaffte es in die europäischen Sprachen. Italienisch: *assassino, assassin* auf Französisch. Dasselbe Wort auch im Englischen. Meuchelmörder. Die Killer des Islamischen Staates haben historische Vorgänger.

Nach dem Ende des Osmanischen Reiches haben Engländer und Franzosen die Region untereinander aufgeteilt, ohne Rücksicht auf Religionen und Ethnien. 100 Jahre später beginnt sich diese Ordnung aufzulösen. Mit seinen Interventionen hat der Westen dazu beigetragen, das Ende des Nahen Ostens zu beschleunigen. Der Krieg gegen den Irak: ein Desaster. Der Islamische Staat ist das Abfallprodukt dieses völkerrechtswidrigen Krieges. Die Amerikaner haben das Gegenteil von dem erreicht, was sie wollten. Die US-Politik wollte den Iran eindämmen. Ergebnis: Der Iran war noch nie so stark wie heute.

Eines kann man jetzt schon sagen: Der außenpolitisch irrlichternde Donald Trump, der einen 110-Milliarden-Waffendeal mit der islamistischen Diktatur Saudi-Arabien abgeschlossen hat, wird die Probleme am Golf nicht lösen. Seit Trump in Riad war, herrscht wieder Kriegsgefahr. Auch in Syrien gab er den strengen Sheriff mit dem Finger am Abzug. Obwohl er im Wahlkampf das Gegenteil versprochen hatte. Und weil er schon mal am Bombardieren war, wurde gleich noch die »Mutter aller Bomben« auf die Taliban in Afghanistan abgeworfen. Die vierzehn Millionen Dollar teure Monsterbombe tötete 80 Taliban. Macht mehr als 200.000 Dollar pro Kopf. Eine sinnlose Aktion. Für die Krise am Golf wirkt Donald Trump wie ein Brandbeschleuniger.

Doch die Amerikaner sind nicht an allem schuld. Auch die Europäer haben zur Zerstörung der arabischen Welt beigetragen. Der Sturz Gaddafis durch Frankreich und Großbritannien war ein kapitaler Fehler mit verheerenden Folgen. Heute herrscht Chaos in Libyen. Das Land ist zu einem Dorado geworden für kriminelle Gangs und Milizen, die Flüchtlinge aufs Meer und häufig in den Tod schicken. Franzosen und Engländer tun aber so, als ginge sie das gar nichts an. Dieser Flüchtlingsstrom bedroht Europa mehr, als Gaddafi es je vermocht hätte.

Noch schlimmer aber ist das europäische Versagen angesichts des syrischen Bürgerkriegs. Wegschauen und Verdrängen – das hat sich bitter gerächt. Weil Europa nicht reagiert hat, ist der Bürgerkrieg nach Europa gekommen. Mit Hunderttausenden Flüchtlingen und dem Terrorismus des IS.

Dass Ägyptens Diktator al Sisi sein Land auf die Dauer stabilisieren kann, ist eher unwahrscheinlich. Kommt es zu einem neuen Aufstand, werden neue Flüchtlinge nach Europa drängen. Das Entsetzen ist deshalb groß. Vor allem wegen der Terroranschläge: Paris, Brüssel, Nizza, Berlin, London, Manchester und wieder London. Die Liste ist lang.

»Unsere Werte werden am Ende siegen«, heißt es nach jedem Anschlag gebetsmühlenhaft. Zweifel sind angebracht. Es sind immer wieder in Europa geborene und aufgewachsene Jugendliche, die den Glauben an die westlichen Werte verloren haben. Über das Internet und fanatische Imame werden sie radikalisiert. Die verheerenden Anschläge von Barcelona und Cambrils vom August 2017 mit sechzehn Toten und über 100 Verletzten machen deutlich: Die verführerischen Parolen der Dschihadisten haben ihre Anziehungskraft nicht verloren. Die Terroristen träumen davon, das Land der Mauren, das die spanische Inquisition den Arabern einst abgenommen hat, zurückzugewinnen: al Andalus. IS-Sprecher Abu Mohammed al Adnani ist mittlerweile tot. Seine Botschaft ist noch immer lebendig: »Bleibt in euren Heimatländern. Wisst, dass wir eure Angriffe auf Zivilisten lieben. Weil sie effektiver sind, weil sie mehr Schmerzen und Schaden verursachen.«

Berlin und andere europäische Großstädte werden zu Festungen ausgebaut. Wie Kairo. Mit Straßensperren, Gesichtskontrollen und Panzerglas. Der bayrische Innenminister fordert die Überwachung von Kindern durch den Verfassungsschutz. Was vor wenigen Jahren noch unvorstellbar schien, ist dabei, Wirklichkeit zu werden. Seit mehr als einem Jahrzehnt sind europäische Metropolen das Ziel der Terroristen. Mit wachsendem Erfolg. Sie haben die westlichen Gesellschaften bereits mehr gespalten, als diese bereit sind zuzugeben. Beispiel London. Ein Brite steuerte seinen Van nach den Anschlägen von Manchester und London in eine Gruppe Muslime, die vom Abendgebet kamen. Er soll gebrüllt haben: »Ich will Muslime umbringen. Ich habe meine Pflicht erfüllt.«

Die Rechnung der Terroristen scheint aufzugehen. Durch den Terror soll die Mehrheitsgesellschaft aufgehetzt werden. Die Muslime sollen sich, frustriert von der kollektiven Feindseligkeit, gegen die Ungläubigen erheben – zum großen Endkampf, an dessen Ende ein globales Kalifat errichtet würde. Eine Art muslimische Weltrevolution.

In Deutschland besorgt die AfD das Geschäft des IS, indem sie pauschal und undifferenziert den Islam verteufelt. Das ist gefährlich, weil es die Konfrontation mit den Muslimen hierzulande verstärkt. Sehr zur Freude der Mörder. Die Sicherheitskräfte in Europa haben viele Anschläge verhindert, aber eben nicht alle. Die Terroristen nutzen ihren strategischen Vorteil. Sie bestimmen Ort und Zeitpunkt des Angriffs für ihre tödlichen Nadelstiche. Nicht zuletzt, weil sie mehr über uns wissen als wir über sie.

Die Killer des Kalifen morden im Blutrausch – wie einst die Roten Khmer in Kambodscha. Mit vorzivilisatorischer Brutalität und Verachtung von Menschenleben. Die Roten Khmer töteten im Namen Maos und des Kommunismus – der IS im Namen Allahs und des »wahren« Islam. In Wirklichkeit aber geht es um rücksichtslose Eroberung der Macht. Um politische und ideologische Vorherrschaft. Die Konflikte des Nahen Ostens sind längst unsere Konflikte geworden. Kurden gegen Türken. Palästinenser gegen Israelis. Türken gegen Türken. Der Nahe Osten ist dem Westen nahe gekommen. Tödlich nahe.

Ulrich Kienzle, August 2017

Ich bedanke mich für ihre Unterstützung und Mitarbeit

- bei Vater Boulos Shehata und seiner Frau
von der Koptischen Kirchengemeinde Sankt Maria in Düsseldorf,
Spendenkonto: DE91 3005 0110 1007 7477 75,
- bei Najem Wali, dessen Bücher
Die Balkanroute. Fluch und Segen der Jahrtausende
bei Matthes & Seitz, Berlin 2017 und
Bagdad. Erinnerungen an eine Weltstadt bei
Hanser, München 2015 erschienen sind,
- beim Literaturhaus Stuttgart,
- bei Susanne Kamer von der Diakonie Balingen,
- bei Rasha Deeb und Akhil Amer,
- bei der Internationalen Gesellschaft für Menschenrechte,
Spendenkonto: IBAN: DE31 5502 0500 0001 4036 00,
- bei Halil Al-Rasho,
- beim Theater Baden-Baden,
- bei Reporter ohne Grenzen e.V., Berlin,
Spendenkonto: IBAN: DE26 1009 0000 5667 7770 80,
- bei Rania Alammar, deren Buch *Diana. The Abduction* über
den Versandbuchhandel zu beziehen ist,
- beim Garden Boutique Hotel, Berlin,
- bei Aktham Suliman, dessen neuestes Buch
Krieg und Chaos in Nahost. Eine arabische Sicht
im Nomen Verlag, Frankurt/Main 2017 erschienen ist,
- bei Senem Tepe,
- bei Can Dündar, dessen neuestes Buch Verräter:
Von Istanbul nach Berlin. Aufzeichnungen im deutschen Exil bei
Hoffmann & Campe, Hamburg 2017 erschienen ist,

- beim PEN-Zentrum Deutschland e.V.,
Spendenkonto: IBAN: DE22 5089 0000 0058 9207 11,
- bei Najet Adouani, von der sieben Titel
in Beirut und in Tunis erschienen sind. Ihr neuester Lyrikband
Meerwüste liegt in einer zweisprachigen Ausgabe im
Berliner Verlag Lotos Werkstatt vor,
- bei Muhterem Aras,
- bei Al Nadi, Treffpunkt für arabische Frauen, Berlin,,
Spendenkonto: DE75 1002 0500 0003 1061 05,
- bei Lina Ganama,
- bei Fauzia Tushani,
- bei der Jugendberufshilfe Düsseldorf
und Rachid El Mellah,
- bei Stefan Nimmesgern,
- beim ganzen Team der sagas.edition und meinem Verleger,
Martin Mühleis.

Ulrich und Ilse Kienzle bei sagas

Ulrich Kienzle: Abschied von 1001 Nacht
ISBN 9783981251074

Die autobiografische Geschichte eines Journalistenlebens im Orient: Ulrich Kienzle, langjähriger ARD-Nahostkorrespondent und ZDF-Auslandschef, spannt einen Bogen über 40 Jahre Nahostkonflikt. Er vermittelt einen ebenso fesselnden wie persönlichen Einblick in die arabische Welt und erklärt den »Arabischen Frühling« aus der Entwicklung der Konflikte im Nahen Osten heraus. Gleichzeitig beschreibt er seinen Alltag als Kriegsreporter: erschütternde und berührende Erlebnisse, Zeugnisse faszinierender Mediengeschichte.

Ilse Kienzle: Die Frau des Journalisten
ISBN 9783981251029

Als »Tochter aus gutem Hause« wächst Ilse Kienzle wohlbehütet auf, ihr Vater ist ein wohlhabender, erfolgreicher Ingenieur. Anfang der 1960er-Jahre trifft sie den rebellischen Politikstudenten Ulrich Kienzle – wie vom Blitz getroffen verlieben sich die beiden so gegensätzlichen Menschen ineinander. Für beide wird es die Liebe ihres Lebens. Gegen den vehementen Widerstand ihres Vaters, der für seine Tochter bereits einen Kandidaten erwählt hatte, heiraten sie heimlich. Und während Ulrich Kienzle als Kriegsberichterstatter zur Medienlegende wird, beginnt für sie ein Leben an seiner Seite – auf dem tückischen Parkett zwischen internationalem Journalismus und Politik. Sie begleitet ihn in den Orient, wo sie unter dramatischen Umständen den Krieg im Libanon überleben. Und im südlichen Afrika wird ihre Liebe einer schweren Prüfung unterzogen. Eine typische Frauengeschichte dieser Generation, doch die von Ilse Kienzle ist anders. Denn sie spielt im Orient und in Afrika, inmitten von Bürgerkrieg und Revolution.